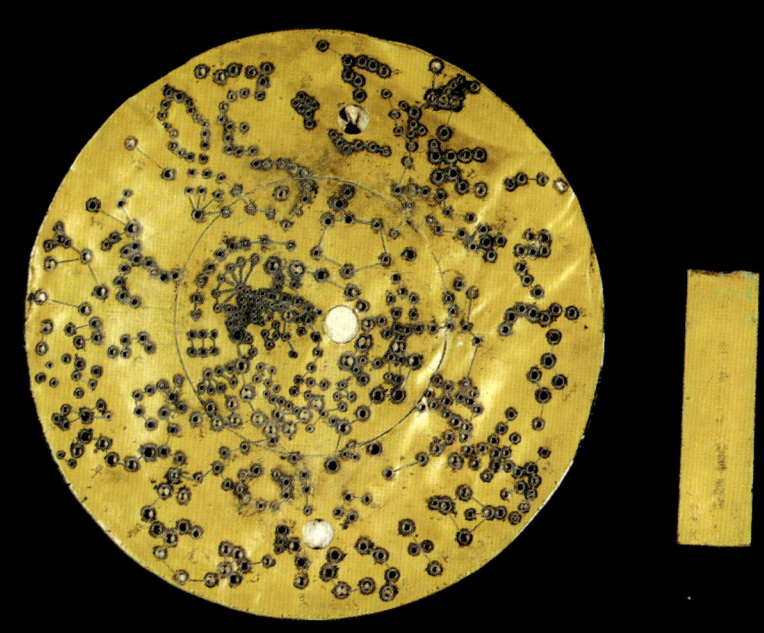

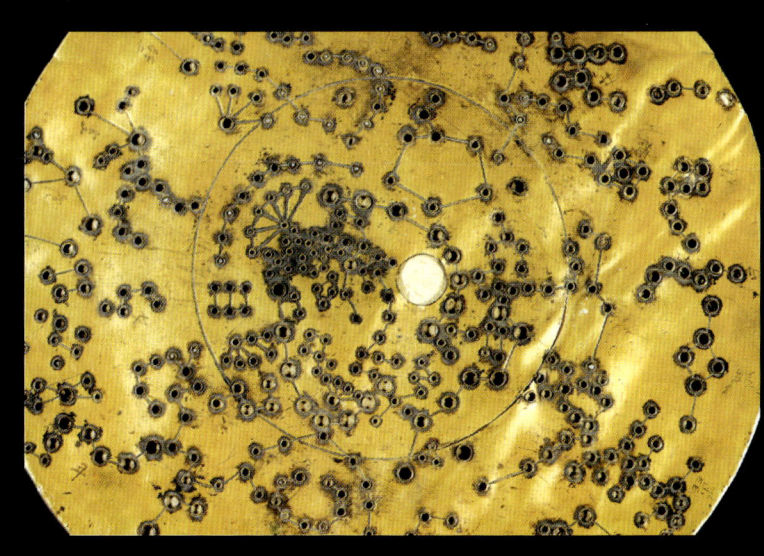

▶ 금동천문도金銅天文圖 앞면
  효종 3년(1652), 비구니 선화자仙化子 조성, 통도사성보박물관 소장

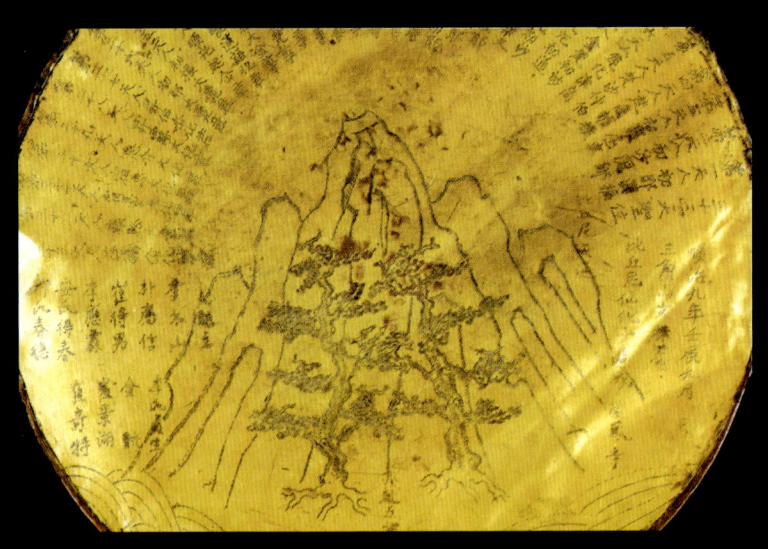

▶금동천문도金銅天文圖 뒷면
　효종 3년(1652), 비구니 선화자仙化子 조성, 통도사성보박물관 소장

▶남장사南長寺 감로탱화
숙종 27년(1701), 견본채색, 250×336cm, 경북 상주 남장사 소장

▶ 봉서암鳳瑞庵 감로탱화

▶남장사 감로탱화 비구니 부분도

▶봉서암 감로탱화 비구니 부분도

▶백천사白泉寺 운대암雲臺庵 감로탱화
순조 1년(1801), 견본채색, 196×159cm, 소장처 미상

▶여천 흥국사興國寺 감로탱화
　영조 17년(1741), 견본채색, 279×349cm, 개인 소장

▶백천사 운대암 감로탱화 비구니 및 식차마나 부분도

▶여천 흥국사 감로탱화 식차마나 부분도

비구니와 한국 문학

불교총서 11
비구니와 한국 문학
Buddhist Nuns and Korean Literature

지은이   이향순
펴낸이   오정혜
펴낸곳   예문서원

편 집   이가양
인 쇄   상지사
제 책   상지사

초판 1쇄 2008년 8월 30일

주 소   서울시 동대문구 용두2동 764-1 송현빌딩 302호
출판등록 1993. 1. 7 제6-0130호
전화번호 925-5913~4 · 929-2284 / 팩시밀리 929-2285
Homepage http://www.yemoon.com
E-mail yemoonsw@empal.com

ISBN 978-89-7646-242-8 03810

ⓒ Yi Hyangsoon 2008 Printed in Seoul, Korea

YEMOONSEOWON 764-1 Yongdu 2-Dong, Dongdaemun-Gu Seoul KOREA 130-824
Tel) 02-925-5914, 02-929-2284 Fax) 02-929-2285

값 16,000원

불교총서 11

비구니와 한국 문학

이향순 지음

예문서원

이 땅에 말없이 수행의 향기를 남기고 가신 모든 비구니 스님들께 이 책을 바칩니다.

책머리에

　이 책을 세상에 내놓자니 먼저 부끄러움이 앞선다. 불교와의 만남은 학문적으로나 개인적으로 전혀 예상치 못한 곳에서 전혀 예측하지 못했던 시기에 일어났는데, 이 지중한 인연은 비구니라는 친근하면서도 낯선 존재로부터 시작되었다.

　약 10년 전 나는 아주 우연한 기회에 한국의 비구니 스님들에 대해 몇 가지 놀라운 사실을 발견하였다. 첫 번째는 한국 승단의 반은 비구니라는 것, 두 번째는 이들의 기원이 한반도에 불교가 도입되던 삼국시대로 거슬러 올라간다는 것, 세 번째는 고대 한국의 비구니들은 일본 최초의 출가승을 배출시킬 정도로 그 활동 반경과 영향력이 컸다는 것, 네 번째는 현대 한국 비구니승가는 다른 어느 나라의 여성 출가수행자들보다 높은 위상과 교육 수준을 지니고 있다는 것 등이었다. 그런데 이보다 더욱 놀라웠던 것은, 한국 불교사만큼이나 오랜 역사를 지닌 이 특수한 신분의 여성들과 그들의 조직에 대해 전문적인 연구서는커녕 간단한 소개서조차 존재하지 않는다는 사실이었다.

　최근 서구에서는 여성학의 발전과 함께 여성과 불교에 대한 관심이 확산되면서 여성 출가수행자들에 대한 연구가 활발하게 진행되어 왔으며, 대승불교권인 티베트와 중국 그리고 일본은 물론, 스리랑카, 태국, 미얀마 등 상좌부 전통의 수행자들에 대한 저술이 지속적으로 나오고 있다. 이러한 고무적인 현상에도 불구하고, 오랜 역사와 뛰어난 전통을 지닌 한국의 비구니들은 "강력하게 고립된 승가"라는 한마디로 요약될 뿐이다.1) 이 표현의 이면에는 이들에 대한 깊은 관심에도 불구하고 아무런 자료도 구할 수 없는 연구자들의 답답한 심정이 복합적으로 깔려 있다.

한국 비구니의 수행과 삶, 그리고 그들의 역사에 대한 개인적인 호기심과 인문학도로서의 탐구심은 바로 이 안타까운 현실에서 촉발되었다. 처음에는 천 년이 넘게 우리 종교사에서 뚜렷한 흐름으로 내려온 하나의 제도가 학자들에게조차 미지의 세계로 남아 있다는 사실이 신기하기만 했다. 이로부터 생겨난 나의 문제의식은 종교적인 열정이나 여성운동이라는 대의보다는 다른 동아시아 국가에 비해 상대적으로 잘 알려져 있지 않은 우리 문화에 대한 애정과 관심에서 출발했다고 보는 것이 정확할 것이다.

오랜 세월 동안 우리와 늘 함께해 왔지만 한번도 진지한 눈으로 들여다본 적이 없는 우리 안의 보물을 소개하는 마음으로 이 책을 낸다. 불교에 대한 이해가 부족해 더 갈고 다듬어야 할 곳이 많겠지만, 나 혼자 고민하기엔 벅찬 화두를 다 함께 들어 보자는 의미에서 불완전하나마 출판에 넘긴다.

자료 수집에 많은 도움을 주신 성심사 명우 스님, 청룡사 진우 스님, 동국대 혜원 스님, 중앙승가대 본각 스님, 한마음선원의 혜선 스님, 소림사 여현 스님, 용담사 범우 스님께 각별한 감사의 뜻을 전한다. 한국학중앙연구원의 임치균, 신익철 교수님과 이화여대 강진옥 교수님께서는 고전문학 부분에 값진 조언과 도움을 주셨다. 그리고 동국대 박상준 교수님께서는 「담바

---

1) Karma Lekshe Tsomo, *Buddhist Women across Cultures: Realizations*(Albany: SUNY P, 1999), pp.18~19.

고전」을 현대어로 번역해 주셨다. 이분들 외에도 마음의 빚을 진 곳이 많다. 특별히 《관음삼십이응신도觀音三十二應身圖》를 책표지로 쓸 수 있게 허락해 주신 동국대학교 박물관장 정우택 교수님, 《금동천문도金銅天文圖》의 사진을 제공해 주신 통도사성보박물관 범하 스님, 감로탱화 사진을 제공해 주신 동국대 종호 스님, 국립중앙박물관의 김승희, 김혜원 선생님, 금강안金剛眼으로 이 자료들을 분석해 주신 반야사 원욱 스님께 감사드린다. 그리고 「담바고전」 해석에 도움을 주신 운문사의 진광 스님, 『협주보리심집夾註菩提心集』의 일본 내 소재지에 대한 정보를 제공해 주신 동국대 성본 스님, 이 책을 구하느라 온갖 수고를 아끼지 않은 고베대학의 전혜송 선생님과 이 자료의 해석을 도와주신 불은사 소연 스님께도 고마움을 전한다. 마지막으로, 한국 불화의 일본 소장처를 찾아 가는 옛 친구를 위해 길안내를 도맡아 주었던 오사카 외국어대학의 마지마 준코(眞嶋潤子) 교수와 평소 비구니 연구의 필요성을 공감하고 많은 대화를 나누었던 버지니아대학의 석담 스님께 마음 깊은 곳으로부터 고마움을 전하고 싶다.

    이 많은 분들의 격려와 도움에도 불구하고 생긴 모든 오류는 모두 내 지식과 소양의 부족에서 기인한 것이다. 이 책이 비구니 연구의 중요성을 알리고 본격적인 연구자들을 배출하는 불쏘시개가 될 수 있다면 더없이 감사하겠다.

2008년 여름 이향순

책머리에	7
1장 비구니승가의 문학적 자취를 찾아서	13
2장 은둔주의와 타자성: 고전문학 속의 비구니상	27
(1) 한시에 비친 비구니의 자화상	27
• 설요의 「반속요」	28
• 예순의 「자탄」	31
• 혜정의 「불전축」과 「우성고사추」	52
• 담도의 「세모」와 「차창호헌운」	55
(2) 여승가사와 타자성의 문제	63
• 여승가사: 「송여승가」, 「승답사」, 「재송여승가」, 「여승재답사」	65
• 「청춘과부가」	72
• 「신가전」	77
• 여승의 주체성과 「소경에게 시집간 여자」	83
(3) 고전소설과 비구니의 서사적 기능	93
• 「담바고전」	95

- 원조자로서의 비구니   105
- 여승과 요승   127

3장 초월계에서 인간계로: 개화기소설과 비구니   131
- 『치악산』과 여승의 희화화   134
- 「화세계」와 비승비속의 여승   147

4장 비구니와 근대성: 1930년대 문학을 중심으로   165
- 「승무」와 「여승」 그리고 비구니신화   166
- 「박명」과 보살도의 이상   174

5장 승과 속의 귀일점을 찾아서: 현대문학과 비구니의 정체성   207
- 「금어」와 비구니 장인   212
- 「환각의 나비」에 나타난 여승의 시공간적 상징성   218
- 『아제아제 바라아제』와 『우담바라』 그리고 출가의 의미   227

6장 결어를 대신하여   253

부록   261
참고문헌   308

1장 비구니승가의 문학적 자취를 찾아서

　　한국 불교학에서 비구니 연구는 이제 겨우 첫걸음을 떼는 단계라고 해도 과언이 아니다. 지난 몇 년간 이 분야에 대한 관심이 조금씩 커지기는 했으나, 본격적인 연구는 아직도 극히 미미하다. 아무도 관심을 갖지 않은 분야라고 해서 혜안을 지닌 선각자들이 아예 없었던 것은 아니지만, 비구니문제는 불교학계뿐만 아니라 여성학계에서도 여전히 변방에 머물러 있는 실정이다.

　　한반도에 불교가 도래한 후 천칠백 년이라는 긴 세월이 흘렀지만, 우리는 아직도 한반도 최초의 비구니가 누구인지 삼국에 언제 어떻게 비구니승가가 형성되었는지 알지 못한다. 아마도 인도나 중국에서와 같이 고구려, 백제, 신라에서 불교가 공인된 후 비구승가가 형성되면서 자연스럽게 비구니승가도 생겨났으리라 짐작할 뿐이다. 중국의 비구니승가가 4~5세기 무렵에 형성되었다고 볼 때, 한국 비구니승가의 시작은 그보다는 조금 뒤가 될 것이다.[1]

---

1) 백제 비구니의 수계에 대해 연구한 김영태는 중국에서 확립된 이부승 수계 전통이 뱃길을 따라 백제로 전해진 것으로 추정한다.(김영태, 「백제의 니중수계와 니승직

삼국시대의 비구니에 대한 문헌자료는 많지 않지만, 그 얼마 되지 않는 정보만으로도 우리는 고대 한국의 여성 출가자들이 국내뿐 아니라 국외에서도 수행자이자 전법사로서 괄목할 만한 발자취를 남겼음을 알 수 있다. 삼국의 비구니에 대한 기록은 주로 백제와 신라에 대한 것이다. 일본 사료인 『원흥사가람연기元興寺伽藍緣起』는 고구려에서 온 법명法明이라는 노老비구니가 세 명의 젊은 귀족 여성에게 불법을 가르쳤다고 기록하고 있다. 그리고 이 세 여성은 역시 고구려에서 온 비구승 혜편惠便 아래 득도하여 사미니가 되었다. 후일 이들이 남녀를 통틀어 일본 최초의 출가승이 된 젠신(善信), 젠조(禪藏), 에젠(惠善)이다.2) 법명을 고구려 비구니라고 한『원흥사가람연기』의 기록은 오류일 가능성이 높으나, 고구려 여승이 언급되었다는 것 자체만으로도 우리의 관심을 끄는 것은 사실이다.3)

관계-일본사료와 신라 및 남조의 사례중심」,『한국문화와 원불교사상』[원광대학교, 1985], 538쪽) 기록상 중국 최초의 여승으로 간주되는 칭치엔(淨檢)은 317년에 사미니 십계를 받았는데, 그 당시 중국에는 비구니승단이 존재하지 않았다. 357년 칭치엔은 70살의 나이로 세 명의 여승과 함께 비구승단 단독수계에 의해 구족계를 받았다. 여기서 중요한 사실은 그녀가 비구니계를 받은 357년 이전에도 중국에는 이미 구족계를 받은 여승들이 존재했다는 점이다.(Kathryn Tsai, "The Chinese Buddhist Monastic Order for Women: The First Two Centuries", *Historical Reflections/Réflexions Historiques* 8:3[1981], pp.5~8) 칭치엔의 전기에 대해서는 Kathryn Tsai, *The Lives of the Nuns: Biographies of Chinese Buddhist Nuns from the Fourth to Sixth Centuries*(Honolulu: U of Hawaii P, 1994), pp.17~19 참조.
2) 「元興寺伽藍緣起流記資財帳」,『大日本佛敎全書』118책,『寺誌叢書』2(불서간행회, 1978), p.139b; 김영태,「백제의 니중수계와 니승직 관계-일본사료와 신라 및 남조의 사례중심」,『한국문화와 원불교사상』(원광대학교, 1985), 533쪽.
3) 일본의 기록에는 고구려 도래인 혜편이 환속하여 법명과 부부가 된 것으로 나와 있으나, 김영태는 혜편이 불교를 모르던 일본에서 승려로 지내기가 어려워 속복을 입고 민간에 섞여 살다가 후일 다시 법사로 돌아간 것으로 보며, 법명의 경우 백제 비구니 법명을 잘못 기술한 것으로 본다. 이에 대한 자세한 내용은 김영태,「백제의 니중수계와 니승직 관계-일본사료와 신라 및 남조의 사례중심」,『한국문화와 원불

백제 비구니승가에 대해서는 자료의 사정이 조금 나은 편이다. 백제 문화를 묘사한 중국의 사서들을 보면 "백제에는 승니와 사탑이 매우 많다"라는 구절이 있다.[4] 또한 일본의 사료를 통해 어느 정도 유추가 가능한데, 그에 따르면 백제의 비구니들은 588년 일본에서 건너온 세 명의 사미니들을 교육시키고 이부승 구족계를 줄 정도로 그 체제가 확립되어 있었고, 일본과 긴밀한 관계를 맺고 있던 백제는 공식적으로 일본에 승려를 파견할 때 비구니도 포함시켰다.[5] 그리고 1997년 텐노다라(天王寺) 사이쿠다니(細工谷) 유적에서 '백제니百濟尼', '백니사百尼寺'라는 명문이 표기된 토기가 출토되어 7세기 무렵 그곳에 백제 비구니절이 존재했음을 입증하였다.[6]

앞에서 언급한 일본 최초의 승려 세 사람은 588년 백제로 건너와 식차마나계와 비구니계를 받았다. 이를 통해 우리는 백제 비구니승가의 규모와 권위를 짐작해 볼 수 있다. 『원흥사가람연기』에 "백제에서는 먼저 비구니절 안에서 열 명의 니사尼師를 청하여 본계本戒를 받고 그 뒤 법사사法師寺에 나아가 열 명의 법사를 청하니, 니사와 합해 전부 스무 명의 사師로부터 본계를 받는다"라고 되어 있다.[7] 이는 백제에서 이부승

교사상』(원광대학교, 1985), 532~536쪽 참조.
4) 이 기록은 『周書』에 실린 것이다. 비슷한 내용이 『隨書』와 『北史』에도 나온다. 구체적인 내용과 차이점에 대해서는 유원재, 「『주서』 백제전 연구」, 『백제연구』 19(충남대학교 백제연구소, 1988), 252쪽 참조.
5) 『일본서기』에 따르면 백제 위덕왕은 577년 律師, 禪師, 비구니 1인, 불상제작 기술자 등을 일본에 파견했다고 한다.
6) 「법보신문」, 1997년 8월 6일, 430호 7면. 이 유물들은 백제 멸망 후 일본으로 건너간 유민들의 정착지였던 오사카 지역에서 출토되었다. 요시이 히데오는 출토된 토기의 명문을 근거로 이 지역에 '백제사'와 함께 '백제니사'가 존재했을 것으로 본다.(Yoshii Hideo, "The Influence of Baekje on Ancient Japan", *The International Journal of Korean Art and Archaeology* 1[2007], 59~60쪽)
7) 「元興寺伽藍緣并流記資財帳」, 『大日本佛教全書』 118책, 『寺誌叢書』 2(불서간행회, 1978),

비구니 구족계 제도가 실시되고 있었음을 증명하는 중요한 기록이다. 중국에서 이부승 수계식을 처음 시행한 것이 433년인데,[8] 그로부터 약 1세기 후에는 백제에도 이미 이 제도가 정착되어 있었다는 뜻이다.[9] 또한 이 사료는 백제의 비구니절은 법사사의 범종 소리가 들릴 정도의 거리에 위치해 있어서 비구니들이 큰절로 가 비구승의 가르침을 받고 하루 안에 돌아올 수 있는 가까운 곳이었다고 한다.[10]

　높은 학덕과 수행능력 그리고 적극적인 포교활동으로 백제 비구니들이 일본인들의 존경을 받았음을 보여 주는 대표적인 인물로는 법명法明을 들 수 있다. 법명은 의자왕 15년인 655년에 일본으로 건너갔다.『원형석서元亨釋書』와『정사요략政事要略』에 따르면, 법명은 일본에 건너간 다음 해에『유마경維摩經』「문질품問疾品」을 독송하여 병석에 누운 내신

---

　　　p.140a. 이 외에도 백제의 비구니 수계법에 대한 기록은『일본서기』와『三國佛法傳通緣起』에 나와 있다.(凝然,「三國佛法傳通緣起」,『國譯一切經: 和漢撰述部 史傳部 18』[大東出版社, 1938], pp.261~262) 세 자료의 차이에 대해서는 김영태,「백제의 니중수계와 니승직 관계-일본사료와 신라 및 남조의 사례중심」,『한국문화와 원불교사상』(원광대학교, 1985), 530~532쪽 참조.

8) 중국 최초의 이부승 구족계 수계식은 일반적으로 스리랑카의 비구니들이 두 번째로 중국에 도착한 해인 433년에 시행된 것으로 보지만 434년 또는 432년에 이루어졌다는 기록도 있다. 이에 대한 것은 Kathryn Tsai, "The Chinese Buddhist Monastic Order for Women: The First Two Centuries", *Historical Reflections/Réflexions Historiques* 8:3(1981), p.7, 각주 26 참조.

9) 히라카와 아키라(平川彰)는 이부승 구족계 제도가 중국에서 시행된 지 얼마 되지 않아 백제에도 도입되었다고 보는데, 그 추정의 근거는 밝히지 않고 있다.(Hirakawa Akira, "The History of Buddhist Nuns in Japan", *Buddhist-Christian Studies* 12[1992], p.149) 그러나 김영태가 지적했다시피 백제의 율사 謙益이 인도에서 돌아올 때 산스크리트어로 된 율서를 가져와 창조적으로 재편집한 것을 감안한다면, 백제의 이부승 구족계가 반드시 중국의 제도를 그대로 답습한 것이라 단정할 수만은 없다. 오히려 겸익이 편집한 율서에 의거했을 가능성도 있다.(김영태,『백제불교사상연구』[동국대학교출판부, 1985], 23~27쪽)

10)「元興寺伽藍緣幷流記資財帳」,『大日本佛教全書』118책,『寺誌叢書』2(불서간행회, 1978), p.140b.

內臣 나카토미 카마타리(中臣鎌足, 614~669)를 치유했다고 한다.11) 이 이적으로 인해 그녀는 일본인들로부터 널리 추앙을 받게 되었고 그 지역의 모든 절에서는 그녀의 염불방식을 따라하게 되었다. 이것이 일본 '유마회'의 기원이다. 법명의 염불은 '오음吳音'방식을 따른 것으로 이 염불법은 지금도 일본에서 널리 사용되고 있다. 중국 남부에서 기원한 이 염불방식을 일본에 소개한 인물이 바로 법명이었던 것이다.12) 또한『협주보리심집夾註菩提心集』에 따르면 법명은 카마타리의 집정시에 일본 대마도로 건너가『유마경』을 독송했을 뿐만 아니라 불교 서적 18권도 전해 주었다고 한다.13)

신라 불교의 기원을 논할 때 반드시 등장하는 인물이 일선군 모례네의 누이인 사씨史氏이다. 사씨는 불교를 전하기 위해 신라에 잠입한 아도阿道를 숨겨 주고 이를 계기로 불도에 귀의한 신라 최초의 여성 수행자이다. 그러나 학자들은 당시의 상황으로 보아 사씨에 대한 기록이 허구일 가능성을 배제하지 않는다. 실존인물이었다 하더라고 비구니라기보다 사미니나 식차마나였을 것으로 본다.14) 공식적으로 신라 최초의 비구니

---

11) 虎關師鍊,『元亨釋書』,『國譯一切經: 和漢撰述部: 史傳部 19』(大東出版社, 1980), p.32; 田口卯吉・黑板勝美 편,『新訂增補國史大系 第二十八卷: 政事要略』(吉川弘文館, 1935), p.95. 또한『원형석서』는 법명의 이적을 계기로 일본에서 '유마회'가 생겨났다고 기록하고 있다. 이와 동일한 기록이 잔카이(珍海)가 강설하고 호슈(寶洲)가 주를 단『夾註菩提心集』하권, p.36에도 나온다. 나라시대에도『유마경』독송이 지닌 치병효과에 대한 신앙이 널리 퍼져 이 경전은 기도에 자주 이용되었다.(오다 스스무, 김장호 옮김,『동양의 광기』[다빈치, 2002], 120쪽)
12) 珍海 강설, 寶洲 주석,『夾註菩提心集』3책, 하권, pp.35~36.
13) 珍海 강설, 寶洲 주석,『夾註菩提心集』3책, 하권, p.36.
14) 김영태,「신라의 여성출가와 니승직 고찰-도유나랑 '아니'를 중심으로」,『명성스님 고희기념 불교학논문집』(운문승가대학 출판부, 2000), 65~71쪽. 이지관 역시 사씨를 사미니로 보며 그녀에게 오계 내지는 십계를 준 아도를 전계사로 간주한다.(이지관,『한국불교계율전통: 한국불교계법의 자주적 전승』[가산불교문화연구원, 2005], 270~271쪽)

로 간주되는 인물은 법흥왕의 왕비였던 묘법妙法으로, 그녀는 출가 후 영흥사永興寺에 주석하였다.

신라에는 '도유나랑都維那娘'이라는 독특한 비구니 승직이 존재했는데, 이 승직은 신라 비구니승단의 규모와 조직력이 상당했음을 가리키는 방증이다.15) 신라 비구니들의 수행과 삶에 얽힌 갖가지 이야기들은 『삼국유사』에 잘 전해 온다. 『삼국유사』에 묘사된 비구니들은 신심이 깊고 기개가 높으며 종교지도자로서의 품격과 지혜를 갖춘 인물들이다. 그래서 이들은 일본에서도 많은 존경을 받았다. 신라 비구니 이원理願은 일본으로 건너가 오랜 기간 교화활동에 힘쓰다 735년 입적하였다. 일본의 대표적 고전시가집인 『만엽집萬葉集』 권3에는 오토모 사카노우에 이라츠메(大伴坂上郎女)라는 재상의 딸이 외로운 타국에서 숭고한 삶을 살다 간 스승 이원을 기린 애절한 만가挽歌가 실려 있다. 이원의 경우에서 알 수 있듯이 일본으로 건너간 신라의 비구니들은 신라군新羅郡에 머물며 전법활동에 매진하였다.16)

고려시대 비구니들의 사회적 지위는 신라와 비슷했던 것 같다.17) 출가를 하려면 여자도 남자와 마찬가지로 국가의 허가를 받아야 했다.

---

15) '도유나랑'에 대해서는 김영태, 「신라의 여성출가와 니승직 고찰—도유나랑 '아니'를 중심으로」, 『명성스님고희기념 불교학논문집』(운문승가대학 출판부, 2000), 54~64쪽 참조.
16) 경덕왕 17년(758) 일본에 파견된 승려 가운데 비구니가 두 명 포함되어 있었는데, 이들은 新羅郡에 머물며 전법사로 활동하였다.(김영태, 「신라의 여성출가와 니승직 고찰—도유나랑 '아니'를 중심으로」, 『명성스님고희기념 불교학논문집』[운문승가대학 출판부, 2000], 51~53쪽)
17) 고려시대의 비구니에 대해서는 김영미, 「고려시대 여성의 출가」, 『이화사학연구』 25·26(이화사학연구소, 1999), 49~74쪽; 김영미, 「고려시대 비구니의 생활과 사회적 지위」, 『한국문화연구』 1(이화여대 한국문화연구소, 2002), 67~94쪽; 박민선, 「고려시대 여성의 생활과 불교」, 『최숙경교수 정년기념사학논총』(이화여대, 2000), 96~118쪽 참조

고려의 비구니 가운데에는 나옹懶翁이나 혜심慧諶의 수하에서 화두를 받아 간화선 수행을 한 이들도 있었다. 그 가운데 한 사람인 나옹의 제자 묘총妙聰은 깨달음을 얻은 뒤 오도송을 남기기도 하였다.[18] 고려 말에는 출가를 하려는 여성의 수가 늘어나 사회적 위기를 느낄 정도였다고 하는데, 이는 국가가 여성에게만 출가 금지령을 내린 데서 알 수 있다. 이 금지령의 표면적인 목적은 풍기문란을 방지하는 것이었다. 하지만 실제로는 여성의 출가로 인한 가정의 붕괴를 막기 위한 것이라는 통찰력 있는 해석도 있다.[19]

이러한 상황에도 불구하고 고려 비구니들에 대한 기록 역시 얼마 되지 않는다. 최근에 현존하는 세계 최고의 금속활자본 『직지直指』의 간행 불사 화주였던 비구니 묘덕妙德에 대한 연구가 나와 고려 비구니들의 모습에 대해 새로운 사실을 밝혀 주었지만, 전반적으로 고려 비구니들의 수행과 삶에 대해서는 아직도 많은 부분이 미지의 상태로 남아 있는 것이 사실이다.[20]

조선은 건국과 함께 억불숭유 정책을 시행하였기 때문에, 비구니에 대한 문헌상의 기록은 간헐적일 뿐만 아니라 그 내용도 부정적인 것이 주를 이룬다. 특히 『조선왕조실록』과 같은 정사에는 비구니에 대한 언급이 극히 제한되어 있고, 유교 사관들의 배불적 시각이 그 바탕을 이루고 있어 객관적인 사실을 전한다고 보기 어렵다.

---

18) 김영미, 「고려시대 비구니의 생활과 사회적 지위」, 『한국문화연구』 1(이화여대 한국문화연구소, 2002), 71~74쪽. 묘총의 오도송은 운허용하 편역, 『여인성불』(불광출판부, 1991), 212쪽에 실려 있다.
19) 김영미, 「고려시대 여성의 출가」, 『이화사학연구』 25·26(이화사학연구소, 1999), 55~58쪽.
20) 이세열, 「직지와 비구니 묘덕에 관한 연구」, 『중원문화논총』 4(충북대 중원문화연구소, 2000년 9월), 67~95쪽.

그러나 이와 대조적으로 야사나 민담, 민요 등 일반적으로 사료로서의 가치를 크게 인정받지 못하는 대중문학과 예술장르에서 비구니들에 대한 사회 저변의 시각을 알 수 있는 뜻밖의 자료가 발견되기도 한다. 예컨대 『순천승주향토지』에는 임진왜란 때 활약한 보운寶雲, 보련寶蓮, 보월寶月 세 명의 비구니에 대한 전설이 실려 있다. 이들은 모두 사명당과 관련된 여인들로 이순신 장군에게 전략적 조언을 하는 지장智將으로 그려져 있다. 이들은 자신들이 수한 붉은 포도주빛 가사를 이용해 적군을 교란시킴으로써 전투를 승리로 이끄는 데 혁혁한 공로를 세운다. 이 환상적인 이야기는 엄청난 국가적 위기를 타개할 초인을 간절히 기원하던 민심을 반영하고 있다. 그런데 조선 사회에서 철저히 주변인 취급을 받았던 비구니가 당대 최고의 전쟁영웅인 이순신을 능가하는 비상한 능력의 이인異人, 즉 구세자의 역할을 맡는다는 설정이 몹시 흥미롭다. 이 전설은 비록 허구에 불과하지만, 절망에 빠진 민중들에게 승병운동이 심어준 희망과 기대감을 비구니라는 특이한 소재와 접목시킨 것으로 당시 피지배층의 눈에 비친 비구니의 색다른 모습을 읽을 수 있다. 이러한 점에서 이 전설은 국난 이후 양반 남성 중심의 기존 사회질서와 기득권층에 대한 회의와 함께 눈에 띄게 발전한 여성 영웅소설이라는 장르에 그 맥이 닿아 있다.

조선시대 비구니들의 상실된 역사를 보여 주는 또 하나의 예로 통도사성보박물관에 보관된 ≪금동천문도≫(동제천문도)를 들 수 있다. 이 천문도는 실제로 휴대하며 별자리를 관찰할 수 있는 지도인데, 전면에 새겨진 명문에 따르면 효종 3년인 1652년 9월에 삼각산 문수암의 비구니 '선화자仙化子'가 조성하였다고 한다. 이 천문도는 별자리를 음각한 곳에 진주가 박혀 있어 예술미가 뛰어난 지도로, 불교의 관점에서 본 우주법계를 당시의 과학적 지식을 빌어 형상화한 것이다. 이 지도의 전면에는 삼십삼천성위三十三天聖位가, 이면에는 송악도가 인각되어 있다. 이면의 산수화, 즉 송악도는 선화자가 기거하던 문수암의 실경으로 여겨진다. 여기서 또한 우리의 눈길을 끄는 것은 ≪금동천문도≫ 불사를 비구니들이 주도했다는 사실이다. 명문에는 이 지도를 조성한 선화자뿐만 아니라 이 불사의 화주가 위봉사圍鳳寺 비구니 천연天延이었다는 사실도 밝혀져 있다. 이 두 비구니는 불교문화사에 매우 특이한 공헌을 한 인물임에도 불구하고 안타깝게도 이들이 어떤 인물이었는지 전혀 알려진 바가 없다. 조성자의 이름이 지도에 새겨져 있지 않았더라면 조선시대의 사회적 관습에 따라 천문지리와 여성, 더구나 비구니를 연관시킬 가능성은 희박했을 것이다. 그리고 우리는 이 귀중한 문화재가 남성의 손에 의해 탄생된 것이라 믿고 있을 것이다.

이 같이 전근대 비구니들의 삶은 베일에 가려져 있다. 역사적 자료의 한계로 인해 비구니의 존재는 불교계 내부에서조차도 주목을 받지 못했다. 불교사에 있어 비구니를 비롯한 여성의 주변화는 학계와 여성운동계에 널리 인지되어 있는 문제이다. 이는 대부분의 불교권 사회에 만연한 문제로 한국 불교사 역시 예외가 아니다. 일반적으로 불교와 관련된 공식 기록에 여성의 이름은 거의 언급되지 않으며 여승의 경우 이 문제는 더욱 심각하다.[21] 이는 '역사'(history)의 문제가 아니라 '역사기술'(historiography)상의 문제로 불교사에 여성의 존재가 드러나지 않는 것

---

21) 이 책에서 '여승'이라는 표현은 불교의 여성 출가수행자를 가리킨다. 여성 출가자들은 수계의 단계에 따라 '사미니', '식차마나', '비구니'로 구분된다. 이 책에서는 특별한 경우를 제외하고는 여승을 비구니와 같은 뜻으로 쓰지만, '비구니'와 '여승' 혹은 '니승'은 엄밀히 따져 동의어가 아니다.

은 그들이 부재했기 때문이 아니라, 그들의 행적이 성차별의 이념적 이유로 누락되었기 때문이다.[22]

이러한 결과를 낳은 원인으로는 가장 먼저 고려 말부터 한국 사회에 점진적으로 확산된 유교의 영향을 들 수 있을 것이다. 앞에서 지적했듯이 불교를 국교로 삼았던 고려시대에는 비구니의 수가 상당했었을 것임에도 불구하고 『고려사』나 『고려사절요』와 같은 사서에는 그들에 대한 기록이 별로 나타나지 않는다. 역사가들은 그 이유를 주로 조선 초기 사가들의 유교적 사관에서 찾고 있다.[23] 조선에서의 유교, 특히 성리학은 여성을 종속적 위치에 두는 가부장적 윤리체계이자 오백 년 동안 실시된 척불 정책의 사상적 기반으로, 여성 불자들에게는 이중의 올가미로 작용하였다. 그 가운데서도 특히 비구니는 국가의 통치이념과 사회질서 및 문화관습의 관점에서 볼 때 불교, 출가, 여성이라는 세 가지의 열악한 요소를 모두 갖춘 비주류 내지는 반주류의 주변인 집단이었다.

비구니에 대한 자료의 부족으로부터 심각하게 대두되는 질문은, 과연 어디에서 어떤 방식으로 그들이 살았던 삶의 궤적을 찾을 것인가 하는 것이다. 이 책은 바로 이 질문에 대한 답을 찾으려는 노력에서 비롯되었다. 구체적으로 전통시대의 비구니들에 대한 미진한 사료를 보완하고

---

22) Paula Arai, *Women Living Zen: Japanese Soto Buddhist Nuns*(New York: Oxford UP, 1999), p.43.
23) 김영미, 「고려시대 여성의 출가」, 『이화사학연구』 25·26(이화사학연구소, 1999), 50~51쪽; 박민선, 「고려시대 여성의 생활과 불교」, 『최숙경교수 정년기념사학논총』(이화여대, 2000), 110쪽. 김영미는 고려시대의 비문과 묘지명에 비구니의 행적이 자세히 언급되지 않은 것은 여승들이 僧科나 僧階, 僧職에서 소외되었기 때문이라는 점에 주목한다. 이와 함께 수절을 이유로 출가한 고려 왕실 및 士族의 부녀자들은 승려로서의 사회적 지위가 비구와 달랐기 때문에 그들의 이름이 종종 우바이의 이름과 혼동된 채 기록되어 있음도 지적하고 있다.(김영미, 「고려시대 여성의 출가」, 『이화사학연구』 25·26[이화사학연구소, 1999], 73쪽)

그들의 수행과 삶에 대한 단서를 제공해 줄 자료로 고전문학 및 근대문학의 세계를 고찰한 것이다.

조선시대를 예로 들면 조선조 비구니들의 활동은 연산군 대에 중대한 분기점을 맞는데, 현재까지의 비구니 연구는 대체로 연산군 이전, 특히 조선 전기에 집중되어 있다. 따라서 상대적으로 문헌정보가 부족한 조선 후기에 이르면 정사正史 밖의 자료인 고전문학과 구비문학이 그 가치를 발휘한다. 문학은 허구의 세계를 다루지만 그 세계가 지닌 현실에 대한 개연성을 통해 역사와 철학의 중간자역할을 한다. 조선시대의 시가와 소설, 구비문학은 배불 정책의 서슬 아래에서도 시대의 이념과 타협하지 않고 치열한 삶을 살았던 비구니들의 모습을 담고 있다.

그러나 고전문학에서 비구니가 창작한 것으로 전해 오는 작품은 매우 드물며, 그러한 고전문학 속에서 허구적 인물로 그려진 비구니들의 모습도 대개는 편린으로 존재한다. 이러한 어려움에도 불구하고 문학에 나타난 여승의 존재는 여러 가지 측면에서 연구의 가치가 크다. 이는 무엇보다도 비구니라는 특수한 신분을 묘사하는 데 일정한 문학적 기법이 반복, 유형화되어 있어서 그 특징과 배경을 다각적으로 분석하면 그들이 처했던 사회현실이 감지되기 때문이다. 문예기교상의 특징은 작가의 주제의식과 더불어 이들 작품이 생산된 봉건적 현실 속에서 비구니들이 지녔던 위치와 그들에 대한 사회의 통념 및 비구니 자신의 정체성을 이해하는 데 많은 도움을 준다. 출가수행자라는 특수성과 여성이라는 보편성의 양면을 통해 우리는 개인과 사회의 관계를 좀 더 다양한 시각에서 고찰해 볼 수 있다.

이 책은 모두 여섯 장으로 나누어져 있다. 전체적인 구성은 한국 문학사의 거시적 구분인 고전문학기, 신문학기, 근대 및 현대문학기의 시간대를 따랐다. 비구니와 연관된 문학자료가 워낙 부족해 어느 시대건 일반화를 시도하는 것은 무리일 뿐만 아니라 매우 위험한 발상이기 때문에 이것은 편의상의 구분일 뿐 의도적으로 통시적인 접근을 시도한 것은 아니다. 이 책의 기본적인 의도는 비구니의 이미지와 서사기능을 분석하고 그것들이 현실 사회와 어떤 관계를 맺고 있는지 파악하고 이해하려는 것이다. 그러므로 책 전체에 일관적으로 적용할 수 있는 이론적 틀을 고집하지 않고 개별 텍스트를 꼼꼼히 읽는 데 주력하였으며, 넓은 시각에서 여성주의적 입장을 견지하되 특정 학파나 학자의 이론이나 방법론을 따르지는 않았다.

2~5장에서는 비구니의 창작품을 먼저 제시하고 그 뒤에 비구니를 형상화한 시가와 서사문학을 배치하고자 했는데, 실제로 비구니의 창작품을 다룬 곳은 고전문학기뿐이다. 그만큼 비구니 문승의 자취는 쉽게 드러나지 않는다는 뜻이다. 신문학기에는 일엽一葉과 같은 걸출한 인물이 나타나지만 이 책에는 몇 가지 이유로 일엽을 포함시키지 않았다. 가장 큰 이유는 '신여성' 일엽에 관한 기초적인 분석은 이미 선행 연구자들이 시도하였기 때문이다. 문승으로서의 일엽이 남긴 업적에 대해서는 이제 호기심이나 개괄의 수준을 넘어 심도 있는 분석이 이루어져야 할 단계이고, 근대문학의 여명기에 그녀가 차지하는 위상으로 볼 때 독립된 단행본으로 다루어져야 한다고 본다. 그래서 비구니 일엽에 대한 총체적인 비평 작업은 후일의 과제로 남겨 두기로 하였다.

비구니승가는 아직도 외부인들에게 닫혀 있는 세계이다. 한국의 비구니들은 오랫동안 조용히 은둔주의를 지켜 왔다. 이는 고고한 산승의 이미지와 참선수행을 수승한 것으로 표방해 온 한국 불교의 종교적 이데올로기와 더불어 성차별이 제도화된 봉건사회의 정신적 문화유산이 낳은 결과이다. 물론 산중불교의 은둔주의와 선禪의 불립문자 정신이 비구니승가로 하여금 역사의 높은 파고를 이겨내는 데 도움을 준 면도 있다. 하지만 오늘날의 시각에서 보면 그로 인해 생겨난 비구니에 대한 오해와 편견이 더 커 보인다. 그렇다고 해서 우리의 역사에서 지워진 비구니승가의 자리를 되찾는 작업을 특정 종교나 그 종교를 따르는 이들의 국지적인 관심사로 전락시켜서는 안 된다. 왜냐하면 이 작업은 궁극적으로 한국 여성사와 종교사, 나아가 한국 문화사 자체를 제대로, 또 다면적으로 복원하는 길이기 때문이다.

비구니 연구는 다양한 방법과 자료를 통해 이루어져야 한다. 그러나 현재로서는 신뢰할 수 있는 정보의 부족으로 인해 연구자들이 넘어야 할 벽이 아주 높다. 정신적 사표로서 훌륭한 삶을 살다간 비구니 큰스님들의 간단한 행장기마저도 최근에야 세상에 알려지기 시작했다.[24] 이러한 점들을 감안해 보면 우리는 문학이 현실의 거울이라는 익숙한 구절의 의미를 되새기지 않을 수 없다. 비구니는 천칠백 년 한국 불교사와 한국 여성사에 잔영으로 남아 있다. 문학은 이 잔영에 한 줄기 빛을 비추어 볼 수 있는 조그만 창의 역할을 해 줄 것이다.

---

24) 하춘생, 『깨달음의 꽃―한국불교를 빛낸 근세 비구니』(여래, 2001); 묘엄, 『회색 고무신』(시공사, 2002); 한국비구니연구소, 『한국비구니수행담록』(뜨란, 2007); 김영옥, 『자귀나무에 분홍꽃 피면―비구니 스님 행장기』(오래된미래, 2007); 묘엄, 『향성香聲―묘엄스님 출가유행록』(봉녕승가대학, 2008); 광우, 『부처님 법대로 살아라』(조계종출판사, 2008).

2장 은둔주의와 타자성 : 고전문학 속의 비구니상

(1) 한시에 비친 비구니의 자화상

　문헌자료를 중심으로 지금까지 연구된 바에 의하면 한국 고전문학에는 비구니가 지었다고 전해지는 한시가 여섯 수 남아 있다. 설요薛瑤, 예순禮順, 혜정慧定, 담도潭桃가 바로 그 비구니 시인들로, 이들이 쓴 시의 제목은 다음과 같다.

① 설요(?~693):「반속요返俗謠」
② 예순(1587~1657):「자탄自歎」
③ 혜정:「불전축佛前祝」,「우성고사추雨聲孤寺秋」
④ 담도:「세모歲暮」,「차창호헌운次蒼虎軒韻」

　위 여섯 편의 작품 가운데 시인이나 시작의 배경에 대한 기록이 단편적으로나마 남아 있는 것은 설요와 예순의 작품이다. 혜정과 담도에 대해서는 그들이 조선시대의 인물이라는 것 외에는 알려진 바가 없다. 혜정과 담도의 한시 네 편은『해동시선海東詩選』에 전하는데, 그들에 대해서는 설요나 예순과 달리 문헌기록은 물론 구전자료조차 찾아볼 수 없다. 다만 『해동시선』의 편차가 1766년에서 1767년 사이에 이루어졌으므로 이들의 사망 하한 시기는 18세기 말로 잡을 수 있다. 여성 문학 연구자들이 『한국 고전 여성작가 연구』라는 책에서 혜정과 담도를 예순 다음에 배치하고 있는 것으로 미루어 보건대, 이 두 비구니의 시작활동은 17세기 말에서 18세기 초 내지는 중기에 걸쳐 이루어지지 않았을까 추측한다. 전기적 정보가 절대적으로 부족한 상황에서 이루어지는 이 두 시인의 작품 분석은 고전 여성 한시의 일반적인 전통을 참고로 하여 텍스트 자체에 충실할 수밖에 없다. 따라서 이 절에서는 전기적 자료가 남아 있고 시대적으로 가장 앞서는 설요의 작품을 먼저 살펴보고, 이어 예순, 혜정, 담도의 차례로 그들의 시를 분석하고자 한다.

일반적으로 근대 이전 여성 작가들의 삶을 보여 주는 문헌자료는 귀할 뿐만 아니라 찾기도 쉽지 않다. 비구니 문승들의 경우 사정은 더욱 절실하여, 개인에 대한 작품 외적 기록이 존재할 경우 그 기록이 작품해석에 필요 이상의 중요성을 지닐 수 있다. 작가의 일생과 개별 작품에 직접적인 연관성을 부여하는 전기적 비평의 오류에 대해서는 선행 연구자들이 이미 지적하였으므로 여기서는 논의를 생략한다. 다만 비구니 시인들에 대한 자료가 희박한 상황에서 그들에 관한 기록이 남아 있을 경우, 그 제한된 자료 속에서 시인의 인간적인 면모를 최대한 밝히는 작업도 작품의 이해 못지않게 중요한 작업임을 인지할 필요가 있다.

설요의 「반속요」

설요의 「반속요」는 현존하는 한국 여승의 작품 가운데 가장 오래된 것으로 칠언절구의 형식을 띠고 있다.

返俗謠	환속의 노래
化雲心兮思淑貞	구름 같은 내 마음 맑고 곧음을 생각하네.
洞寂滅兮不見人	조용한 마을에 사람들은 보이지 않고
瑤草芳兮思芬蒀	아름다운 풀들은 꽃처럼 향기로운데
將奈何兮靑春	장차 어찌할까나 나의 이 청춘을.[1]

「반속요」는 『전당시全唐詩』와 『대동시선大東詩選』에 실려 있다. 이 두 시집은 각각 청조와 조선 후기에 편찬되었는데, 여기에는 작품과 함께 시인에 대한 약전도 실려 있다. 그리고 설요에 대해서는 『사고전서四庫全書』에도 간단히 언급되어 있다. 이들 책에 실린 정보를 종합해 보면 설요는 신라 좌무위장군左武爲將軍 설승충薛承冲의 딸로 호는 '선자仙子'이며 어릴 때부터 미모가 뛰어났던 것 같다. 설승충은 당 고종 대에 김인문과 함께 중국으로 건너갔으며, 그곳에서 만난 어떤 여인과의 사이에서 설요를 낳은 것으로 추정된다.[2] 설요의 어머니가 신라인일 가능성보다는 신분이 밝혀지지 않은 중국인일 가능성이 많기 때문에 설요 역시 서녀였을 것으로 추정된다. 이를 근거로 그녀의 출가 동기를 민녀民女라는 출신계층과 관련시켜 유추하기도 한다.[3] 물론 설요가 출가하게 된 구체적인 동기는 어느 자료에도 나와 있지 않지만, 그녀가 15세에 아버지를 잃고 그 후 출가하였다는 점만은 모든 약전에서 공통적으로 밝히고 있다. 따라서 그녀가 비구니가 되기로 결심한 것은 아버지를 여읜 뒤 느꼈을 인생무상 혹은 평민으로서 겪었을 현실적 고충 때문이 아니었을까 하는

---

[1] 『전당시』 23책(중화서국, 1960), 8993쪽.
[2] 이혜순 외, 『한국 고전 여성작가 연구』(태학사, 1999), 67~68쪽.
[3] 한국 고전 여성 작가들을 총망라한 『한국 고전 여성작가 연구』는 출신 신분에 따라 작가들을 분류하고 있는데, 설요를 서녀 출신의 소실로 간주하고 있다.(이혜순 외, 『한국 고전 여성작가 연구』[태학사, 1999], 67~68쪽 참조)

약간의 감상적인 추측도 가능하다.『사고전서』에 따르면 설요는 출가 후 6년 동안 보살상을 관조하며 정진하였지만 '청련靑蓮'에 이르지 못하고 「반속요」를 지은 뒤 환속하였다고 한다.4) 여기서 '청련'이란 견성을 가리킨다.

　「반속요」는 제목이 암시하듯 출가승으로서의 설요가 인생의 큰 전환점에 처해서 쓴 작품이다. 이 시는 세간과 출세간의 상반된 두 세계에서 길을 잃은 젊은 여승의 심정을 묘사하고 있다. 한쪽에는 세속을 떠난 이가 추구하는 금욕적인 삶이 있고, 그 반대편에는 중생계의 분방한 삶이 있다. 설요의 시는 고요한 자연풍경을 배경으로 이 두 세계의 경계에서 일어나는 수행자의 심적 흔들림을 잘 포착하고 있는데, 표면적으로는 그녀가 성직과 욕망 사이의 갈등으로 어찌할 바를 모르는 듯이 보이지만 시의 행간을 자세히 들여다보면 그녀의 마음은 이미 절 담장 밖의 세계로 기울어져 있음이 역력히 드러난다. 나무와 꽃에서 풍기는 봄 향기는 그녀 자신의 피어나는 젊음을 가리키며, 시의 마지막 행에서는 출세간의 길에 대한 회의가 조심스럽게 암시되고 있다. 이러한 점에서 볼 때 「반속요」는 내면적 혼돈을 겪는 나이 어린 여승의 고백서라기보다는 세속의 유혹에 승복한 시인의 자기변명에 가깝다고 하겠다.

　「반속요」를 쓰고 환속한 설요는 호탕한 성격을 지닌 문사 구오유안젠(郭元振)과 혼인하여 그의 소실로 장수를 누리다 693년 2월 17일 남편의 관사가 있던 통추안현(通泉縣)에서 죽은 것으로 알려져 있다. 죽음의 원인은 급성 전염병인 듯하며, 남편이 그녀의 죽음을 몹시 슬퍼하여 마치 그녀가 살아있는 듯 그녀의 입에 구슬을 물리고 비단으로 그녀의 시신을

---

　4)『文淵閣四庫全書』1065책, 集部 4, 別集類(臺灣商務印書館, 1983), 591쪽.

싸서 통추안현 혜보사惠普寺의 남쪽 구릉에서 장사를 지냈다 한다. 설요의 죽음에 관한 소식을 접한 당대唐代의 유명 시인 쳰지앙(陳子昻)은 동명국東明國에서 온 이 시인을 위해 그녀의 묘비에 다음과 같은 감동적인 헌시를 남겼다.5) 이 헌시는 『사고전서』에 전한다.

高丘之白雲兮	저 높은 언덕의 흰 구름이여
願一見之何期	한 번만이라도 그를 보기 원하지만 기약이 없네.
哀淑人之永	숙인의 영면을 슬퍼하며
逝感紺園之春時	절을 가까이서 보면서 봄날을 생각하노라.
願作靑鳥長比翼	원하건대 푸른 새와 같이 긴 날개를 펴
魂魄歸來遊故國	혼백이라도 고국으로 돌아가 놀리.6)

이러한 쳰지앙의 애틋한 추모의 글이 암시하듯이 설요의 시재는 당대의 문인들에게 인정받을 정도였으며, 쳰지앙이 그녀의 문재를 인정한 것으로 보아 설요는 세상으로 돌아온 후에도 창작활동을 계속했으리라 짐작된다.7)

예순의 「자탄」

설요의 시로부터 약 천 년 후인 1614년에 쓰인 예순의 「자탄」 또한 수행자로서의 고뇌를 칠언절구의 형식에 담은 탄식조의 작품이다.

---

5) 『전당시』에는 설요가 '東明國'에서 왔다고 기록되어 있는데, 이는 '신라'를 가리킨다.
6) 『文淵閣四庫全書』 1065책, 集部 4, 別集類(臺灣商務印書館, 1983), 591쪽.
7) 이혜순 외, 『한국 고전 여성작가 연구』(태학사, 1999), 68쪽 참조.

自歎[8]	나의 탄식
祗今衣上汚黄塵	이제 가사를 누런 먼지로 더럽히게 되니
何事靑山不許人	어찌하여 청산은 사람을 허락하지 않는가.
寰宇只能囚四大	세상은 다만 나의 육신을 가둘 수 있을 뿐
金吾[9]難禁遠遊神	금오도 멀리 떠도는 마음을 막기 어렵도다.[10]

앞에서 살펴본 설요의 시는 '봄 향기'와 같이 가벼운 서정적 감정을 유발시키는 데 반해, 예순의 시는 '누런 먼지'라는 비유에서 보듯이 세상사에 대한 회한과 비감이 짙게 배어 있다. 고뇌의 원인이 구체적으로 드러나 있지는 않으나, '금오'의 추적이 언급된 것으로 보아 세속사로 인한 갈등임을 유추할 수 있다. 이러한 갈등은 승려시에서 자주 다루어지는 주제 가운데 하나이다.[11]

「자탄」은 예순이 광해군 재위 6년째인 1614년 여름 감옥에 갇힌 상태에서 지은 시이다. 그렇다면 예순이라는 비구니는 어떤 인물이었으며, 그녀는 어떤 경위로 옥중시를 쓰게 된 것일까? 그리고 이 시에서 가리키는 '누런 먼지'는 구체적으로 무엇을 가리키는가? 대부분의 조선조 비구니들이 삶의 족적을 남기지 않고 명멸한 데 비해 예순에 대한 기록은 여러 곳에 남아 있다.『광해군일기』를 비롯하여 유몽인柳夢寅의『어우야담於于野談』, 조경남趙慶男의『속잡록續雜錄』, 정재륜鄭載崙의『공사견문록公私見聞錄』, 이긍익李肯翊의『연려실기술燃藜室記述』, 안방준安邦俊의『혼

---

8) 이 시는 '自歎'이라는 제목으로 널리 알려져 있지만, 이 시가 실린 유몽인의『어우야담』에는 이러한 제목이 붙어 있지 않다. 이 제목은 후대에 붙여진 듯하다.
9) '金吾'란 의금부 도사를 가리킨다.
10) 유몽인, 신익철 옮김,『나 홀로 가는 길』(태학사, 2002), 105쪽.
11) 김상일,「역대 시선집 승려시 연구」,『불교문학과 불교언어』(이회문화사, 2002), 150~151쪽.

정편록混定編錄』, 장지연張志淵의 『진휘속고震彙續攷』, 이능화李能和의 『조선여속고朝鮮女俗考』 등의 사서와 필기 잡록 및 『청룡사지靑龍寺誌』, 『봉선사본말사약지奉先寺本末寺略誌』와 같은 사지에서 예순에 대한 자료를 찾을 수 있다.

비록 단편적이기는 하나 이 정보들을 짜 맞추어 보면, 예순은 광해군 재위시 조정을 떠들썩하게 만들었던 간통사건의 주인공이자 후일 인조반정에도 연루된 예사롭지 않은 인물임이 드러난다. 그리고 이러한 사건의 배경에는 그녀의 지극한 신앙심이 자리 잡고 있었으며, 그녀의 시작詩作 동기 및 작품에 암시된 갈등의 원인까지도 그녀의 종교적 열정과 깊이 관련되어 있음을 알 수 있다. 예순의 행적은 그녀가 간통 혐의로 국문을 받은 1614년을 전후로 구분된다. 뒤에서 자세히 밝히겠지만, 이 사건은 아이러니하게도 그녀가 비구니로서 공식적인 활동을 할 수 있는 전기를 마련해 주었다. 「자탄」은 예순의 일생에 큰 전환점이 된 바로 이 옥사의 클라이맥스에서 탄생한 작품이다.

예순은 선조 20년인 1587년에 태어나 주로 광해군과 인조 대에 걸쳐 활동하였다.[12] 그녀의 속명은 여순女順이며, 광해군 때 여러 벼슬을 거쳐 나중에 계해정변의 주역으로 인조 즉위 후 연평부원군이 된 이귀李貴의 딸이다. 『광해군일기』를 비롯한 여러 사료는 공통적으로 예순이 천성이 총명해 일찍부터 문자를 터득하여 글을 읽었다고 전한다. 그녀의 독서는

---

12) 예순의 생몰연도는 『청룡사지』와 그 원본인 『삼각산 청룡사 사지』에 근거한다. 1972년에 간행된 『청룡사지』는 1962(임인)년 비구 牧園崔基正이 편찬한 『삼각산 청룡사 사지』를 손창대가 편집·보완한 것인데, 내용은 『삼각산 청룡사 사지』와 거의 동일하나 지엽적으로 첨삭한 부분도 있다. 한지에 한글 붓글씨로 쓰인 『삼각산 청룡사 사지』는 어떤 자료를 전거로 삼았는지 구체적으로 밝히지 않고 있다. 이에 반해 『청룡사지』는 예순편의 경우 『선조실록』, 『광해군일기』, 『인조실록』, 『대동야승』 등을 참고문헌에 열거하고 있다.

양반가의 여아가 현모양처가 되기 위해 읽는 일반적인 교양서적에 국한되지 않고 '방외서方外書', 즉 유교 이외의 서적을 두루 섭렵할 정도로 그 폭이 넓었다.13) 그녀는 15세에 아버지의 정치적 동지였던 김자점金自點의 동생 김자겸金自兼과 혼인했다. 그러나 결혼 4년여 만에 남편이 사망함으로써 일찍 과부가 되었다.14) 어릴 때부터 글 읽기를 좋아한 예순은 결혼한 후에도 독서를 매우 좋아했다고 한다.

예순과 불교의 관계를 이해하는 데 가장 중요한 요소는 그녀의 남편 김자겸이다. 그는 예순이 불교에 귀의하여 출가를 단행하는 데 결정적인 영향을 끼친 사람이다. 『어우야담』에 의하면 김자겸이 '불도를 몹시 좋아했다'고 한다. 어릴 때부터 책을 가까이 했던 예순은 결혼 후 불교에 심취한 남편과 함께 불서를 탐독했을 것이다. 그런데 이 젊은 부부가 불

---

13) 정재륜, 『공사견문록』(세종대왕 기념사업회, 1983), 39쪽; 장지연, 『진휘속고』, 『장지연전서』 2(단국대학교 동양학연구소, 1979), 198쪽.
14) 『광해군일기』의 공초 기록에는 예순이 15세에 혼인한 것으로 나와 있다. 그러나 『청룡사지』에는 그녀가 17세에 혼인해서 21세에 과부가 된 뒤 친정에 와서 살다가 24세에 청룡사의 道心 비구니를 은사로 출가했다고 되어 있다.(청룡사지편찬실, 『청룡사지』[청룡사, 1972], 137쪽) 동일한 내용이 『삼각산 청룡사 사지』에도 나와 있다. 『광해군일기』와 『청룡사지』의 상이한 내용에 대해서는 다음 두 가지 가능성을 생각해 볼 수 있다. 첫째는 두 자료에 나타난 예순이 별개의 인물일 가능성이다. 둘째는 두 자료가 모두 오류이거나 두 자료 가운데 하나가 오류일 가능성이다. 여러 가지 역사적인 상황을 고려할 때 전자는 개연성이 매우 낮고 『청룡사지』와 그 저본인 『삼각산 청룡사 사지』의 내용이 오류일 가능성이 크다. 그 이유는 무엇보다도 『광해군일기』의 내용이 예순의 증언을 근거로 삼았으므로 그녀의 혼인연령을 더 정확하게 기술했으리라 보기 때문이다. 또 다른 이유는 사지에 결정적인 오류가 발견된다는 점이다. 사지의 부정확성을 보여 주는 대표적인 예로, 『삼각산 청룡사 사지』와 『청룡사지』 편찬자들은 예순을 인조반정의 일등공신인 金瑬의 딸로 파악하고 그녀가 17세에 延安 이씨 집안으로 출가했다고 기술했다. 이는 명백한 오류이다. 왕실과 사대부가 여인들이 출가하여 주석했던 청룡사에는 많은 문헌자료들이 전해져 오고 있었으나 그 자료의 대부분은 전란으로 소실되었다. 『삼각산 청룡사 사지』는 예순의 생몰연대와 은사의 법명을 분명히 밝히고 있지만, 이 기록의 근거가 된 사료 역시 소실되었을 가능성이 크다.

도를 닦을 때 김자겸의 가까운 친구이자 우상右相 오겸吳謙의 서자였던 오언관吳彦寬도 그들의 공부에 동참했다. 이들 세 사람은 남녀유별의 윤리규범을 초월하여 조선 사회에서는 상상할 수 없는 매우 특별한 관계를 맺었다. 김자겸은 '거처와 음식을 내외의 분별없이 같이하였고, 비록 잠자는 일에 있어서도 처자의 방을 함께 썼을' 만큼 파격적인 남편이었다.15) 사회 관습을 개의치 않고 부부애보다 동지애로써 부인을 대한 김자겸의 예사롭지 않은 모습은 예순의 공초에 잘 드러난다.

> (저는) 6~7세 때부터 문자를 조금 알았으나 세상사에는 마음이 없었고, 15세에 시집을 갔으나 역시 부부생활과 아이 낳는 일에는 관심이 없었습니다.…… 자겸도 뜻과 기상이 범상하지 않아 일찍이 선학禪學에 종사하였기 때문에 아내의 도로써 대하지 않았고, 또 오언관과 도우道友를 삼았습니다. 일찍이 말하기를 "나는 그대와 같은 아내가 있고 오언관과 같은 벗이 있으니 일생의 행복이다"라고 하였습니다. 세 사람이 마치 솥발처럼 대하고 앉아서 종일 불도를 이야기 하였는데, 어떤 때는 밤이 으슥하도록 이야기하기도 하였습니다.16)

김자겸의 신심과 수행자로서의 면모는 그의 죽음을 둘러싼 기록에서도 확인된다. 예순과 오언관에 따르면 그는 병사하기 전날, 자기가 이튿날 죽을 것을 미리 일러 주었다고 한다. 자겸은 임종시 게송을 남길 만큼 수행에 몰입한 인물이었다. 그의 임종 게송은 『어우야담』에 전한다.

來時無所着　　　올 때 얽매인 바 없었거니,

---

15) 유몽인, 신익철 옮김, 『나 홀로 가는 길』(태학사, 2002), 103쪽.
16) 『(국역) 광해군일기』(민족문화추진회, 1993), 광해군 6년 8월 19일 기해조.

去若淸秋月	떠나감에 맑은 가을달과 같다.
來亦非實來	오는 것 또한 실제 오는 것 아니었으니,
去亦非實去	가는 것 또한 실제 가는 것 아니리.
眞常17)大樂性	진상은 본성을 크게 즐겁게 하나니,
惟此以爲理	오직 이로써 이치를 삼을지라.18)

그런데 자겸은 죽기 직전 오언관에게 자기 부인을 부탁한다는 특별한 유언을 남겼다. 그런데 이 유언이 후일 벌어질 엄청난 사건의 화근이 된다. 오언관은 사람됨이 총명하여 변론을 잘 하였으며 불교 서적을 모두 열람하고 사찰을 두루 유람한 인물이었다.19) 그는 혼자 십오륙 년 동안 불경을 공부하던 중 김자겸 부부가 불도에 깊은 조예가 있음을 알게 되어 '도의道義'로써 이들과 절친하게 지냈다고 한다. 『조선왕조실록』에 따르면, 오언관은 자겸과의 친분이 '골육이나 친척보다' 깊어 그의 집을 자주 왕래하며 그의 어머니와 아내를 스스럼없이 만날 정도로 가까웠다 한다.20) 그런 연유로 오언관은 자겸이 죽음을 앞두고 "내 아내가 나보다 나으니 내가 있는 것과 다름이 없다. 자네는 혐의하지 말고 내가 있을 때처럼 서로 찾아 불도를 논하라"고 부탁할 때, 그것을 받아들였다고 진술하고 있다.21) 그는 벗과의 약속대로 김자겸 사후에도 그의 집을 드나들며 예순과 학문적 교류를 지속하였다. 예순에게 불도를 강론하고

---

17) '眞常'은 열반을 가리킨다.
18) 유몽인, 신익철 옮김, 『나 홀로 가는 길』(태학사, 2002), 103~104쪽.
19) 『(국역) 광해군일기』(민족문화추진회, 1993), 광해군 6년 8월 19일 기해조.
20) 『(국역) 광해군일기』, 광해군 6년 8월 19일 기해조.
21) 오언관이 전하는 김자겸의 유언은 그 내용이 예순의 증언과 일치한다. 예순에 따르면, 자겸이 "내 아내가 있으니 나는 죽지 않았다. 그대는 속세의 말을 혐의 삼지 말고 모쪼록 불도를 위하여 오늘날처럼 서로 방문하게"라고 하니 오언관이 허락했다고 한다. 김자겸의 유언은 『광해군일기』, 『연려실기술』, 『어우야담』에 실려 있다.

불가의 많은 책들을 가르쳤는데, 사관은 이귀가 이 사실을 알고 있으면서도 금하지 않았다고 비난하고 있다.22)

이렇게 도우의 관계를 지속하던 예순과 오언관 두 사람은 1614년 어느 봄날 함께 서울을 떠나 안음의 덕유산으로 내려간다. 이것이 예순과 오언관이 간통 혐의로 몰리게 된 사건의 발단이었다. 오언관의 공초에 의하면, 그는 1614년 4월 산수가 빼어나다는 영남으로 내려가 살 계획을 세웠는데 이 계획을 알게 된 예순이 동행을 자청했다 한다. 한편, 예순은 일찍이 오대산에 비구니가 많다는 이야기를 듣고 그리로 출가하고자 했으나 그 뜻을 이루지 못하였는데, 오언관이 산을 유람하러 떠난다는 말을 듣고 마침내 결행하였다고 증언하고 있다.23) 이 사건에 연루된 또 다른 젊은 과부 정이貞伊24)는 예순이 속세에서는 수도에 전념하기 힘들어 산으로 들어간 옛 사람들의 이야기를 하면서 늘 출가의 뜻을 비쳤다고 하였다.25) 예순은 집을 떠나기 전 시어머니와 친정 부모에게 편지를 써서 상자에 남겨 놓고 노비를 데리고 오언관과 함께 덕유산에 이르러 그곳에서 머리를 깎고 승려가 되었다.26) 이때 예순의 나이는 이십대 후

---

22) 『(국역) 광해군일기』, 광해군 6년 8월 19일 기해조.
23) 오언관의 공초에 의하면 자신은 내외법을 생각해 예순의 동행을 만류하였으나, 그녀는 "광대한 불법 가운데 어찌 이러한 구별이 있겠는가. 불도를 위하여 나가는데 비록 몸이 부서진들 무슨 지장이 있겠는가"라고 답했다 한다.(『(국역) 광해군일기』 [민족문화추진회, 1993], 광해군 6년 8월 19일 기해조)
24) 정이는 목사 羅廷彦의 첩이었는데, 일찍 남편을 잃고 예순처럼 과부로서 불도를 추구했다.
25) 오대산에 비구니가 많아 예순이 그리로 출가할 뜻을 품고 있었다는 사실은 정이의 공초에도 나타난다. 이에 대해 정석종과 박병선은 사족 여자들이 원당으로 출가하기가 어려워지자 오대산과 같은 심산궁곡에 비구니 사암이 증가한 것으로 본다.(정석종·박병선, 「조선후기 불교정책과 원당(1)-니승의 존재양상을 중심으로」, 『민족문화논총』 18·19[영남대학교 민족문화연구소, 1998], 230쪽)
26) 각주 14에서도 지적했다시피, 예순의 출가에 대해 『청룡사지』는 『광해군일기』와

반이었다.

예순과 오언관은 수개월 동안 함께 산중에서 지내다가 그해 8월 안음현에서 체포된다.27) 『어우야담』에는 예순과 오언관이 덕유산에서 대

전혀 다른 정보를 담고 있다. 『청룡사지』에는 예순이 3년 동안 과부로 지낸 뒤 24세가 되던 1610년에 청룡사에서 도심 스님을 은사로 출가했다고 되어 있는데, 예순의 출가 시점, 그리고 그녀가 언제, 누구에게서 '예순'이라는 법명을 받았는지는 확인할 길이 없다. 하지만 사지의 기록에는 명백한 문제가 있다. 김자겸은 선조 41년인 1608년에 사망하였다. 그렇다면 1610년 예순은 남편의 삼년상을 치르고 있는 중이었을 것이다. 아무리 출가의 뜻이 강했다 하더라도 그녀가 남편의 상을 마치지 않은 채 청룡사에서 정식으로 삭발·출가했을 가능성은 극히 낮다. 단지 지금까지 알려진 정보의 전후 맥락을 볼 때, 다음과 같은 가능성은 생각해 볼 수 있다. 예순이 남편의 삼년상을 마친 뒤 사족 부녀자들이 드나들던 청룡사에서 보살계와 같은 모종의 수계식을 치렀을 상황이다. 그녀와 비구니 도심은 단순한 승려와 신도 이상의 중요한 관계를 맺었음에 틀림없다. 유발상좌 같은 것일 수도 있다. 만약 예순이 사지에 쓰인 대로 1610년에 이미 삭발했다면 1614년 덕유산에서 삭발·출가했다는 공초는 신빙성을 잃는다. 예순은 덕유산으로 내려간 뒤 몇 달 후에 오언관의 부인으로 오인받아 체포된다. 그런데 체포 당시 그녀가 과연 삭발상태였는지는 알 길이 없다. 왕실이나 사족 출신 과부들은 출가가 불가능할 경우 자신의 거처에 부처상을 마련하고 금욕생활을 하는 청신녀로 살아가기도 하였다. 일본에는 여성이 혼자 부처상을 증명법사로 삼고 스스로에게 계를 주는 전통도 있었다. 이들은 自戒와 함께 승복을 수하고 자기 손으로 직접 부분 삭발을 하여 유발승려로 살았다.(Paul Groner, "Vicissitudes in the Ordination of Japanese 'Nuns' during the Eighth through the Tenth Centuries", *Engendering Faith: Women and Buddhism in Premodern Japan*, ed. Barbara Ruch[Ann Arbor: U of Michigan Center for Japanese Studies, 2002], p.68·p.90) 그러나 조선에서는 배불 정책 아래에서도 일본과 같은 유형의 재가승려나 유발승려는 없었던 것 같다. 이러한 점을 고려할 때, 예순의 경우에도 명실상부한 삭발·출가는 1614년 간통사건이 마무리 된 이후에 이루어졌을 것이다. 『청룡사지』에 담긴 그녀의 출가 기록에 대해서는 다음과 같은 추측도 해 볼 수 있다. 비구니 예순이 인조반정 후에 청룡사 중창불사를 하게 되면서 그녀의 추종자들이 예전에 그녀가 사족의 과부로서 비구니 도심과 맺었던 관계를 소급·확대해석했을 가능성이다. 예순의 전기를 정확하게 재구성하기 위해서는 좀 더 광범위하고 철저한 후속 연구가 필요하다.

27) 오언관은 관에서 수배중이던 朴致毅로 의심 받아 체포되었다. 박치의는 등용문이 막힌 서자들의 모임인 江邊七友 가운데 한 사람으로, 광해군 4년(1612) 銀商을 죽이고 은을 약탈한 혐의로 모두 처형될 때 혼자 행방을 감춘 인물이다. 오언관과 예순이 광해군의 친국까지 받게 된 것도 박치의로 의심을 받았기 때문이다.(신익철, 「광해군 시절 여승 이예순(李禮順)의 일생」, 『문헌과 해석』 29[2004년 겨울], 115쪽)

나무로 집을 짓고 살다가 이들이 데리고 있던 노복이 도적을 잡는 '금도군사禁盜軍士'에게 잡히는 바람에 이들도 체포되었다 한다.28) 그들은 심문과정에서 사족 신분이 드러날까 두려워 부부로 위장하고, 예순은 '영일迎日'이라는 가명을, 오언관은 '황면晃眄'이라는 가명을 사용하였다.29) 이 때 체포된 일행 가운데에는 앞에서 언급한 정이라는 젊은 과부도 포함되어 있었는데, 정이는 예순의 범상치 않은 모습을 보고 그녀를 따라다닌 지 3년 만에 체포되어 함께 문초를 받았다. 예순, 오언관, 정이 세 사람은 간음 혐의를 강력히 부인했으나, 결국 두 여자는 옥에 갇히고 서얼 출신인 오언관은 고문사하여 간통사건 자체는 마무리 된다. 하지만 이 사건의 정치적 여파는 계속되어 이귀는 딸의 실절을 막지 못했다는 혐의로 삭탈관직과 도성추방의 벌을 받게 되었다.30)

---

28) 장지연은 『진휘속고』에서 예순과 오언관이 거창의 석굴 안에 있다가 발각되어 체포되었다고 한다.(장지연, 『진휘속고』, 『장지연전서』 2[단국대학교 동양학연구소, 1979], 189쪽)
29) '영일'은 오언관의 죽은 아내 이름이다.(유몽인, 신익철 옮김, 『나 홀로 가는 길』[태학사, 2002], 104쪽)
30) 사헌부는 임금에게 이귀의 加資를 개정하고 仕版에서 삭제하라는 주청을 거듭 올렸다. 이 주청은 예순의 음행사건을 배경에 깔고 있다. 이귀는 딸의 失節 혐의에 대해 그녀가 "부처에 빠져 체신을 잃었을 뿐 정절을 잃은 것이 아니다"라고 주장하였는데, 사헌부는 임금이 이 사건을 문제 삼지 않을 뿐만 아니라 부모로서의 역할을 제대로 못한 이귀에게 품계까지 올려 준 결정에 대해 다음과 같이 불만을 토로하였다. "전 부사 이귀는 본래 흉패한 사람으로 전부터 士類를 모함한 일이 한두 번이 아니었으므로 오랫동안 淸議의 버림을 받아 왔습니다. 그런데 지금 또 남편이 있는 자기의 딸을 단속하지 않고 내버려 두어 감히 흉하고 더러운 무리들과 항상 같이 있게 함으로써 그 남편이 갑자기 죽었으며, 끝내는 음탕한 짓을 하다가 산속으로 도망쳐 버리게 하였습니다. 그가 倫紀만 무너지게 한 것이 아니라 사족을 더럽힌 일이 이보다 더 심함이 없는데도 불구하고 금관자와 옥관자를 붙이는 반열에 오르니, 物情이 놀라고 분하게 여기고 있습니다. 개정하고 사판에서 삭제하십시오."(『(국역) 광해군일기』[민족문화추진회, 1993], 광해군 6년 8월 17일 정유조)
이 주청은 나중에 사간원의 탄핵으로 이어졌다. 이 사건의 정치적 여파에 대해서는 정석종·박병선, 「조선후기 불교정책과 원당(1)-니승의 존재양상을 중심으로」,

「자탄」은 오언관이 죽은 뒤 예순이 옥중에서 지어 남동생 이시방李時昉에게 전한 시이다.31) 시의 전반부는 가사에 먼지를 뒤집어쓴 것과 같이 불도를 닦는 청정 수행자가 음행이라는 엄청난 혐의를 받아 청산에도 들어갈 수 없는 지경에까지 이른 것에 대한 비통한 심정을 담고 있다. 그러나 예순은 작품의 후반부에서 비록 자신의 몸은 무고한 죄를 받아 옥에 갇혀 있으나 도를 추구하는 자신의 마음만은 의금부조차도 가두어 둘 수 없다는 강한 믿음을 표출하고 있다. 마음은 자유자재로 할 수 있으니 죽음도 두렵지 않다는 뜻이다. 이 시에서 예순은 자신의 '옷'에 묻은 먼지를 거론함으로써 스스로를 가사를 수한 승려로 표현하고 있다. 간부姦婦라는 사회의 비난에 맞서 당당하게 자신의 정체성을 출가수행자로 선언하는 것이다.

이귀의 탄핵으로까지 이어진 이 사건의 핵심은 사실 예순의 숭불행위보다는 그녀의 실절 혐의에 쏟아졌다. 이 사건이 조정과 세인의 주목을 끈 이유는 한마디로 그 선정성에 있는데, 고관의 딸이자 사대부가의 젊은 과부가 사상범인 동시에 풍기문란범으로 체포된 것은 가부장적 유교질서를 표방하는 조선 사회에 엄청난 물의를 일으킨 것으로, 그 심각성은 임금이 직접 친국을 하겠다고 나선 데서도 어느 정도 짐작할 수 있다.32) 사관은 '이때를 당하여 삼강이 끊어졌다. 그러고도 나라가 되겠

『민족문화논총』 18 · 19(영남대학교 민족문화연구소, 1998), 229~232쪽 참조.
31) 이귀는 부인 仁同張氏와의 사이에 3남 4녀를 두었는데, 예순은 그 중 둘째로 위로 오빠 時白, 밑으로 남동생 時聃과 時昉을 두었고 여동생도 셋 있었다. 이들 가운데 시담은 일찍이 숙부에게 양자로 갔고, 예순이 옥에 갇힌 상황에서 자신의 시를 건네줄 만큼 가깝게 지낸 동생은 시방이었을 것으로 추측된다. 시방은 후일 제주 목사로 부임하였는데, 그곳에 광해군이 안치된 것을 알고 그의 식사를 개선하는 등 폐주를 우대했으며 광해군이 죽자 직접 시체를 염습했다고 알려진 인물이다.(연안이씨전국대종회, 『연안이씨 이야기』[가승미디어, 2003], 142~143쪽) 이귀는 時騁과 時衡이라는 서자도 두었다.

는가'라는 논평으로 이 사건의 공초를 끝맺고 있다.33) 이 사건으로 인해 정사에서는 예순이 사회의 기본 도덕률을 무너뜨린 탕녀로 낙인찍히게 되었다.

하지만 예순이 수행을 빙자하여 망부의 친구와 심산유곡을 돌아다니며 음행을 범했다는 혐의는 그 범행의 성격상 명확한 진실을 밝히기가 힘들다.34) 예순 자신은 간음 혐의를 극력 부인하고 있다.

> 만일 처사를 잘못한 것으로 말하면 죽음도 가볍지만 간범奸犯한 사실은 청천백일처럼 아무것도 없으니 비록 만 번 죽더라도 부끄러울 것이 없습니다. 안음에서 처음 공소할 때에 거짓말을 둘러대고 가명을 댄 것은 차마 하지 못할 짓임을 모르는 바는 아니었으나, 만일 사족의 여자가 다른 남자를 따라서 나왔다고 말을 하면 현감이 반드시 곡절도 묻지 않고 먼저 엄중한 심문을 가할 것으로 여겼기 때문에 부득이 이와 같이 했던 것입니다. 한 방에 같이 머물렀다는 말에 있어서는 지극히 애매합니다. 노비들이 모두 이야기하지만 나정언의 첩(정이)이 서울에서부터

---

32) 광해군이 직접 친국을 한 가장 큰 이유는 오언관을 박치의로 의심했거나 아니면 그와 관련이 있을지도 모른다는 의심 때문이었을 것이다. 그러나 그것이 전부는 아니었던 것 같다. 개인적으로 이귀를 잘 아는 광해군으로서는 그의 딸이 엄청난 사건에 연루되었다는 점에서 사적인 관심도 컸을 것이다. 옥사가 끝난 뒤 광해군이 그녀에게 각별한 배려를 베푼 것을 보면, 친국을 하기로 한 데에는 개인적인 동기도 작용한 듯하다.
33) 『(국역) 광해군일기』(민족문화추진회, 1993), 광해군 6년 8월 19일 기해조.
34) 정석종과 박병선은 『광해군일기』에 나타난 기록을 바탕으로 이 사건을 분석한 뒤, 그녀의 출가가 '불심이 깊어서인지 아니면 실행하여 출가한 것인지 혹은 남편의 유지를 받들고 명복을 빈다는 핑계로 음탕한 짓을 하기 위해서 출가한 것인지는 확실히 알 수 없다'라고 결론짓고 있다.(정석종·박병선, 「조선후기 불교정책과 원당(1)—니승의 존재양상을 중심으로」, 『민족문화논총』 18·19[영남대학교 민족문화연구소, 1998], 232쪽) 신익철 역시 이들이 하필 산중으로 들어간 데에는 석연치 않은 점이 있다고 지적한다.(신익철, 「광해군 시절 여승 이예순(李禮順)의 일생」, 『문헌과 해석』 29[2004년 겨울], 119~120쪽)

산에 이를 때까지 언제나 같이 있어서 비록 대소변을 볼 때도 잠시도 떨어져 있지 않았으니 어찌 암암리에 벌어진 일이 있겠습니까.35)

이제 시승으로서의 예순은 어떤 인물이었는지 살펴보자. 시대를 앞선 지식인으로서의 예순의 모습을 이해하기 위해서는, 그녀의 실행失行을 둘러싼 진실공방보다는 정사와 야사를 통해 그녀의 모습을 재구성하고 그녀를 둘러싼 일련의 사건들이 갖는 의미를 다양한 각도에서 논의하는 것이 더 의미 있는 작업일 것이다.

『조선왕조실록』과 다른 사료들을 대조해 보면 이 사건은 유교의 내외 윤리와 규범의 강화라는 측면과 함께 정치적·종교적 탄압의 색채도 띠고 있다. 우선 이귀에 대한 징벌이 암시하듯, 예순은 당파정치에서 서인의 영수였던 이귀를 제거하려는 대북파의 집요한 정치적 공격에 좋은 빌미를 제공하였다. 또한 예순은 비빈이나 사족 부녀자의 출가가 거의 끊어진 시기에 다시 한번 부녀자상사 폐해논쟁을 야기한 주범으로, 이 사건은 사족 여인들 사이에 끈질기게 지속된 불교신앙에 대한 대대적인 경고의 측면도 있었다. 이러한 결론을 뒷받침하는 중요한 진술이 『어우야담』에 실려 있다.36) 『조선왕조실록』에 누락된 이 진술은 추국이 끝나갈 무렵 예순이 죽음을 각오하고 토해 낸 신앙고백의 성격을 띠고 있다. 이 진술은 조선시대 지배층 여인들의 종교관을 드러내는 중요한 내용을 담고 있으므로 아래에 전문을 옮긴다.

---

35) 『(국역) 광해군일기』(민족문화추진회, 1993), 광해군 6년 8월 19일 기해조.
36) 예순의 간통사건이 터졌을 때 유몽인은 조정의 높은 자리에 있었다. 따라서 이 사건의 내막과 추국과정을 잘 알 수 있었을 것이다. 『어우야담』은 유몽인 생전인 광해군 13년(1621)에 편찬되었다. 이러한 이유로 이 책에는 다른 사료에서 발견되지 않는 예순의 인간적인 모습이 생생하게 담겨있는데, 그 가운데 하나가 그녀의 종교관을 피력한 진술이다.

"제가 생각하건대 옛날 석가는 왕의 태자로서 나라를 버리고 성을 뛰쳐나가 설산에서 고행한 지 10년 만에 세간에 주재하는 부처가 되었습니다. 지난 겁에 여자의 몸이었던 문수文殊는 제 몸을 돌아보지 않고 도에 참여하여 마침내 정각正覺을 이루었으며, 원왕부인願王婦人은 왕후로서 법法을 구하여 먼 길을 떠났으나 스스로 도달할 수 없게 되자 심지어는 스스로 몸을 팔아가며 고행을 하였는데, 그녀는 곧 관음의 전신이었습니다. 이 밖에도 역대로 고행했던 자들은 이루 다 헤아릴 수 없이 많습니다. 당나라 때에 이르러서는 불법이 크게 일어나지 않았지만 문벌가의 부녀자들이 비구니가 되어 출가하여 어떻게 죽었는지 알 수 없는 자들 또한 많았습니다. 고금이 비록 다르지만 뜻이야 어찌 다를 수 있겠습니까?"

또 말하였다.

"세상에는 삼교三敎가 있으니, 유교와 도교와 불교입니다. 유교는 자신의 덕을 밝히고 남의 덕을 밝힘으로써 군신부자로 하여금 오륜을 모두 밝히도록 하고, 만물로 하여금 그 직임에 편안토록 하여 곤충과 초목까지도 모두 그 혜택을 입도록 하니 이는 유교가 크게 두드러진 점입니다. 선교는 능히 수화水火로 형기를 단련하여 물외物外로 날아올라 가니, 질병과 고뇌가 가까이 오지 못하며 늙음과 죽음이 침범하지 못합니다. 그러나 괴겁壞劫의 윤회를 벗어나지는 못할지니, 이는 다만 장수하는 영화에 그칠 뿐입니다. 불학은 타고난 불성을 돈오하여 절로 본성이 청정해짐에 마치 흰 달이 하늘에 떠 있는 듯합니다. 사습邪習이 절로 제거되고, 번뇌가 저절로 청정해집니다. 점차 두루 통하여 자유자재로 할 수 있게 됨에 신통한 변화는 막힘이 없고, 윤회의 길이 끊어지고 지옥이 영원히 멸합니다. 지난날의 악업은 구름이 소멸하고 비가 흩어지듯 하며 지난 겁의 원친寃親들과 함께 각안覺岸을 건너게 되니, 몸은 무너져도 더욱 밝아지고 겁劫이 다하도록 더욱 견고해 집니다. 미세한 티끌 하나도 대개 이와 같거늘 그 나머지에 대해서는 말로 다하기가 어렵습니다.

저는 여자의 몸으로 태어나 유학을 배우고자 해도 끝내 임금을 바르게 하고 백성에게 혜택을 베푸는 지극한 이치를 이룰 수가 없습니다. 그리고 선도는 조화의 권도를 훔쳐 크게 농환弄丸하는 것입니다. 그런 까닭에 불도를 배워 겨우 한가닥을 터득하자 산림에 은혜에 보답하고자 하여 일생토록 그것을 저버리지 않고자 하였습니다. 이제 대죄 가운데 떨어졌으니 죽을 날이 얼마 안 남았습니다. 그러나 형해形骸가 흩어지는 것은 다만 신발을 벗는 것과 같을 따름이고, 생사의 이치는 밤이 지나면 아침이 오는 것과 다를 바 없습니다. 하물며 죄를 범하지 않고 죽게 되었으니, 죽는 것이 오히려 사는 것입니다. 이에 여한이 없습니다."37)

예순은 불교교리의 매력과 함께 여성으로서 불교에 귀의하지 않을 수 없는 사유를 생생한 목소리로 타당성 있게 개진하고 있다. 여성으로서 치군택민致君澤民할 방도가 없어서 불도에 입문했다는 예순의 고백은 시대에 앞서 태어난 출중한 여성의 좌절감, 즉 '조선조 유교사회와 남성중심의 가부장적 질서에서 소외된 여성의 항변'을 담고 있다.38) 조선의 여인들에게 있어서는 치세를 궁극의 목적으로 하는 유교가 신앙의 대상이 될 수 없었고, 이들은 또한 도교나 무속에서 종교적 위안을 얻기도 힘들었다.39)

예순이 자신을 변호하는 어조는 침착하고 논리적이며, 그녀의 진술은 독서와 수행으로 축적한 식견과 통찰력을 유감없이 드러내고 있다. 그녀의 확신에 찬 꿋꿋한 태도에서 후일 간통사건이 일으킨 물의를 개의

---

37) 유몽인, 신익철 옮김, 『나 홀로 가는 길』(태학사, 2002), 105~108쪽.
38) 신익철, 「광해군 시절 여승 이예순(李禮順)의 일생」, 『문헌과 해석』 29(2004년 겨울), 119쪽.
39) 조선 초기의 여성들이 유교에 친화력을 느끼지 못했던 이유에 대해서는 이순구, 「조선초기 여성의 신앙생활」, 『역사학보』 150(역사학회, 1996), 43~46쪽 참조.

치 않고 당당히 원당을 내왕하는 예순의 모습이 예견된다. 과연 예순은 국문이 끝나고 의금부에서 풀려나자 궁에 들어가기를 자청했다. 그런데 놀랍게도 광해군은 이 간청을 허락했다.[40] 처형을 당할 죄인의 위치에 있었음에도 불구하고 예순은 기회가 주어지자 민첩하게 자신의 요구를 관철시킬 정도로 정치적 순발력이 뛰어난 인물이었으며, 종국에는 본인의 희망대로 비구니 원당인 자수원慈壽院에 머물게 된다.[41] 예순의 이러한 대담한 면모는 궁에 들어간 이후의 행적에서 구체적으로 확인된다.

원당 비구니로서의 예순에 대한 일화는 주로 『연려실기술』, 『속잡록』, 『공사견문록』, 『진휘속고』에 나와 있다. 『연려실기술』과 『속잡록』을 훑어보면, 예순은 궁을 출입하며 사족 출신 승려라는 특수한 신분을 이용하여 궁녀 및 왕실 여인들과 폭넓은 대인관계를 맺었다. 중전 유씨를 비롯해 후궁들로부터 존경과 신임을 받았으며, 특히 광해군의 애첩 김상궁 개시介屎와는 모녀지간의 관계를 맺을 정도로 그 친분이 돈독했다. 예순은 권력의 핵심에 있던 김상궁에게 자신의 친정아버지와 시숙 김자점이 대북파의 질시와 모해를 받는다고 자주 호소했다 한다. 예순은 김자점을 돕기 위해 김상궁과 궁인들에게 뇌물공세도 마다하지 않았으며, 심지어 시숙의 정치행보에 대한 의구심을 일으키지 않도록 궁인들에게서 수천 냥의 돈을 빌려 뇌물로 쓰며 김자점을 보호하였는데, 그 결과

---

40) 예순이 掖庭署의 방자가 되기를 자원하여 사면을 받았다는 설도 있다.(장지연, 『진휘속고』, 『장지연전서』 2[단국대학교 동양학연구소, 1979], 190쪽) 광해군이 예순의 청을 허락한 데에는 그의 호불적 태도가 어느 정도 영향을 미치지 않았을까 짐작된다. 친불 군주로서의 광해군에 대해서는 이이화, 『역사 속의 한국불교』(역사비평사, 2002), 311~313쪽 참조.
41) 『공사견문록』, 『혼정편록』, 『진휘속고』, 『조선여속고』에는 예순이 비구니로 궁에 들어갔다고 되어 있으나, 『속잡록』에는 궁녀가 되었다고 기록하고 있다. 『속잡록』의 기록이 오류인 것 같다.

모든 궁인들이 그녀의 시숙을 그의 자字인 '성지成之'로 부를 정도였다고 한다.42) 과연 예순이 김자점의 역모 의지를 알고도 그런 일을 했는지 아니면 단순히 시숙의 출세를 위해 그랬는지는 알 길이 없다. 그러나 그녀의 대인술이 능수능란하여 광해군마저도 김자점의 역모 가능성을 믿지 않을 정도였다고 한다.43)

예순의 정치적 영향력은 결국 인조반정으로 이어진다. 『공사견문록』44)에는 이귀가 군사혁명을 성공시키는 데 딸 예순이 결정적인 공헌을 했다는 비화가 실려 있다. 아이러니한 것은 이 비화가 훌륭한 효행담으로 소개되어 있다는 점이다. 1623년 이귀는 왕을 폐위하려는 모의에 가담했던 것이 탄로나 체포된다. 이 소식을 들은 예순은 즉시 김상궁에게 편지를 보냈는데, 거기에는 임금에 대한 이귀의 변함없는 충성심을 찬양하는 가사歌辭가 한 편 들어 있었다고 한다. 이 편지로 인해 이귀는 중벌을 면하고 감옥에서 석방되었다. 그러나 그는 옥에서 풀려난 바로 그날 밤 삼경에 반정을 일으켜 새 임금 인조를 추대하게 된다. 예순을 철저히 믿고 그녀의 입장을 임금에게 대변해 주었던 김상궁은 정업원에서 불공을 드리던 중 반정 소식을 듣고 민가에 숨었는데 곧바로 반정군에게 잡혀 처형되었다.45) 그리고 강화도로 쫓겨난 광해군은 후일 제주도로 이송되고 그로부터 18년 후 제주도에서 죽음을 맞는다.

---

42) 이긍익, 『(국역) 연려실기술』 5(민족문화추진회, 1986), 472쪽.
43) 이귀, 김자점 등 서인들의 역모 가능성은 더러 광해군에게 보고되었지만, 번번이 김상궁에 의해 무마되어 광해군은 역모 계획을 심각하게 받아들이지 않았다.
44) 『공사견문록』은 모두 4책으로 구분되어 있는데, 효종의 다섯째 부마였던 東平尉 정재륜이 아홉 살 때부터 50년 동안 궁중에 출입하면서 보고 들은 역대의 선행이나 경계로 삼아야 할 일들을 기록해 놓은 책이다. 예순과 관련된 일화는 『공사견문록』 1부에 소개되어 있다.
45) 『(국역) 광해군일기』(민족문화추진회, 1993), 광해군 15년 3월 13일 계묘조.

그렇다면 비구니 예순이 이와 같이 대담한 정치적 역량을 발휘할 수 있었던 비결은 무엇일까? 이에 대한 답은 비교적 쉽게 찾을 수 있다. 우선 그녀는 엄청난 종교적 카리스마를 지닌 인물이었다. 훗날 이긍익은 '예순이 궁중에 출입하니 대궐 안 사람들이 모두 생불이라 일컬어 신봉함이 비할 데가 없었다 한다'라고 기술하고 있다.46) 이 점은 몇 년 동안 예순을 지척에서 지켜본 정이의 증언과도 상통한다.

이씨는 제때에 밥을 먹지 않았고 더러는 20일 동안이나 물도 마시지 않았지만 조금도 주리고 피곤한 모습이 없었으며, 혹 한 달이 되도록 잠을 자지 않기도 하였습니다. 온몸에 향기가 풍겼으며 깜깜한 밤에도 대낮처럼 광채가 발산되었는데, 3년 동안 함께 살았으나 처음부터 끝까지 한결같아 더러운 일은 전혀 가까이 하지 않았습니다.47)

정이의 눈에는 오언관 역시 비슷한 인물로 비쳤는데, 그는 땅굴 속에 거처하였지만 온몸에 향기가 났으므로 사람들이 모두 음식을 가지고 와서 먹였다고 하였다.48) 『어우야담』에도 "이들이 덕유산 산중의 대나무집에 거주할 때 읍 사람들이 그들을 공경하여 믿으며 모두 쌀을 덜어 보시하였다"고 적혀 있다.49) 물론 『조선왕조실록』에 실린 정이의 진술은 이들을 맹목적으로 따라다닌 불교 초심자의 주관적인 관찰에 지나지 않는다고 치부할 수도 있다. 하지만 한 가지 분명한 사실은 정이라는 젊은 여인의 눈에는 예순이 '생불이나 미륵의 현신'으로 보였을 만큼 경외심을 일으키며 수행자로서의 신비스러운 면모를 보여 주었다는 점이

---

46) 이긍익, 『(국역) 연려실기술』 5(민족문화추진회, 1986), 472쪽.
47) 『(국역) 광해군일기』(민족문화추진회, 1993), 광해군 6년 8월 19일 기해조.
48) 『(국역) 광해군일기』(민족문화추진회, 1993), 광해군 6년 8월 19일 기해조.
49) 유몽인, 신익철 옮김, 『나 홀로 가는 길』(태학사, 2002), 104쪽.

다.50) 장지연도 『진휘속고』에서 예순의 글과 언변이 뛰어나고 계행 또한 철저해 궁궐에서 그녀를 '불존'으로 여겼으며 심지어 '정향頂香의 예'51)를 행하기도 했다고 적고 있다.52)

예순의 범상치 않은 수행능력은 덕유산으로 내려가기 전에도 세간에 널리 회자되었던 것 같다. 『어우야담』에는 김자겸이 죽고 오언관이 불도를 가르치느라 예순의 집을 출입하던 시절 그녀는 타심통他心通, 즉 다른 사람의 마음을 꿰뚫어 보는 법을 얻었다고 선언하였는데, 몸에서는 기이한 향내가 나고 영묘한 광채가 방에 가득한지라 그를 생불이라고 칭하는 사람들도 있었다고 적혀 있다.53) 정이의 공초 역시 이 사실을 뒷받침해 준다. 그녀는 14세에 무인 나정언羅廷彦의 첩이 되었는데, 지아비가 죽은 뒤에 절개를 온전히 하려고 그의 큰집에 의탁하였다. 그런데 김자겸의 아내 이씨를 많은 사람들이 귀하게 여긴다는 소문을 듣고 정성을 다하여 만나 보았는데, 많은 사람을 보았으나 이와 같은 사람은 보지 못하였다고 진술하였다.54)

이와 같은 당대인들의 증언을 고려할 때 예순의 수행력이 보통을 넘어섰음은 분명하다. 그녀는 혼인 후 오직 지극한 불도에 마음을 두어 8~9년 동안 공력을 쌓으니 터득한 바가 있는 것 같다고 고백하였다.55) 이 말은 그녀가 불도를 공부하는 과정에서 모종의 진전進展을 체험했다

---

50) 이긍익, 『(국역) 연려실기술』 5(민족문화추진회, 1986), 472쪽.
51) '頂香의 예'란 향을 두 손으로 들고 합장한 뒤 머리 위로 올려 공경의 예를 표한 다음 그 향을 바치는 의식으로, 이 예를 표하는 대상은 부처와 같은 높은 위치에 있음을 의미한다.
52) 장지연, 『진휘속고』, 『장지연전서』 2(단국대학교 동양학연구소, 1979), 198쪽.
53) 유몽인, 신익철 옮김, 『나 홀로 가는 길』(태학사, 2002). 104쪽.
54) 『(국역) 광해군일기』(민족문화추진회, 1993), 광해군 6년 8월 19일 기해조.
55) 『(국역) 광해군일기』(민족문화추진회, 1993), 광해군 6년 8월, 19일 기해조.

는 뜻이다. 앞에서 설명했듯이 예순을 불교로 안내한 장본인인 김자겸과 오언관은 둘 다 경전공부에 매진한 인물들이었다. 그렇다면 이들과 함께 불학을 공부한 예순의 교학적 지식도 상당한 수준에 도달해 있었을 것이다. 또 한 가지 흥미로운 사실은 김자겸과 오언관 둘 다 선禪수행에 몰입했었다는 점이다.56) 그렇다면 이들의 직접적인 영향 아래 있던 예순 역시 선수행을 하였을 것이라 짐작할 수 있다. 정이가 '선禪을 배우느라' 김자겸의 아내를 따라다녔다는 오언관의 공초도 이러한 추측을 가능하게 한다.57) 물론 극히 제한된 문구만으로 예순의 수행방법이나 수행의 정도를 논의하는 것은 무리이다. 그러나 앞의 인용문에서 드러나듯이 그녀는 유불도 삼교의 차이에 대해 뚜렷한 철학적 식견을 지니고 있었다. 또한 그녀가 일반인에게는 견성한 인물로 예경의 대상이 되었다는 기록으로 보아 선수행이 매우 높은 경지에 도달했던 것만은 의심의 여지가 없는 듯하다. 이는 비구니를 비롯한 조선조 여성들이 주로 정토신앙에 근거한 수행을 했던 것과 구별된다.58)

　　인조반정 후 예순에 대한 기록으로는, 그녀가 인조 2년(1624) 인목대비의 명을 받들어 청룡사를 중창하고 광해군 때 억울하게 죽은 영창대군의 명복을 빌었다는 이야기가 『청룡사지』에 전한다.59) 또한 『봉선사본

---

56) 김자겸은 '禪學'에 힘썼다는 기록이 있고, 오언관도 '禪'을 배우기 위해 사찰을 두루 유람했다는 기록이 있다.(『(국역) 광해군일기』[민족문화추진회, 1993], 광해군 6년 8월 19일 기해조)
57) 하지만 『연려실기술』에는 예순이 '절간을 떠돌아다니며 아미타불을 신앙하였다'고 되어 있다.(이긍익, 『(국역) 연려실기술』 5[민족문화추진회, 1986], 472쪽) 이는 당시 여성들에게 널리 퍼져 있던 정토신앙을 가리키는 것으로 보이며, 이 기록만으로 예순이 극락정토를 발원하는 수행에 집중했다고 보기는 어렵다.
58) 조선시대의 여성, 특히 비구니들의 수행 전통에 대해서는 이향순, 「조선시대 비구니의 삶과 수행」, 『한국 비구니의 수행과 삶』(예문서원, 2007), 105~112쪽 참조.
59) 예순의 청룡사 중창에 관한 기록은 청룡사지편찬실, 『청룡사지』(청룡사, 1972), 137~

말사약지』에는 인조 8년(1630)에 예순이 회룡사 주지로서 다섯 번째 중창불사를 마쳤다는 기록이 남아 있다.60) 이러한 기록들은 당시 예순이 상당히 영향력이 있는 위치에 있었으며, 그것이 계해정사 후 그녀의 아버지가 누렸던 일등공신으로서의 권세와 무관하지 않음을 증명한다. 예순은 광해군과 광해군의 정적인 인목대비 양쪽에서 모두 신임을 받을 만큼 성직자로서 두루 존경을 받은 인물로 보인다. 그러나 예순이 이렇게 폭넓은 인간관계를 잘 유지해 나갔던 데에는 종교의 힘을 빌린 뛰어난 사교술만이 아니라 비범한 정치적 판단력과 수완이 뒷받침되었기 때문이다.

한 마디로 예순은 천의 얼굴을 가진 인물이었다. 정사인『광해군일기』와 야사인『연려실기술』이 그녀를 평가하는 시각이 다르고, 조선 중기의 사회상을 비교적 사실적으로 전한다는『어우야담』은 그녀의 구도역정求道歷程을 강조하고, 어떤 늙은 궁인으로부터 들은 이야기를 전한다는『공사견문록』은 그녀의 효행을 강조하는 반면, 사지들은 그녀의 중창불사를 주로 내세우고 있다.61)『공사견문록』과『연려실기술』은 예순과 김개시의 돈독한 인간관계를 강조하지만,『청룡사지』는 예순이 정치적으로 늘 인목대비의 편이었으며 대비가 광해군의 핍박으로 서궁에 유폐되었을 때에도 그녀만이 변함없이 대비를 찾았다고 기술하고 있다.

141쪽 참조.
60) 김월운,『봉선사본말사약지』(봉선사, 1977), 86쪽.
61) 아이러니하게도『공사견문록』에 예순의 기록이 남은 것도 결국 그녀의 효행에 대한 저자의 유교적 관점 때문이다. 이는 조선시대의 시선집에 뽑힌 승려시 가운데 효도에 대한 시가 더러 있는 현상과 같은 맥락에서 이해될 수 있다. 이 현상의 좋은 예가『대동시선』「총림편」에 실린 비구 山立의「歸燕」라는 작품이다. 불교문학 작품에 대한 시선 편찬자의 유교적 관점에 대해서는 김상일,「역대 시선집 소재 승려시 연구」,『불교문학과 불교언어』(이회문화사, 2002), 151~152쪽 참조.

이렇게 예순에 대한 관점의 차이에도 불구하고 한 가지 확실한 것은, 그녀가 다양한 계층의 사람들을 끌어들이는 흡인력을 지닌 인물이었으며 이것이 결국 정치권력으로 작용했다는 점이다. 조선의 비구니들은 대개 죽은 남편의 극락왕생을 빌고 과부로서의 여생을 조용히 보내려는 소극적인 동기에서 출가한 경우가 많았다. 예순도 과부의 신분이기는 했으나 그녀의 출가 동기와 경위는 일반 여성들의 경우와 구별된다. 견성성불見性成佛하겠다는 적극적인 이유에서 출가를 감행하였고, 구도의 길에 들어선 이상 자신의 목표에 장애가 되는 사회의 금기나 부당한 외압에 굴하지 않는 기상을 지켰다. 예순은 열렬한 신심뿐만 아니라 주위를 아랑곳하지 않고 자신의 신념을 행동으로 옮길 수 있는 대담한 성격과 영민한 판단력의 소유자였다. 예순이라는 인물을 정확하게 이해하기 위해서는 종교인으로서의 순수한 열정과 궁내 정치에 깊숙이 개입한 로비스트로서의 능력을 함께 주목하지 않을 수 없다. 예순은 청정 수행을 추구하면서도 세간의 의심을 피하기 위해 부부로 위장하고 가명을 쓸 수 있는 담력과 반정 직전 시 한 수로 위기상황에 처한 아버지를 구해 낼 수 있는 기지를 함께 갖춘 뛰어난 여성이었다.

이 모든 일련의 사건과 인간관계를 종합해 보면 「자탄」이라는 텍스트의 심층구조에는 여러 가지 얽히고설킨 궁중비사가 숨어 있음을 알 수 있다. 거기에는 작자가 여승이기 때문에 쉽게 연상되는 인생무상 등의 판에 박힌 진부하고 통속적인 정서가 아니라, 예순이라는 비범한 개인이 자기 시대의 지배이념을 거부하며 자신이 선택한 길을 따라 치열하게 살아간 모습이 새겨져 있다.

조선시대의 문헌에 남아 있는 비구니에 대한 서지적 정보는 드물뿐만 아니라, 비구니를 언급한 기록이 남아 있다 하더라도 대개는 세인이 깜짝 놀랄 만한 부정적인 사건에 연루된 경우이다.62) 게다가 이러한 기록은 지배권력층 유관들에 의해 작성된 것이기 때문에 현대의 독자가 객관적인 시각으로 전체적인 상황을 파악하는 데 많은 한계점이 있다.63) 따라서 비평가에게는 자료의 의미구조에서 드러난 명백한 간극을 메워야 할 부담이 따른다. 예순의 예에서 보듯이 비구니에 대한 문헌자료들은 그 자료가 작성된 정치적・사회적 맥락과 그것이 암시하는 의미를 다양한 각도에서 검증할 필요가 있고, 「자탄」과 같은 문학작품을 분석하는 데에는 텍스트 외적 요소에 대한 비판적 상상력이 더욱 중요한 역할을 하게 된다.

혜정의 「불전축」과 「우성고사추」

『해동시선』이 전하는 혜정의 「불전축」과 「우성고사추」는 둘 다 칠

---

62) 조선시대에 비구니가 연루된 유명한 사건의 예로, 성종 6년(1475) 4월 노비로서 주인을 따라 출가한 正因이라는 비구니가 비구승 學祖를 둘러싸고 주인이자 주지인 비구니 홍씨를 죽인 치정 살인사건을 들 수 있다. 정인은 체포 당시 임신한 상태였다. (김응철, 「정업원과 사승방의 역사로 본 한국의 비구니 승가」, 『전통과 현대』 7(1999), 79쪽 참조) 그리고 정치적인 사건에 연루된 비구니의 대표적인 경우는 인조 때의 여승 惠英이다. 그녀는 인조 24년 세자빈 강씨의 아기로 추측되는 갓난아기의 시체를 궐 밖으로 빼냈다 하여 모진 고문을 당하다 죽었다.(정석종・박병선, 「조선후기 불교정책과 원당(1)—니승의 존재양상을 중심으로」, 『민족문화논총』 18・19[영남대학교 민족문화연구소, 1998], 234~235쪽 참조)
63) 조선조 사가들의 유교적 사관에서 야기되는 문제점은 김영미, 「고려시대 여성의 출가」, 『이화사학연구』 25・26(이화사학연구소, 1999), 50~51쪽; 박민선, 「고려시대 여성의 생활과 불교」, 『최숙경교수 정년기념사학논총』(이화여대, 2000), 110쪽 참조 여기에 한 가지 예외적인 경우가 있다면, 조선시대에 '대사' 칭호를 받은 유일한 비구니인 '定有대사'와 그녀의 비문을 쓴 樊巖 蔡濟恭의 신분과 성과 종교의 벽을 뛰어 넘는 인간적 교류를 들 수 있겠다. 이들의 관계에 대해서는 허흥식, 「조선의 定有와 고려의 眞慧: 두 시대 女大師의 비교」, 『정신문화연구』 27:4(한국학중앙연구원, 2004), 177~183쪽 참조.

언절구의 시이다. 이 두 작품은 '축원'이라든가 '가사'와 같이 승려와 관련된 표현을 담고 있어 작자의 신분이 뚜렷이 드러난다. 먼저 「불전축」의 전문을 보자.

佛前祝	부처님전에 올리는 축원
一炷升堂拜觀音	한 개비의 향을 사르고 법당에 올라 관음보살에게 절을 올림은
不求私福到身臨	사사로운 복이 내 몸에 이르기를 구함이 아니라네.
願言今日香山社[64]	원하옵건대 오늘 이 향산사에
無害無災歲月深	세월이 무궁하도록 재앙과 해악이 없기를 바랄 뿐.[65]

이 시는 그 어조와 내용에 있어 발원문에 가깝다. 그러나 이 시에서 인상적인 것은 혜정이 의식을 행하는 승려로서의 자기모습을 차분하고 담담하게 그려내는 태도이다. 잘 차린 공양물이 아니라 한 개비의 향을 올리더라도 정성을 다해 발원하는 비구니의 이미지에서 성직자로서의 혜정의 진지한 자세가 엿보인다. 물론 이 시에 가장 뚜렷이 나타나는 불교적 주제는 이타심, 즉 중생계의 안위를 먼저 구하는 불제자로서의 혜정의 자비심과 함께 가람수호에 대한 원력을 되새기는 의연한 모습이다.

「불전축」에서 보듯 혜정은 승려로서의 자신의 일상적인 감정을 비교적 쉬운 언어로써 풀어낸다. 「불전축」이 혜정의 자애로운 마음을 보여준다면 「우성고사추」는 서정성이 강한 시로, 외로운 길을 홀로 가는 수행자에게 때때로 찾아오는 회의나 번민을 가을비라는 이미지를 통해 애잔하고도 진솔하게 묘사하고 있다.

---

64) 이 행에서 '社'자는 '寺'와 같은 의미이나 '토굴'의 의미가 강하다.
65) 이규용 편, 『증보해동시선增補海東詩選』(회동서관, 1925), 236쪽.

雨聲孤寺秋	빗소리 들리는 외로운 산사의 가을
九月金剛蕭瑟雨	구월의 금강산에 소슬비 내리니
雨中無葉不鳴秋	빗속에 잎사귀마다 가을소리 울려나네.
十年獨下無聲淚	십 년간 홀로 소리 내어 운 적은 없지만
淚濕袈衣空自愁	흐르는 눈물은 가사를 적시며 부질없이 시름에 잠기네.66)

이 시의 묘미는 한 폭의 수채화를 보는 듯한 섬세하고도 사실적인 언어에 있다. 혜정은 가을비, 적막한 산사, 외로운 여승의 세 가지 서정적 이미지를 서로 잘 어울리게 병치한 다음, 거기에 약간은 처연한 빗소리의 청각 효과를 더함으로써 애상적 분위기를 심화시킨다. 시의 전반부에서 외부 공간인 금강산의 자연으로 향했던 독자의 시선이 마지막 두 행에 이르러 비구니 화자의 내부 공간으로 옮겨 온다. 이 이동과정에서 빗물과 눈물이 등치되고 자연현상과 인간의 감정 사이에는 공명대가 형성된다. 혜정은 이런 방식으로 자신의 시적 기교를 발휘하고 있다.

「불전축」이 성직자로서의 혜정의 공적인 활동을 보여 주는 반면 「우성고사추」는 사인私人으로서의 혜정이 경험하는 내밀한 감정세계를 조심스럽게 열어 보인다. 혜정의 시 두 편은 여성 한시에서 일반적으로 나타나는 서정의 두 유형, 즉 '공적 서정의 세계'와 '개별적 서정의 세계'를 보여 주는 좋은 예이다.67)

조선 시학의 풍토에서 볼 때 「우성고사추」는 또 다른 면에서 독자의 주목을 요한다. 전통적인 유가적 교양은 시에 있어서 지나치게 내밀한 서정의 표출을 금기시하였는데도 불구하고, 조선의 많은 여성들이 이러

---

66) 이규용 편, 『증보해동시선』(회동서관, 1925), 237쪽.
67) 이 두 유형의 구체적인 특징에 대해서는 이혜순 외, 『한국 고전 여성작가 연구』(태학사, 1999), 210~252쪽 참조.

한 규범을 뛰어넘어 개인적 서정의 세계를 형성하고 공감을 이룩해 내었다. 이러한 현상이 일어난 데에는 사족 여인들보다 상대적으로 유교적 규범의 지배에서 벗어나 있었던 기녀나 소실 출신의 여인들이 많은 기여를 하였다.[68] 이러한 관점에서 볼 때 혜정이 「우성고사추」와 같은 은밀한 '사적 서정'의 주제를 다룰 수 있었던 것도 결국 그녀가 승려라는 주변적 존재로서 누릴 수 있었던 자유로움과 무관하다 할 수 없을 것이다.

담도의 「세모」와 「차창호헌운」

비구니 시인 담도에 대해서는 그녀의 작품이 실려 있는 『해동시선』에 '금강산니'라는 딱 한마디의 소개가 있을 뿐이다. 담도의 시는 절이나 승려를 직접적으로 연상시키는 모티프나 표현이 없으며 혜정의 시보다 훨씬 강한 비유법을 구사하고 있다. 혜정의 시가 다분히 여성적인 정조와 회한을 담고 있다면, 담도의 시는 '여성 어조로부터의 초월'을 지향한 편이다.[69] 오언절구인 「세모」는 따뜻한 봄을 기다리는 세밑 풍경을 비구니로서가 아니라 예리한 시인의 눈으로 포착한 시이다.

歲暮	세모
婆娑竹影邊	가냘픈 몸으로 대나무 그림자 옆에서
刺繡倚窓眠	자수를 놓다가 창에 기대어 잠이 들었네.
梅欲將花候	매화가 장차 꽃피울 조짐을 보이니
雙蛾又一年	아리따운 두 눈썹 또 일 년이 지났구나.[70]

---

68) 이혜순 외, 『한국 고전 여성작가 연구』(태학사, 1999), 210쪽.
69) 이 점은 여성 한시의 특징 가운데 하나이다. 이혜순 외, 『한국 고전 여성작가 연구』(태학사, 1999), 253~255쪽 참조.

이 시는 제목에 걸맞게 섣달 삭풍에 휘청거리는 대나무와 춘풍에 꽃망울을 터뜨리기를 기다리는 매화나무를 대조시키고 있다. 그러나 텍스트에서 독자의 주목을 끄는 부분은 계절의 상징적 처리보다도 방안에서 수를 놓다 잠이 든 여인을 바라보며 그녀의 아름다운 눈썹을 통해 시간의 흐름과 자연의 변화를 읽어내는 관찰자의 관조적인 시선이다. 혜정의 작품이 시인 자신의 생활을 소재로 삼은 반면, 담도는 외적 풍광과 타인을 대상으로 하여 일정한 거리를 유지하는 관찰자의 입장을 견지하고 있다. 이 작품은 표면적으로는 전혀 종교적 색채를 띠지 않고 있다. 그리고 시의 행간에는 한 해를 마무리하는 시점에서 세월이 덧없이 빠름을 느끼는 인간의 허전한 심정이 배어 있다. 굳이 불교적 해석을 가미하자면, 독자는 수틀을 놓고 살짝 잠이 든 여인의 아름다운 미간에서 젊은 여인의 미모도 영원할 수 없다는 불교의 가르침을 되새겨 볼 수 있을 것이다.

「세모」가 세월의 덧없음에 대한 가벼운 소묘와 같은 작품이라면 「차창호헌운」은 비슷한 주제를 다루되 대담한 도교적 모티프를 담고 있어 스케일이 큰 느낌을 준다.

次蒼虎軒韻	창호헌시를 차운하여
鶴踏松枝虎踞軒[71]	학이 솔가지에 앉아 있고 범이 웅크리고 있는 듯한 집
居人說是卽仙園	거처하는 사람들은 이곳이 신선의 동산이라 말하네.
不知洞裏春來早	골짜기에 일찍 봄이 온 줄 몰랐더니
千片桃花點水煩	수많은 복사꽃이 물 위에 어지럽게 떠 있네.[72]

---

70) 이규용 편, 『증보해동시선』(회동서관, 1925), 57쪽.
71) 이 시의 첫 행은 창호헌이라는 누각에 걸린 그림을 묘사한 것이다.
72) 이규용 편, 『증보해동시선』(회동서관, 1925), 236쪽.

이 시에서 화자는 자신의 역할을 관찰자에 두고 '창호헌'이라는 건물을 보며 거기에 걸린 그림과 집안의 아름다운 봄 풍경을 독자들에게 전해 준다. 담도는 「세모」에서 '대나무', '매화', '여인의 눈썹'과 같은 고전시의 전형적인 이미지를 도입하였듯이 「차창호헌운」에서도 '학'이나 '도화' 등 독자들에게 낯익은 시어를 구사하고 있다. 소나무에 앉아 있는 학의 우아한 자태는 시간의 구속을 초월한 선계를 연상시키며, 복숭아꽃이 만발한 창호헌의 정원은 마치 도교적 이상향이 현실 세계에 구현된 착각을 일으킨다.

　그러나 담도는 「세모」에서와 마찬가지로 「차창호헌운」의 후반에서는 아름다움의 이면, 즉 선경조차도 하나의 꿈에 불과하다는 사실을 환기시킨다. 중생계는 미의 극치에 빠져 들어 아름다움마저도 공空하다는 궁극적 진리를 간파하지 못한다. 대부분의 사람들은 한낱 그림에 불과한 학과 호랑이를 보며 감탄하는 동안 그들이 몸담고 있는 현실계의 변화, 즉 세월이 바뀌어 봄이 된 것을 간과하는 우를 범한다. 그들이 이상향이라 믿고 있는 무릉도원의 복사꽃이 아무리 예뻐도 낙화는 연못을 어지럽히는 존재이듯, 인간이 느끼는 희열도 어느 한순간 번뇌를 일으키는 원인으로 바뀔 수 있는 법이다. 이 시는 낯익은 무릉도원의 이미지를 해체함으로써 제행무상과 함께 불이不二사상을 극명하게 부각시키는 방법이 인상적이다. 특히 시인이 고요한 평정심을 흔드는 번뇌를 수면에 떨어져 파문을 일으키는 도화에 비유한 것에 주목할 필요가 있다. 이 비유법은 시의 극적 아이러니를 증대시키는데, 그것은 연못과 복숭아꽃의 복합적 관계를 가리키는 '담도潭桃'라는 표현이 바로 시인 자신의 법명이기도 하기 때문이다.

앞에서 살펴본 비구니들의 한시는 비록 여섯 수에 불과하지만 그 제재나 주제가 다양하다. 이들 작품에 나타난 비구니상은 모든 욕망을 초월하고 애착심을 버린 성인의 모습이 아니라 자신의 결점과 싸우는 지극히 인간적인 모습이다. 이 특징은 자전적인 작품일수록 더욱 뚜렷이 나타난다. 설요와 예순 그리고 혜정의 한시는 출가수행자들이 느끼는 복잡다단한 인생의 좌절감을 생생하게 전해 준다. 비록 작가나 작품의 배경에 대한 서지적 자료가 부족하여 여섯 편의 텍스트가 지닌 다층적이고 함축적인 의미를 충분히 분석할 수는 없지만, 설요, 예순, 혜정, 담도가 남긴 작품들은 여승들이 스스로를 어떻게 보고 있는지 또 자신을 둘러싼 사회적 상황 및 자연환경과 어떤 관계를 맺고 있는지에 대해 통찰력 있는 시각을 보여 준다.

여섯 편의 한시 가운데 특히 비평적 관심을 끄는 것은 설요와 예순의 작품인데, 그 이유는 이 두 작품 모두 화자를 성소聖所와 속세의 경계선 위에 위치시키고 있기 때문이다. 독자들은 이 비구니들이 처한 경계적 상황을 통해 전통사회에서 여승이라는 특수한 신분의 사람들이 그리는 타공간他空間을 들여다볼 수 있다. 설요의 시는 칙칙한 승복에 가려 보이지 않는 내면으로부터 싹트는 젊은 여성의 욕망을 보여 준다. 설요의 텍스트가 독자들에게 내보이는 세계는 은밀한 사적 공간으로, 독자들에게 관음증적인 호기심을 유발시키는 공간이다. 이 점은 십 년간 외로운 출세간의 길을 걸으며 가사가 젖도록 울었다는 혜정의 시에도 적용된다. 이러한 면에서 볼 때 현존하는 최고最古의 비구니 창작품인 설요의 「반속요」는 후대의 많은 문학작품에서 반복적으로 나타나는 여승에 대한 관음증적 상상력의 원형을 세웠다고 볼 수 있다.[73]

이와 대조적으로 예순의 시는 귀족엘리트 남성의 전유물인 정치와 역사라는 공적 공간 내에서 여승이 지닌 위치를 조명해 준다. 예순의 행적은 조선시대의 양반 출신 비구니들이 산승으로서 세속과 차단된 삶을 살았던 것만은 아니고 실제로 승속 제반사에 관여되어 있었음을 증명하는 대표적인 경우이다.

「자탄」과 관련된 여러 가지 역사적인 자료들을 기초로 하여 우리는 조선조의 사족 출신 비구니들에 대해 몇 가지 중요한 가설을 세워 볼 수 있다. 첫째, 예순은 지배계층인 사대부가 출신의 과부로서 조선시대의 강력한 배불 정책에서도 비교적 쉽게 출가가 가능했던 인구층을 대표한다. 잘 알려진 바와 같이 조선 정부는 건국 초기부터 여자들의 사찰왕래를 불허하는 부녀상사금지책을 시행하고 처녀의 출가도 엄격히 금하였다.74) 그러나 일반적으로 이러한 규제들이 선왕의 후궁을 포함한 과부

---

73) 여승에 대한 성적 상상력은 조선 후기 시조나 민요 등 구비문학에서 가장 적나라하게 드러나며, 이 책 5장에서 다루어지는 현대 소설에도 지속적으로 나타난다. 시조 가운데 대표적인 예는 다음과 같다.(박요순, 「여승가사고」, 『한남어문학』 16[한남대학교, 1990], 23쪽)
 1. "削髮爲僧 져 閣氏內 이닉말슴 드러보쇼 어득한 佛堂안에 念佛만 외오다가 자닉 人生 죽어지면 홍독기로 턱을 괴아 처롱안희 入棺ᄒ야 쇼한後 찬지 되면 空山 구즌비에 우지지는 귓것 네 아니될가
 眞實노 닉말드러 마음을 두로혀면 子孫滿堂ᄒ야 富貴榮華로 百年同樂할 줄 모르는가"
 2. "削髮爲僧 앗가온 閣氏 이닉 말을 들어보소 어득 寂寞 佛堂 안히 念佛만 외오다가 자네 人生 죽은 後면 홍독기로 탁을 괴면 柵籠에 入棺ᄒ야 더운물에
 찬지 되면 空山 구즌비에 우지지는 鬼ㅅ거시 너 안인가
 眞實로 마음을 들으혐연 子孫 滿堂하여 헌멀이에 니 쇠듯시 닷는 놈 긔는 놈에 榮華富貴로 百年同樂 엇더리"
74) 그러나 이 정책이 성공적이지는 않았다. 조선 초기부터 강력히 시행된 처녀삭발금지책에도 불구하고 실제로 미혼의 여자가 출가하는 일이 있었음을 짐작하게 하는 기록이 발견되기 때문이다. 『성종실록』에 따르면 성종 2년 11월 22일 경신조에 獻納 崔漢禎이 처녀로서 비구니가 된 사례를 들면서 차후 이와 같은 경우가 생기면 그 가장에게 죄를 묻도록 啓請하였다 한다. 또한 성종 대에는 비구니를 '부녀자'로 취급하여 부녀상사금지와 같은 차원의 니승상사금지령을 적용할 것도 논의하였다.(한우

들에게는 철저하게 적용되지 않았다.75)

둘째, 예순의 일화는 영향력 있는 귀족가문에서 출가한 여승들이 왕실과 밀접한 관계를 맺음으로써 조선시대 불교의 존속에 중요한 공헌을 했으리라는 점을 강력히 시사한다.76) 실제로 승려들의 도성 출입이 금지된 상황에서도 왕실 여인들의 신행을 위해 소수의 비구니들은 성내의 궁궐을 비교적 자유로이 드나들 수 있었다. 이와 함께 효종 3년에 일어난 조소원趙昭媛의 역모사건에서 알 수 있듯이, 비구니들은 세도가 여인들과의 교류를 통해 서울에서 멀리 떨어진 사찰에서 이루어지는 불사의 화주로서 큰 몫을 담당하였다.77) 즉 비구니들은 산중에 위치한 비구승가

근, 『유교정치와 불교』[일조각, 1993], 341~343쪽)
75) 정석종·박병선, 「조선후기 불교정책과 원당(1)-니승의 존재양상을 중심으로」, 『민족문화논총』 18·19(영남대학교 민족문화연구소, 1998), 223~255쪽 참조. 정석종과 박병선은 도첩제 등 조정의 강력한 출가금지책에도 불구하고 사대부가 여성들의 출가는 지속적으로 이루어졌다고 추정한다. 부녀상사금지책에 대해서는 이은순, 「조선시대 성리학 정착과 여성의 신앙활동」, 『사학연구』 54(한국사학회, 1997), 115~123쪽 참조. 조선시대 왕실 및 사대부 여인의 출가와 신행에 대해서는 이기운, 「조선시대 왕실의 비구니원 설치와 신행」, 『역사학보』 178(역사학회, 2003), 30쪽; 김웅철, 「정업원과 사승방의 역사로 본 한국비구니 승가」, 『전통과 역사』 7(1999), 79쪽; 양만우, 「이조 비빈 숭불 소고」, 『논문집』 12(전주교육대학, 1967), 81~103쪽 참조.
76) 이에 관해서는 이기운, 「조선시대 왕실의 비구니원 설치와 신행」, 『역사학보』 178(역사학회, 2003); 김웅철, 「정업원과 사승방의 역사로 본 한국비구니 승가」, 『전통과 역사』 7(1999); 정석종·박병선, 「조선후기 불교정책과 원당(1)-니승의 존재양상을 중심으로」, 『민족문화논총』 18·19(영남대학교 민족문화연구소, 1998), 223~255쪽 참조.
77) 『효종실록』에 의하면 조소원은 인조의 龍妃로 효종을 죽이고 자신의 사위를 왕으로 추대하려는 모의를 하였는데, 이를 위해 여승과 몰래 내통하며 절을 짓고 불상을 조성하도록 하였다 한다. 또 선조 7년에도 궁내의 비구니들이 불사를 내세워 금강산 유점사를 왕래하여 관에서 조사를 하였다는 기록이 『선조실록』에 나온다. 은밀하게 불사를 추진하기 위해 여승이 시주자 또는 화주의 역할을 한 점에 대해서는 정석종·박병선, 「조선후기 불교정책과 원당(1)-니승의 존재양상을 중심으로」, 『민족문화논총』 18·19(영남대학교 민족문화연구소, 1998), 223~301쪽 참조.

와 재력을 지닌 왕족 및 사족의 여성 후원자들 사이에 가교역할을 함으로써 척불 정책 아래에서 조선 불교가 명맥을 유지하는 데 큰 기여를 하였다는 뜻이다.

셋째, 사대부가 출신 비구니들의 사회경제적 배경을 보면 그들 가운데 상당수가 예순처럼 글을 읽고 쓸 수 있었을 가능성이 높다.[78] 예순의 경우는 신분이 알려진 경우이지만 혜정이나 담도의 경우 출신계층을 알 수가 없다. 그러나 양반 한시가 유교적 교양문예의 최고 수준을 요구하는 장르라는 점을 감안한다면 그들이 상당한 수준의 문학교육을 받을 수 있는 신분적 배경을 지녔으리라 추정할 수 있다.[79] 또한 유가의 인문학적 소양과 예술적 재능을 지닌 지배계층 출신의 비구니 시승들은 출가 후에도 그들의 문재를 활용하였으리라 짐작되는데, 이것은 비슷한 처지에 있던 비구 시승들이 그러했기 때문이다.[80] 그런데 비구니들이 글을 읽고 썼을 가능성이 굳이 사족 출신 비구니에게만 한정된 것이라 할 수는 없다. 가설이기는 하나, 여승들은 성직자로서 불경을 비롯해 경서에 대한 기초교육을 받을 기회가 평민계층의 여인들에 비해 상대적으로 많았으리라 짐작된다. 이 점은 고대 중국에서도 비구니들의 교육수준이 평균적인 중국 여성들보다 높았음을 지적하는 캐드린 짜이(Kathryn Tsai)의 논문이 간접적으로 증명한다.[81]

---

78) 이러한 맥락에서 조선조 여성 불자들의 신행에 있어 한글이 어떤 역할을 했는지에 대해 본격적으로 연구할 필요가 있다. 이러한 연구의 필요성은 최근 발견된 상궁 최씨의 한글 음역 『묘법연화경』 같은 데서도 찾을 수 있다.
79) 이혜순 외, 『한국 고전 여성작가 연구』(태학사, 1999), 568쪽.
80) 김상일, 「역대 시선집 소재 승려시 연구」, 『불교문학과 불교언어』(이회문화사, 2002), 149쪽.
81) Kathryn Tsai, "The Chinese Buddhist Monastic Order for Women: The First Two Centuries", *Historical Reflections/Réflexions Historiques* 8:3(1981), pp.12~14.

그러나 전통시대, 특히 조선조 비구니들의 글이 후대에 많이 전해지지 않은 데에는 여성이자 승려라는 이중적 장애가 가장 크게 작용했을 것이다. 그 간접적인 증거가 혜정과 담도의 작품을 다루는 시선집 편찬자들의 자세이다. 민백순閔百順이 1770년『해동시선』을 증보하여『대동시선』을 낼 때 열여섯 수의 시를 뺐는데, 이때 삭제된 아홉 명의 시인 가운데 혜정과 담도가 들어 있다.82) 그러나 이러한 현상이 유가적 전통의 조선 주류 문학계에서만 일어난 것은 아니다. 넬슨 포스터(Nelson Foster)와 잭 슈마커(Jack Shoemaker)가 지적했듯이 비구니 시승들은 여성이라는 이유 때문에 선가의 문학적 전통에서 제외된 경우가 허다하다.83) 이러한 역사적, 사회적 요인들을 고려해 보면 이 절에서 다룬 비구니 한시의 가치는 더욱 높아 보인다. 총 1,892수의 시가 실린『대동시선』에 선정된 여성 작자가 모두 여덟 명인데 그 여덟 명 가운데 설요와 예순이 들어 있고, 또 비록『대동시선』에는 빠졌으나 중국 문인들에게 조선의 독특한 시가 전통을 보여 주기 위해 편찬하였다는『해동시선』에 혜정과 담도의 작품이 선별되었다는 것은 여성 문학사의 입장에서 보면 대단한 성취라 하겠다.84)

여기서 우리는 이들 외에도 글솜씨가 출중한 비구니 문인들이 근세 이전에 더러 존재했으리라는 확신을 가질 수 있다. 그렇다면 공식적인

---

82) 김남기, 「『대동시선』해제」, 『대동시선』(서울대학교 규장각, 2001), 15쪽.
83) Nelson Foster and Jack Shoemaker, eds. *The Roaring Stream: A New Zen Reader*(Hopewell: Ecco P, 1996), p.15.
84) 민백순은『해동시선』의 발문에서 '우리나라 시의 本末은 대략 여기에 구비되었다'라고 밝히고 있다.(김남기, 「『대동시선』해제」, 『대동시선』[서울대학교 규장각, 2001], 11쪽) 김상일 또한 역대 시선집에 뽑힌 승려들은 당대에 이미 시인으로서 역량을 발휘하던 사람들이며 그들은 이른바 '詩僧'으로 불리었다고 밝히고 있다.(김상일, 「역대 시선집 소재 승려시 연구」, 『불교문학과 불교언어』[이회문화사, 2002], 149쪽)

불교사나 문학사에서 제외된 비구니들의 글을 발굴할 수 있는 방법을 모색해야 한다. 예컨대, 그들의 글이 속가俗家의 문집에 남아 있을 가능성도 고려할 수 있다. 물론 그들의 작품이 비구니 문중에 보존되어 있을 가능성도 배제할 수 없다. 하지만 조선조 비구니승가의 역사는커녕, 각 문중의 계보조차 제대로 파악, 복원되지 않은 현 상황에서 후자의 가능성을 추구하는 것은 다소 무리이다.

한국 고전문학에 나타난 비구니의 자화상이 완성되려면 아직 채워야 할 부분이 많다. 이 절에서 분석한 여섯 편의 한시는 근대 이전 한국 문학에 유일하게 남아 있는 비구니 창작품들이다. 다음 절에서 가사와 고전소설에 나타난 비구니상을 분석하면서 다시 지적하겠지만, 여승을 예술적 표현의 대상물로 접근할 때 발생하는 가장 큰 문제점은 여성의 출가에 관한 문학적 담론의 형성과 적용에 여승 자신이 배제되어 있다는 것이다. 이 문제에 대한 강력한 대안이 될 수 있는 비구니들의 창작활동은 아주 최근에 와서야 이루어졌다는 점을 고려하면 설요, 예순, 혜정, 담도의 한시가 갖는 문학사적 가치는 아무리 크다 해도 과언이 아니다.

(2) 여승가사와 타자성의 문제

전통시대 비구니들이 자신들의 삶을 직접 형상화한 글 가운데 지금까지 우리에게 전해지는 것은 모두 한시에 국한되어 있고 그 수도 아주 미미하다. 이에 비해 타인에 의한 여승의 문학적 묘사는 그 양과 장르의 다양성에 있어서 상대적으로 사정이 나은 편으로, 시가와 산문문학 외에도 민요와 같은 구비문학에 비구니가 더러 등장한다. 이 작품들은 현존하는 고전 여성 문학이 그렇듯 거의 대부분 조선시대에 쓰였거나 정착된 것으로 보인다.

  고전문학 가운데 비구니를 다룬 대표적인 작품으로는 어떤 것들이 있을까? 문학 생산자로서가 아닌 글쓰기의 소재로서 세인의 눈에 비친 비구니는 어떤 모습일까? 작품에 등장하는 여승들은 어떤 기능을 하며 그런 기능이 갖는 역사적, 사회적 의미는 무엇일까? 허구적 인물인 여승들이 우리에게 조선시대의 비구니들에 대해 말해 주는 것은 무엇인가? 이러한 질문에 대한 답은 고전문학의 장르 가운데 비구니를 비교적 비중 있게 다룬 가사와 고전소설 속에서 찾아볼 수 있는데, 이 절에서는 그 가운데에서도 가사에 나타난 여승의 모습을 집중적으로 조명하고자 한다. 그리고 마지막에 가사는 아니지만 다산 정약용의 한시 한 수를 함께 분석한다. 이 작품은 남편과 자식이 있는 여인의 출가를 다룬 아주 특별한 내용을 담고 있어서 가사에는 나타나지 않는 조선조 비구니 세계의 또 다른 일면을 보여 준다.

  여승을 소재로 한 가사는 여섯 편인데 다섯 편은 불교가사로, 다른 한 편은 일반 여성 가사로 분류된다. 불교가사 가운데 네 편은 가장 널리 알려진, 소위 여승가사라 불리는 연작시이고 다른 한 편은 「청춘과부가」이다.[85] 일반 여성 가사로 알려져 있는 「신가전申哥傳」 역시 여승을 주인공으로 삼고 있다.

  「청춘과부가」와 「신가전」은 둘 다 작자미상의 작품으로, 이 두 작품

---

85) '불교가사'라는 범주를 설정한 학자는 이상보인데, 그는 기존의 가사에서 불교적 모티프를 다룬 작품 70편을 정리하여 『한국 불교가사 전집』(집문당, 1980)을 펴냈다. 이 절에서 쓰이는 불교가사라는 용어는 이상보의 분류기준과 저술에 따랐음을 밝혀 둔다.

은 여승가사와는 달리 결혼에 실패한 여주인공이 출가하게 된 경위와 과정을 소재로 삼고 있다.

여승가사: 「송여승가」, 「승답사」, 「재송여승가」, 「여승재답사」

『악부樂府』에는 연작시로 볼 수 있는 네 편의 여승가사가 실려 있다. 이 작품들은 마치 세속의 남자와 비구니 사이에 오고간 연애편지의 형태를 띠고 있다. 「송여승가送女僧歌」, 「승답사僧答辭」, 「재송여승가再送女僧歌」, 「여승재답사女僧再答辭」라는 제목이 이를 뒷받침한다.86) 이상보는 필사본으로 전하는 이 연작가사가 1783년경에 쓰였을 것으로 추정한다. 그리고 이 작품군이 형식상으로는 남철이라는 인물과 망월사의 옥선이라는 여승이 상대방에게 서로 자신의 의사를 밝히는 편지글로 되어 있지만 실은 네 편 모두 남철이 지은 것으로 보고 있다.87) 하지만 아쉽게도 현재로서는 남철이라는 작자에 대해 알려진 바가 없다.

이 네 편의 가사에 대한 기존의 비평은 주로 여승이라는 인물을 통해 전달되는 불교적 가르침에 집중되어 있다. 일인칭으로 진행되는 이 작품에서 주인공인 여승은 자신의 출가에 대해 짧게 서술하고 있다. 그녀는 부모님이 돌아가신 후 출가했고 승려가 된 이후로는 부처님의 법을 따르기 위해 고행의 삶을 영위했다고 한다. 그러면서 세간 남자로부터 받은 구애의 편지로 인해 잠시 마음이 흔들린 사실이 있음도 솔직히 고

---

86) 네 편의 가사 중 「송여승가」, 「승답사」, 「재송여승가」는 『古今칢詞』에도 실려 있는데, 『고금기사』에는 이 세 편의 제목이 「思女僧歌」, 「答僧歌」, 「又答女僧歌」로 되어 있다. (이상보 편저, 『한국 불교가사 전집』[집문당, 1980], 105쪽)
87) 이상보, 『18세기 가사전집』(민속원, 1991), 43쪽.

백하고 있다. 그러나 자신은 이미 속세 및 '살맛'[88)]에 관한 모든 생각을 끊은 상태임을 강조하면서 결국 그의 결혼요청을 물리친다.

이상보는 이 네 편의 가사가 다른 불교가사와는 달리 짝사랑이라는 낭만적 제재를 다루고 있음을 주목하면서 이 작품의 궁극적인 주제를 연정, 즉 인간적인 욕망과 번뇌를 끊는 일의 중요성에서 찾는다. 따라서 이 연작형 가사는 비구니의 정신적 '승리'를 확인하는 작품이라 평가한다.[89)] 김주곤은 이 네 편의 불교가사를 계색류戒色類의 작품으로 분류하면서 그 주제는 역시 불도에 귀의하는 것이 가장 떳떳함을 밝히고자 하는 데에 있다고 본다. 또한 이 작품들의 특징은 불도를 수행하는 사람에게 일어날 수 있는 욕망의 세계, 특히 정욕의 세계를 극복한 점이라고 주장한다.[90)]

물론 이 가사 작품이 어느 정도 종교적인 주제를 다루고 있음은 부인하기 어렵다. 하지만 현대의 독자들이 이 네 편의 가사에 끌리는 더 근본적인 이유는 숭고한 종교적 교훈 이면에 적나라하게 드러나는 조선 후기의 사회상 때문일 것이다. 특히 비평적 관심이 쏠리는 곳은 여승이라는 존재를 주류 사회로부터의 일탈자이자 성적 상상력의 대상으로 바라보는 작가의 미묘한 시선이다. 이 작품에 그려진 여승은 독립된 인격을 가진 주체로서가 아니라 남성 화자의 욕망이 투영된 피사체로 그 정체성이 제한되어 있다. 남성 화자의 목소리로 서술되는 「송여승가」와 「재송여승가」에 여승의 '교용嬌容', '고은 얼골', '저화용這花容'이라는 표현이 거듭 나오는데, 화자는 이것이 바로 여승이 지닌 매력의 포인트이

---

88) 이상보 편저, 『한국 불교가사 전집』(집문당, 1980), 383쪽. 이하 인용문은 이 책을 근거로 한다.
89) 이상보 편저, 『한국 불교가사 전집』(집문당, 1980), 110쪽.
90) 김주곤, 『한국불교가사연구』(집문당, 1994), 98쪽.

자 자신이 여승에게 흥미를 갖는 이유임을 강조한다. 또한 상사병을 호소하는 이 구애자의 눈에는 여승의 얼굴에서 풍기는 여성성이 추하고 '남자복색'인 승복과 전혀 어울리지 않는 모습으로 비치고 있다. 여기서 흥미로운 점은 이 화자가 여승의 남루한 모습을 꼬집는 장면이 당대 여인네들이 열망하는 사치품 목록과 안락한 생활방식이라는 틀을 통해 제시되는 것이다. 이것은 당대인들의 가치관을 드러내는 동시에 그들의 타자성을 형상화한 인물인 여승을 통해 불교적 가치관을 풍자하는 효과도 낳는다. 화자는 세간인과 출세간인이 추구하는 삶의 방식과 가치관이 '다름'을 인정하면서도 그 '다름'을 피상적인 물질적 '차이'로 치환하여 그 '차이'를 다음과 같이 이항적인 대구對句 나열방식을 통해 극대화하고 있다.

대모단玳瑁緞 족도리簇道理 — 조령목鳥嶺木 흰 곡갈
월화수주月花水紬 활옷 — 뵈창(紬) 옷 두루마기
백방수주百方水紬 네 폭 바지 — 대동목大同木 당唐 바지
육화六花홍상 능라군綾羅裙 — 추포(麁布) 속것 상목常木 바지91)

이러한 단순 병치 외에도 '십팔주十八珠 월기탄月璣彈', '은죽절銀竹節 금봉채金鳳釵', '석웅황石雄黃 진주 투심套心' 등 당시 부의 상징으로 통하는 여성 장식품들이 열거되는데, 이 모든 품목들을 조합해 보면 조선조 유한계층의 남성들이 상상하는 이상적인 여성의 삶이 어떤 것이지 그 윤곽이 선명하게 드러난다.

    욕망이론의 시각에서 보면, 여승가사에 그려진 '여승'이란 '결여'를

---

91) 이상보 편저, 『한국 불교가사 전집』(집문당, 1980), 380쪽.

의미한다. 그리고 그녀에게 무엇이 '결여'되었는지는 「재송여승가」에 자세히 밝혀져 있다. 이 '부재'의 구체적인 내용은 고운 얼굴과 좋은 행실로써 받들어 모실 시부모, 원앙침과 호접몽을 나눌 양반 서방, 죽으면 비단으로 염하여 화려한 장례를 치러줄 자손, 염통산적이나 양볶음 같은 고기음식 등이다. 이러한 논리의 연장선상에서 여승의 '결여'를 증명하는 또 하나의 중요한 특징이 제기되는데, 그것은 다름 아니라 호사하는 세간 여인네들이 가진 '기억 니은 디귿 이을 언문諺文 익을' 능력이다. 문자 해독능력, 좀 더 확대하여 지식이란 바로 자크 라캉(Jacques Lacan)이 가리키는 상징체계인 법과 권력의 세계를 뜻한다. 여승이 문맹이라는 지적은 그녀가 주류 사회의 질서 밖에 놓인 주변적 존재임을 확인하는 행위이다. 이 시의 맥락에서 보자면 비구니는 지배층 남성의 문자인 한문과 지배층 여성의 문자인 한글로부터 이중적으로 소외되어 있다. 즉 계급과 성의 양 범주에서 모두 국외자로 전락한 존재라는 의미이다.[92]

그러나 여승이 한글조차도 읽고 쓰지 못한다는 남성 화자의 관찰과

---

[92] 이 가사가 지적하는 여승의 문맹이 과연 얼마만큼 현실을 반영하는가라는 문제는 앞으로의 연구과제이다. 이 책 1장에서 캐드린 짜이(Kathryn Tsai)의 논문을 근거로 고대 중국 비구니들의 교육수준이 일반 여성들보다 높았을 가능성을 밝힌 바 있다. 그러나 한국의 경우 전통시대에 있어서 비구니와 일반 여성의 교육 수준을 비교한 연구는 아직 나오지 않았다. 다만 연대기 자료를 바탕으로 조선조 여성 출가의 양상을 분석한 정석종과 박병선의 연구에 따르면 조선 전기에는 비빈, 사대부가 부녀자들이 더러 출가하였으나 17세기 이후에는 사족보다도 궁녀나 하층민들이 출가했다고 하는데, 위 네 편의 연작가사가 쓰인 시기를 사찰경제가 어려워지고 여승들의 출신계층이 전반적으로 낮아진 조선 후기로 잡는다면 남철이 이 가사에서 지적하는 여승의 문맹이 전혀 근거 없는 주장이 아닐 수도 있다. 그러나 1장에서 지적했듯이 조선과 같이 불교가 겨우 명맥을 유지하던 시대에도 승려들은 경전에 대한 기초지식이나 염불교육이 필요했을 것이다. 따라서 여승들도 평민 여성보다는 기본교육을 받을 기회가 많지 않았을까 추측해 본다.(정석종·박병선, 「조선후기 불교정책과 원당(1)-니승의 존재양상을 중심으로」, 『민족문화논총』 18·19[영남대학교 민족문화연구소, 1998], 229쪽)

주장은 그 자체로서 자가당착의 논리에 빠져 있다. 여승가사 텍스트의 내적 논리에 따르면 「승답사」와 「승재답사」는 각각 「송여승가」와 「재송여승가」에 대한 답신인 셈인데, 이 답신을 쓴 사람이 바로 이 여승이기 때문이다. 나중에 자세히 설명하겠지만, 이 점이 바로 이 연작가사의 문면에 제시된 두 목소리가 실은 남성 화자의 단일 목소리임을 증명한다. 다시 말해 이 작품에서 여승의 목소리는 작가의 목소리에 갇혀 있을 뿐만 아니라, 남철이라는 작가가 여승의 관점을 빌려 실은 자신의 편협한 시선을 드러내고 있음도 드러난다.

그런데 비구니의 일인칭 관점에서 쓰인 「승답사」와 「승재답사」는 여승을 비교적 복합적인 인물로 제시하는 면도 없지 않다. 한편으로 그녀는 스스로를 비하하는 태도를 취하는 듯하면서도 다른 한편으로는 자신의 답신이 상대방에게 풍길 톤과 뉘앙스를 잘 조절하고 있다. 그녀는 다음과 같이 자칭 '대장부大丈夫'이자 '경화호걸京華豪傑'인 상대방 남자를 놀린다.

　머리 싹근 즁의 얼골
　덜 미운데 어디완더
　져대도록 눈의 드러
　병病이 츰아 나단 말가93)

그리고 어떤 때에는 이와 반대로 직설적인 화법을 써서 승려이기 때문에 평소에 마음대로 드러내지 못하는 자신의 속사정을 토로하기도 한다. 자신이 출가자로서 남의 '이목'을 생각하지 않을 수 없다는 말을

---

93) 이상보 편저, 『한국 불교가사 전집』(집문당, 1980), 383쪽.

반복하며, 남자와 덧없이 헤어져 절로 돌아오니 '섭섭한' 마음이 든다고 하는 대목에서 그녀의 복잡한 심경을 읽을 수 있다. 이 비구니의 수줍어하는 듯하면서도 대담한 양면적인 태도는 「승답사」와 「승재답사」의 여러 곳에서 찾아볼 수 있다. 예컨대, 한편으로는 자신이 결혼하기에 '재질才質'이 '노둔魯鈍'하다고 하면서도 다른 한편으로는 자신의 '성품'이 '강강强强'하고 '미혹迷惑'하여 첩이나 며느리가 될 생각이 없다고 밝힌다. 자신의 부족함은 이것만이 아니라 훌륭한 부인으로서 상사병 환자인 서방을 치료하기 위해 갖추어야 할 '의술'도 갖추지 못했다고 덧붙인다.

　이 비구니는 신실하고 솔직하며 때때로 재기까지 있어 보이지만, 그녀의 서술은 자기 방어적 형태를 띠고 있으며 그 목소리에는 여성학 학자들이 일컫는 소위 주체성(subjectivity)과 행동성(agency)이 결여되어 있다. 그녀는 남성 화자가, 부모의 죽음을 핑계로 사회와 절연하고 불가에 귀의하는 것은 타당하지도 않고 받아들일 수도 없는 행동이라며 비아냥거리는 것에 대해 침묵으로 일관한다. 게다가 그녀의 답신에는 수행자로서 구도의 의지나 불법을 전하려는 의도가 별로 드러나지 않는다.[94] 물론 불교의 존립 자체가 위기에 처하고 승려의 사회적 신분이나 권위가 가장 쇠퇴했던 조선 후기에 평범한 여승이 양반 남성을 대상으로 포교행위를 한다는 것은 상상도 할 수 없는 상황이긴 하다. 더구나 정석종과 박병선이 밝혔듯이, 이 시기 여승들의 출가계층이 이미 중인 이하로 낮아졌고 승려들의 질 또한 전반적으로 조선 전기보다 하락했음을 고려한다면 더욱 그러하다. 그러나 이러한 부정적인 사회 현실을 감안한다 하

---

94) 박요순도 여승을 주체로 한 가사 작품에서 '구도'나 '설교적' 지향성을 찾아보기 어렵다고 지적하고 있다. 이에 대한 구체적인 논의는 박요순, 「여승가사고」, 『한남어문학』 16(한남대학교, 1990), 13~19쪽 참조.

더라도 이 가사에 드러난 여승의 태도에는 문제가 있다. 그것은 출가자로서 수행에 대한 결의가 그다지 강해 보이지 않는다는 점이다. 이 여승은 남자의 상사병을 마음의 병이 아니라 단순한 육체적인 증세로 보고 있다. 이것은 병의 근원을 마음으로 보는 불교적 관점과 어긋난다. 이러한 모든 상황을 두고 볼 때, 이 여승의 목소리는 독립성을 가진 자율적인 목소리가 아니고 남자 목소리의 또 다른 변형에 불과할 뿐이다.

결론적으로 이 네 편의 가사 작품에 나타난 비구니상은 유교적 가부장체제의 부산물인 안일하고 자기도취적인 남성적 시각에서 그려진 것으로, 거기에는 반사회적이고 이국적인 타자로서의 이미지가 강하게 부각되어 있다. 이와 같은 이국적 시선(gaze)에는 내국인을 향한 식민주의적 태도가 내포되어 있다. 다시 말해 조선 후기 양반계층의 한량이 사회의 변방적 존재인 여성 출가자를 향해 던지는 애욕의 '시선'은 단순한 욕망의 표출이 아니라 힘의 논리에 따른 지배자와 피지배자의 식민주의적 관계를 드러낸다. 이 점은 이 네 편의 가사 작품의 결말이, 여승이 극락정토에서 '재상녀宰相女'로 태어나 아픈 남편을 잘 보살필 수 있는 훌륭한 부인이 되기를 간절히 염원하는 것으로 끝나는 것에서 확인할 수 있다.

백년화락百年和樂 시로우문
낭군郎君의게 달녀스니
은덕恩德을 드리오스
지극至極히 사랑ᄒ면
백골白骨이 진토ㅣ 될디라도
평생平生을 섬기리라[95]

이 비구니가 불교적 유토피아에 유교적 부부애를 투사하는 설정은 그녀가 정치적, 종교적, 그리고 성적 차원에서 남자의 공격에 굴복함을 의미한다. 이 점을 뒷받침하는 결정적인 증거가 바로 「여승재답사」의 필사본 가운데 '낭군을 믿고 한 몸을 바치니 하실 대로 하소서'로 끝나는 판본이다.96) 이 작품은 마치 두 개의 다른 목소리가 대화 형태를 띠고 전개되는 듯 보인다. 하지만 네 편으로 나누어져 있는 텍스트를 유기적으로 연결하면서 주제상의 구심점을 제공하는 요소는 바로 주류 문화에서 보는 여승의 낯선 이미지이다. 그것은 신기한 외관에다 자신의 고유한 소리를 잃은 존재로서 주류 사회가 교화시켜 끌어들여야 할 전형적인 이방인이 풍기는 이미지이다. 여승이 주는 이러한 인상은 텍스트의 갈등 구조를 형성하는 파계 및 환속의 유혹과 긴밀히 연계되어 있다. 한마디로 이 비구니는, 주류 체제를 대변하는 양반 남성이 공공연히 경멸하는 동시에 은밀히 경원하는 급진적 타자성을 구현한 인물이다. 그렇다면 과연 이 작품의 주제가 기존 연구자들이 주장하듯 불교교리를 고양하는 데 있는지 의구심이 든다. 여성주의적 해석에서 드러나는 텍스트의 문제점과 작자가 남성이라는 것 사이에 어떤 관련이 있는지에 대해서는 앞으로 남철에 관한 자료가 더 발견될 때에 보다 철저하게 논의되어야 할 것이다.

 「청춘과부가」

「청춘과부가」는 여주인공이 일인칭 시점에서 서술하는 방식을 취하

---

95) 이상보 편저, 『한국 불교가사 전집』(집문당, 1980), 388쪽.
96) 이상보, 『18세기 가사전집』(민속원, 1991), 43쪽.

고 있는데, 그 내용과 어조는 신변 넋두리를 타령조로 늘어놓는 여류가
사의 특징에서 크게 벗어나지 않는다. 무명의 화자는 열일곱 살의 청상
과부로 부모형제도 없는 외로운 신세이다. 그녀는 결혼하자마자 남편을
잃어 유복자조차 없음을 한탄한다. 그리고 이 불행한 처지에서 벗어나고
자 다음과 같이 생각한다.

 머리 깎고 중이 되여
 염불공부나 하여 볼가
 백팔염주 목에 걸고
 보살신당 되여 볼가[97]

그리고 죽은 남편을 그리워하며 숲 속을 헤매다가 우연히 절에서 나는 종소리에 이끌려 이름 모를 암자로 들어서게 되는데, 거기서 비구니 노승을 만나 그 길로 출가한다.

「청춘과부가」의 서술구조는 단순하고 평면적이며, 주인공의 출가동기도 현실도피에 가깝다. 그러나 그녀의 결정은, 과부의 재가를 불허하고 승가로의 출가는 허용한 봉건적 조선 사회에서는 자연스러운 선택일 수도 있다. 그런데 이 가사의 작자는 이러한 동기만으로는 시의 극적 긴장감이 부족하다고 판단하였는지 이 청춘과부에게 좀 더 절실한 출가동기를 부여하고자 전생과 인연, 또 업이라는 불교적 모티프를 도입한다. 이 절의 노승은 젊은 과부에게 그녀가 실은 전생에 그 절의 승려였으나 죄를 지어 속세로 내침을 당했는데 청룡사 부처님의 측은지심으로 원래

---

97) 이상보 편저, 『한국 불교가사 전집』(집문당, 1980), 393쪽. 이하 인용문은 이 책을 근거로 한다.

의 수도처로 돌아오게 된 것이라고 일러 주며, '청춘에 죄바듬'을 슬퍼하지 말라고 한다. 이 설명을 들은 주인공은 통탄조의 긴 시를 아래와 같이 마무리 짓는다.

이것 저것 다 바리고
불문에 귀의하야
후생길이나 다까볼까 하노라[98]

이 가사는 결국 이 청상과부의 출가가 우연이나 일시적인 변덕이 아니라 오랜 인연의 필연적인 결과임을 강조한다. 여기에서 노승의 전생담은 텍스트 내외적으로 중요한 역할을 한다. 이 청춘과부는 노승의 이야기를 받아들여 출가를 결심함으로써 인생에 대해 품었던 큰 의문을 푼다. 여기서 전생이라는 모티프는 첫째, 주인공의 처지에 공감하는 조선 후기 여성 독자들로 하여금, 수수께끼 같은 질곡의 삶 너머에 있는 초월적 차원을 인지하고 이생에서의 고통을 감내, 승화하도록 격려하며 이끌어 주는 종교심리적 기능을 맡고 있다. 합리적 이성의 담론인 유교가 조선조 여성들에게 신앙체계로 자리 잡지 못하였다는 것은 이미 2장 1절에서 지적하였다.[99] 봉건적 유교윤리의 억압 아래에 살던 조선의 여성들에게는 전생, 내생, 인연과 같은 불교적 세계관이 큰 위로가 되었을 것이다. 다시 말해 불교는 현실적으로 조선 유교사회의 많은 여성들에게 엄연한 종교활동의 대상이었다.[100]

---

98) 이상보 편저, 『한국 불교가사 전집』(집문당, 1980), 397쪽.
99) 유교가 조선의 여성들에게 종교로서의 역할을 하지 못한 점과 불교가 그들에게 신앙생활의 대상으로 지속된 점에 대해서는 이순구, 「조선초기 여성의 신앙생활」, 『역사학보』 150(역사학회, 1996), 41~82쪽; 이은순, 「조선시대 성리학 정착과 여성의 신앙활동」, 『사학연구』 54(한국사학회, 1997), 109~140쪽 참조.

둘째, 전생과 인연의 개념은 「청춘과부가」의 텍스트가 절정에 이르렀을 때 주인공의 숨겨진 비밀을 극적으로 드러내는 서술적 장치의 기능도 한다. 이 장치는 텍스트에 긴장감을 야기하여 독자로 하여금 산문시의 재미를 더해 준다. 뿐만 아니라 과거의 사건들이 전개되는 과정에 인과관계의 당위성을 부여하여 일정한 내적 원리가 없이 돌연히 발생한 듯 보였던 현상들이 서로 유기적으로 연결되는 효과를 낳는다. 현대의 독자들은 여기서 개연성의 문제를 제기할 수도 있다. 사실 이 작품의 종결부는 주인공이 출가를 발심하는 것만 보여줄 뿐, 그녀가 갓 출가한 사문으로서 승가라는 새로운 환경에 어떻게 적응할 것인가에 대해서는 함구한다. 다시 말해 이 가사는 주인공이 과부가 되면서부터 출가하기까지의 기간만을 다루고, 일단 그녀의 행동공간이 사찰로 바뀌는 시점, 즉 그녀가 외부인에게는 배타적 구역인 비구니암자로 진입하는 순간 급속히 끝을 맺는다. 결론적으로 「청춘과부가」의 작자는 이 여인의 출가를 새로운 시작이라기보다 편리한 종착점으로 정의한 셈이다. 이 점은 주인공의 출가가 불행한 세간사로부터의 탈출이라는 소극적인 동기에서 유발된다는 설정에서 이미 예측되는 결과이기도 하다. 출가가 주인공의 내적 변화와 무관하게 전생담이라는 외부적 힘에 의해 졸지에 이루어지는 서술구조는 현대소설에 익숙한 독자들에게는 취약점으로 보일 수 있다. 이러한 문제점에도 불구하고 이 작품이 가진 불교적 성향은 부인할 수 없다. 그 근거는 출가라는 소재 자체보다도 그 출가의 필연성을 설명하는 전생이나 인연 같은 불교적 존재론과 인과론을 차용하는 데에 있다.

「청춘과부가」는 주인공이 자신의 집에서 산중의 절로 옮겨 오는 지

---

100) 물론 무속과 같은 민간신앙도 비슷한 역할을 하였다.

리적 이동을 줄거리의 뼈대로 삼고 있다. 서사구조에 '출가'와 '입산'이라는 공간적 은유를 활용한 셈인데, 이 가사의 작자는 공간적 언어를 통해 주인공의 심리상태를 시각적으로 표상화하는 방법을 자주 쓴다. 한 예로, 화자는 '금수에도 못비할' 청춘과부의 '공방'에서는 '업든 병이 절로 난다'고 탄식한다. 그리고 자신이 낭군을 못 잊어 방황하는 과정은 '남가일몽'이나 '춘몽'처럼 덧없음을 강조한다. 그 설움을 떨치려고 어느 날 '유실구경'을 나섰는데 그녀가 어딘지도 모르면서 천천히 들어간 곳이 심산유곡이었다. 그곳은 온갖 짐승이 '춘흥 겨워 교태'를 부리고 '신수도 절승'한 곳이었다. '청암절벽'으로 에워싸인 바로 그곳에서 그녀는 종소리를 듣게 되고 노스님도 만난다. 그리고 그 노스님의 안내로 들어간 곳이 뜻밖에도 '광채도 찬란하고 경개도 절승하야 별유천지'였다고 고백한다.

청춘과부가 만난 비구니 노승은 청산의 배경과 어울리는 도인의 이미지를 지녔다. 화자는 한순간 이 노승이 '남승'인 줄 착각하고 긴장을 했음에 분명한데, 그렇지 않음을 확인하고 나서야 안심하고 노승을 따라 법당으로 향한다. 나중에 고전소설 부분에서 상세히 논의하겠지만, 고전문학에 등장하는 승려의 성은 그들의 도움을 받는 작중인물의 성과 일치하는 경향이 있다. 이 노승은 처음 만난 젊은 여인의 전생을 금방 파악할 수 있는 도력을 갖춘 인물이다. 백팔염주를 목에 걸고 육환장을 지닌 위엄 있는 모습은 비구 도승이나 선관을 연상시킨다. 이 노승은 인생에서 길을 잃은 여인에게 기적과 같이 나타나는 고전문학의 전형적 인물인데, 「청춘과부가」에는 이 인물의 성격이 고전소설보다 사실적으로 그려져 있다.

「신가전」

「신가전」은 1977년 박요순에 의하여 처음으로 학계에 소개된 작품이다.101) 박요순은 현전하는 「신가전」의 필사본에 나타난 전사 연대를 근거로 작품 제작 연대를 1892년, 1832년, 1772년 가운데 하나로 추정한다.102) 이 작품은 일견 「청춘과부가」와 마찬가지로 결혼에 실패한 여인의 출가기를 일인칭 시점에서 다룬 작품 같아 보인다. 그러나 「신가전」은 평범한 여성 가사가 아니다. 텍스트를 꼼꼼히 분석해 보면 「청춘과부가」보다 내용과 형식면에서 훨씬 더 세련된 작품임을 알 수 있다. 우선 신랑이 성불구라는 파격적인 소재가 지닌 사회 고발적 성격이나, 삼인칭 서술자와 작중인물들의 일인칭 서술방식을 교묘하게 교차시켜 작품을 끌고 나가는 구조, 그리고 줄거리전개가 치밀하고 복합적인 점 등 작자의 뛰어난 예술적 감각이 여러 면에서 돋보인다.103)

「신가전」의 주된 내용은 한림댁의 유복녀가 비구니가 되기까지의 과거사를 회고하는 것으로, 텍스트 자체는 과거시점으로의 플래시백이 없이 순차적으로 전개된다. 사건배열이 직선적 시간대를 따라 현재 시제로 진행되기 때문에 화자의 인생이 생생한 현장성을 띠고 파노라마처럼 펼쳐지는 듯한 인상을 준다. 이 작품의 서술방식에서 발견되는 특이한 점은 주인공이 자신의 죽음 이후에도 일인칭 관찰자역할을 계속하고 있다는 것이다. 주인공은 자신의 숨이 끊어진 후에 입관하여 다비하는 과

---

101) 이 작품은 「옥환긔봉슈명쳔즈」라는 제목의 소설작품 뒷부분에 수록되어 있다.(박요순, 「가사 '신가전'고」, 『숭전어문학』 6(숭전대학교, 1977], 3쪽)
102) 박요순, 「가사 '신가전'고」, 『숭전어문학』 6(숭전대학교, 1977), 4쪽.
103) 「신가전」의 복합적인 서술방식에 대해서는 서영숙, 「'신가전'의 서술방식과 작가의식」, 『어문연구』 33(어문연구학회, 2000), 254~259쪽 참조.

정까지 독자들에게 전한다.104) 「신가전」의 비범한 형식미에 대해 박요순은 한 여인의 출생에서 종말까지의 일생 전모를 다룬 '장편적 서사시'라 규정하였고, 서영숙은 「신가전」의 소설적 성격을 주목하며 이 작품을 가사가 판소리계 소설을 닮고자 하는 과정에서 생겨난 '가사체 소설'로 본다.105)

「신가전」이 새로운 장르로 인정받는 데에는 그 서사구조에서 드러나는 의도적인 조형미가 한몫을 한다.106) 일반 여성 가사가 탄식조의 내용에 간헐적으로 사건을 섞는 데 비해, 「신가전」은 사건 중심으로 구성되어 있고 주제의 중요성에 따라 각 장면의 길이를 신축성 있게 조절하고 있다. 예컨대, 유복녀의 혼례 준비과정에서 비싼 혼수품목을 열거하는 장면이나 혼례식 장면은 상당히 길고 세부적이다. 그 목적은 무남독녀의 결혼에 대한 한림댁의 기대감을 반영하는 동시에 초야에 있을 비극적 사건과의 대조효과도 극적으로 높이기 위한 것이다. 「신가전」은 조선시대의 부당하고 비합리적인 사회규범과 혼인 제도를 비판하면서, 화려한 혼례식 삼일 후 성불구의 사위에 실망하여 화병으로 급사하는 한림댁과 그 뒤 절망감으로 자살을 시도하는 어린 딸을 통해 인생무상을 강조한다. 그리고 이 모든 문제를 해결하는 방식으로 이 딸의 출가를 설정하고 있다.

그러면 「청춘과부가」와 비교해 볼 때 「신가전」의 주제와 작중인물

---

104) 이에 대해 서영숙은 '자신의 죽음을 자신이 서술할 수 없음'을 지적하며 이러한 서술을 '착종'으로 보고 있다.(서영숙, 「'신가전'의 서술방식과 작가의식」, 『어문연구』 33[어문연구학회, 2000], 258쪽)
105) 박요순, 「가사 '신가전'고」, 『숭전어문학』 6(숭전대학교, 1977), 6쪽; 서영숙, 「'신가전'의 서술방식과 작가의식」, 『어문연구』 33(어문연구학회, 2000), 259쪽.
106) 박요순은 이를 '조립의식'이라 표현한다.(박요순, 「가사 '신가전'고」, 『숭전어문학』 6[숭전대학교, 1977], 13쪽)

에 나타난 불교적 요소는 어떤 특징을 갖고 있는가? 「신가전」의 작자는 우선 주인공의 출가과정을 사실주의적인 시각에서 접근하고 있다. 주인공은 어머니의 삼년상을 치른 후 열아홉 살이 되자 재산을 정리하여 유모를 대동하고 앙강골의 어느 절을 찾는다. 그녀의 기구한 과거사를 들은 모든 여승들이 우는 가운데 노승은 「청춘과부가」에 나오는 노승과는 달리, '삭발ᄒ고 중의모양'이 그녀의 '고은얼굴'에는 불쌍해 보이고 또 '이석ᄒ다'며 선뜻 출가를 권하기가 망설여진다고 솔직하게 답한다. 그러자 주인공은 아무것도 아까울 것이 없으니 빨리빨리 머리를 깎아 달라고 독촉하여 결국 '돌슈박'처럼 삭발하게 된다. 자신의 출가 의지를 관철시킨 이 비구니의 적극적인 행동은 업장으로 인해 절로 돌아오지 않으면 안 되게 되어 있는 「청춘과부가」의 수동적인 입산과정과 사뭇 다르다. 「청춘과부가」의 주인공이 남편을 잃는 것으로 전생의 업을 씻고 다시 비구니가 되었다는 것은 그녀의 행동공간이 실은 절에서 시작하여 절로 회귀하는 패턴을 따르는 것이다. 여기서 보듯 「청춘과부가」는 업과 윤회사상을 작품 구성의 근저에 깔고, 주제의 종교적 교훈성을 '업'이라는 개념을 통해 전달한다. 반면 「신가전」의 작자는 그런 노골적인 불교적 개념을 동원하지 않는다. 물론 한림댁이 고자 사위를 맞은 뒤 '전싱의 무슴죈고'라며 통탄하는 구절이 있으나 이것은 의도적으로 전생개념을 도입하려는 시도라기보다 상투적인 개탄에 가깝다.

　「신가전」의 말미에 제시되는 '사치를 슝상말고 열ᄉ의 품을 가지'라는 교훈조의 구절에도 작자의 현실적인 의식이 잘 나타난다. 그러나 여기서 주지할 사항이 있다. 「신가전」의 작자는 불교사상을 설교조로 가르치려 들지는 않는다. 하지만 그의 작품은 분명 불교적 주제를 다루고 있다. 그 좋은 증거가 주인공의 죽음에 관한 부분이다. 여승은 눈물로 한

많은 인생을 다하고 나이 아흔에 입적하는데 자신의 죽음을 관찰하고 보고하는 과정, 즉 '더운불'에서 한줌의 '츤지'로 변하는 자신의 모습을 슬픈 마음으로 관망하는 장면이 매우 인상적이다. 이 장면을 읽는 독자들은 설법투로 강요된 교훈보다도 더욱 절실히 인생무상의 불교적 정서를 경험하게 된다.

「신가전」은 또한 서너 줄에 불과하기는 하나 「청춘과부가」와 달리 매우 축약된 언어로써 여승의 생활과 관련된 몇 가지 인류학적 정보를 제공하고 있다. 예를 들면, 삭발에 쓰는 삭도는 반달같이 잘 드는 칼이라고 하며 삭발을 마친 주인공이 동서남북을 향해 사배四拜를 했다고 한다. 그 후 '션셩의계'를 '공슈'하였다고 하는데, 이 계는 '보살계'에 해당하지 않나 짐작된다. 그녀는 또한 'ᄌ나씨나 아미타불'을 외며 세월을 보냈다고 한다. 비록 짧은 구절이기는 하나 아미타불 염불에 주력하였다는 화자의 증언은, 조선시대 여인들에게 있어서 극락정토가 갖는 중요성과 함께 여인들에게 특히 널리 퍼져 있었던 아미타신앙의 문학적 영향을 간접적으로나마 엿볼 수 있는 대목이다. 조선시대 여승들의 수행상을 파악할 수 있는 자료가 절대적으로 부족한 상황에서 비록 허구에 불과하다 하더라도 「신가전」에 언급된 이와 같은 출가생활의 모습을 통해 우리는 조선 후기 비구니들에게는 간화선의 화두참구 같은 고도의 수행법보다도 염불이 더 쉽게 행할 수 있는 보편적인 수행법이 아니었을까 유추해 볼 수 있다.

이제 이 여섯 편의 가사가 조선 후기 비구니들에 대해 시사하는 바가 무엇인지 검토해 보자. 이들 작품에 나타난 여성 출가자의 특징은 첫째, 그들은 거의가 십대 후반이나 이십대 초반의 젊은 여성들이다. 「청춘과부가」의 주인공은 열일곱 살에, 「신가전」의 주인공은 열아홉 살에 출가했다. 여승가사는 주인공의 연령을 밝히고 있지 않지만 양반 남자의 구애행각을 당시의 결혼풍속에 비추어 볼 때 주인공이 이십대를 넘겼을 나이는 아닌 것 같다. 또한 이 여승의 서술내용으로 보아 그녀가 최근에 출가한 것 같지는 않으므로 출가연령을 십대 후반 내지 이십대 초반으로 추정해도 무리는 아닐 것이다.

둘째, 이들은 모두 부모형제를 잃어 정신적으로 혹은 경제적으로 의탁할 데가 없는 여성들이며 신분상으로도 지배계층에 속하지 않는다. 여승가사와 「청춘과부가」의 주인공은 부유하지 못한 평민 집안에서 태어난 듯하고, 「신가전」의 주인공도 재산은 있으나 사회적 신분은 높아 보이지 않는다. 서영숙은 「신가전」 작자의 현실 인식이 '양반 여성 가사의 현실 인식보다는 평민 여성의 노래인 서사민요의 현실 인식에 더 가깝다'고 본다.[107] 실제로 이 주인공들을 평민층이라고 보는 것은 당시 양반 여성의 출가가 무척 어려웠다는 현실에 근거한다. 이 점은 또 다른 여성 가사인 「과부가」에서 간접적으로 증명된다. 「과부가」의 주인공은 삭발 위승의 뜻이 있으나 시집과 친정이 모두 품격 있는 양반 가문이라 '중되기도 어려워라' 하며 서러워한다.[108] 여섯 편의 가사작품에 나타난 여승의 신분에 대한 이와 같은 결론은 역사학자들이 조선 후기 비구니들의 출신성분이 하향화되었다고 지적한 것과 일치한다. 문학 속의 여승들은 허구적 인물에 불과하지만 이들의 인물묘사는 결국 사회현실에 기반을 두었다는 뜻이다.

---

107) 서영숙, 「'신가전'의 서술방식과 작가의식」, 『어문연구』 33(어문연구학회, 2000), 267쪽.
108) 권녕철, 『규방가사-신변탄식류』(효성여대 출판부, 1985), 370쪽.

셋째, 「청춘과부가」, 「신가전」, 여승가사의 세 여주인공들이 출가 전에 기혼이었는지 미혼이었는지와는 무관하게 이들에게서 한 가지 공통점이 발견되는데, 그것은 세 인물 모두 자식이 없다는 사실이다. 「청춘과부가」의 주인공은 고아로서 청상과부가 된 후 출가하였고, 「신가전」의 주인공은 청상과부가 된 후 어머니를 잃고 출가하였다. 반면 여승가사의 주인공은 처녀로 출가한 듯하다. 속가에 대한 이야기가 없으므로 형제가 있는지는 알 수 없지만, 글의 정황상 형제도 없는 듯하다. 다시 말해 이들은 혈혈단신으로서 딸과 어머니라는 여성의 두 가지 큰 역할에서 모두 벗어난 상태이다.

2장 1절에서 밝혔듯이 조선 정부가 내세운 배불사상의 구체적인 정책 가운데 하나가 처녀의 출가금지였다. 기혼녀가 승려가 되는 것 역시 당연히 금기였다. 실제로 조선 정부가 출가를 허가한 여성 인구층은 미혼 자식이 없고 남편의 삼년상을 마쳤으며 역이 없는 여인에 한하였다. 그러나 우리는 이 정책의 성공 여부를 정확하게 알 수 없다. 역사학자들은 어떤 형태로든 조선시대 내내 여성의 출가는 지속되었다고 보는데, 이들 가운데 상당수가 가사작품의 인물들처럼 과부였으리라는 데 동의한다. 가사는 조선 후기 여성들의 사회현실과 밀접한 장르이므로 자식 없는 과부가 출가하는 당시의 경향이 단순한 문학적 허구만은 아니었을 것이다.

그렇다면 고전문학에서는 남편이 있는 기혼녀의 출가와 관련된 이야기는 없을까? 이에 대한 답으로 가장 먼저 단종비였던 정순왕후의 출가를 생각해 볼 수 있다. 실제로 세조의 왕위찬탈과 단종의 죽음, 정순왕후의 삭발출가 등 일련의 역사적 사실을 기반으로 한 「단종대왕실기端宗大王實記」라는 고전소설이 있다. 그렇지만 정순왕후의 경우는 평범한 기혼녀의 출가케이스로 보기에 적절하지 않다. 먼저 이 사건이 일어났던 시기는 고려의 유습이 잔존하던 조선 초이다. 또한 정순왕후는 친불 성향의 세조가 정치적인 목적으로 출가를 허가한 특수한 경우이다. 남편과 자식이 있는 사족이나 평민층 여인들의 경우에는 신앙심이 아무리 깊다 하더라도 출가라는 형태로 그 신심을 표출하는 것이 현실적으로 불가능했을 것이다. 이러한 상황에서도 만약 출가를 감행한 기혼녀가 있다면 조선사회는 어떻게 대처하였을까? 다소 가상적인 경우처럼 들리겠지만 다행히 우리는 다산 정약용의 장편 서사시 「소경에게 시집간 여자」를 통해 조선 후기 기혼녀의 비극적인 출가기를 접할 수 있다.

여승의 주체성과 「소경에게 시집간 여자」

이 시의 주인공은 열여덟 살의 소녀로, 욕심 많은 아버지와 매파의 거짓말에 속아 두 번이나 결혼한 적이 있고 성년의 딸 둘과 어린 아들 하나를 둔 마흔아홉 살의 소경 판수에게 시집을 간다. 꽃다운 나이의 이 신부는 인색하고 성질 포악한 남편과 자신을 모함하는 전처 자식들의 학대를 못 이겨 몰래 장흥 보림사로 출가한다. 그러나 결국 남편에게 발각되어 관가로 붙잡혀 온다. 금슬 좋은 부부가 되라는 원님의 입에 발린 충고를 들으며 다시 남편의 집으로 돌아온 이 여인은 얼마 후 다시 개천사로 도피한다. 그러나 또 다시 수소문 끝에 찾아온 남편에게 들켜 남자 종 둘에게 붙잡혀 관가로 끌려가게 된다.

「소경에게 시집간 여자(道康瞽家婦詞)」는 길거리에서 이 여인이 끌려가는 광경을 목격한 시인이 딸의 비참한 상황을 안타깝게 보고 있던 여인의 친정어머니에게서 들은 이야기를 극적 대화체로 전해 주는 양식을 취하고 있다. 이 서사시의 탁월한 예술적 가치는 제쳐 두고, 그 내용만 볼 때 우리는 조선 후기에 기혼녀가 출가할 경우 형벌로 다스려지는 구체적인 예를 찾을 수 있다. 이 주장은 작품의 사실성에 근거한다. 정약용은 이 시의 서문에서 자신이 1803년 전남 강진에서 귀양살이를 하던 중 실제로 이 일을 목격한 뒤 애처로운 마음에 지은 시라고 밝히고 있다.[109]

「소경에게 시집간 여자」는 전체적으로 「신가전」과 비슷한 상황을 다루는 것 같지만 인물들의 성격을 훨씬 더 선명하게 묘사하고 있다. 이 시에서 가장 먼저 눈에 띄는 점은 「신가전」과 마찬가지로 신랑이 불구라는 점이다. 물론 이 작품에 등장하는 소경은 「신가전」의 성불구자 신랑과는 다른 의미에서의 장애인이지만, 늙고 볼품없는 소경이 젊고 아리따운 처녀에게 비정상적인 배필이라는 점에서는 「신가전」과 크게 다를 바 없다. 마흔아홉이라는 소경의 나이가 전통문화에서는 부정적인 숫자이다. 엄밀히 말해 이 소경은 육체적으로나 정신적으로 모두 불구로, 시 전편에 도착자로서의 요소가 강하게 부각되어 있다. 그가 정신적으로 비뚤어진 인물이라는 증후는 조선 유교사회가 미신으로 간주하던 점괘를 신봉하는 그의 태도에 압축되어 있다. 소녀는 비록 가난한 집안에서 자라기는 했으나 소경보다 훨씬 건전한 사고의 소유자이다. 그녀의 다음과 같은 불평은 남편이라고 떠받드는 소경이 정서적으로 불안한 인간임을 적나라하게 보여 준다.

제 본디 점치는 건 죽어라 싫어하잖나요.
때때로 무슨 일만 났다 하면

---

109) 정약용, 「소경에게 시집간 여자—道康瞽家婦詞」, 『창작과 비평』 16:4(1988), 288쪽, "此嘉慶癸亥事也 余在金陵謫中 目覩玆事 悵然思有述 顧未能焉."

급급히 산통을 흔들어 대며
외우는 소리 귀에 시끌시끌

곽박이요 이순풍씨
소강절선생 원천강씨

소리소리 구역질이 날 판인데
어찌 속인들 상하지 않으리요.

병신인신은 일곱이요
무계진술은 다섯이라.

외워대는 이 소리 참고 듣자면
송곳으로 창자를 마구 찌르는 듯합니다.[110]

    이 구절에 묘사된 소경은 시력 대신 혜안, 즉 마음의 눈을 통해 범인이 보지 못하는 사물의 진수를 꿰뚫어 보거나 초월적 진리를 간파할 수 있는 초능력자로서의 맹인을 패러디한 모습이다. 소경의 경박스럽고 괴팍한 성격은 막강한 재물을 가졌음에도 아내에게 인색하기 그지없고 나아가 전실 자식들이 나이 어린 계모를 헐뜯는 거짓말에 귀가 솔깃해 아내에게 폭언과 폭행을 일삼는 데서 잘 나타난다. 이렇게 힘든 결혼생활을 견디다 못해 절로 들어간 젊은 아내를 두 번씩이나 강제로 잡아들이는 남편은 부당한 봉건적 혼인 제도를 악용할 뿐만 아니라 판수라는 지위와 재력으로 관가와 결탁하여 힘없고 가난한 양민을 기만하고 농락하

---

110) 정약용, 「소경에게 시집간 여자—道康瞽家婦詞」, 『창작과 비평』 16:4(1988), 294~295쪽. 본문에 나오는 이 시의 인용문은 임형택의 한글 번역을 따른다.

는 부패한 지배계층의 전형적인 인물이다. 따라서 그가 눈이 멀었다는 사실은 육체적인 불구보다도 정신적 장애를 상징한다.

정약용의 서사시에 유교적 가부장제의 희생물로 등장하는 여자 주인공은 모든 면에서 남편과 상반된 인물이다. 그녀는 처음에는 자신의 불행한 결혼을 비관하여 '깊은 물에 몸을 던지자 했으나 성질이 모질지 못해 어려웠다'고 술회한다. 그러나 이 여인은 비슷한 처지의 다른 여인네들과 다르다. 자신이 처한 상황이나 제도적 모순을 숙명으로 받아들여 인내로써 감내하기보다는 새로운 삶을 모색하려는 적극적인 의지와 함께 그 의지를 실천으로 옮길 수 있는 용기를 지녔다. 이런 주인공이 궁극적으로 택한 해결책이 바로 출가이다. 이 젊은 새댁은 출가의 결심이 서자 누구도 꺾을 수 없는 강한 추진력으로 자신의 뜻을 관철시킨다. 그녀는 딸의 불행을 가슴 아파하면서도 부덕을 지키라고 충고하는 어머니에게 다음과 같이 단호하게 답한다.

> 저는 이제 마음을 정했으니
> 다시는 여자의 도리를 돌보지 않으렵니다.[111]

그리고 그녀의 대담한 면모는 홀로 보림사의 방장 스님을 찾아가 자신이 청상과부로서 시어머니와 친정 부모를 모두 여의고 의지할 곳 없어 부처님께 귀의하노라고 간곡히 호소하는 데서 더욱 확실하게 드러난다.

> 제 손으로 칼집의 칼을 뽑아서

---

111) 정약용,「소경에게 시집간 여자—道康瞽家婦詞」,『창작과 비평』16:4(1988), 296쪽.

싹둑싹둑 잘라서 까까머리 만드니112)

　다른 여승들은 위와 같은 그녀의 돌발적인 행동에 놀라면서도 한편 그녀의 결의를 인정하게 되고, 주인공은 결국 출가의 뜻을 이룬다. 그녀는 곧바로 '묘정妙靜'이라는 법명을 받고 연비燃臂와 수계도 하며 『반야심경』을 외우고 공양 때에는 염불도 하게 된다. 그 후 사형師兄이 되는 어느 여승에게 모든 사실을 고백하고 이 여승을 통해 입산 때 입고 왔던 눈물로 얼룩진 치마저고리를 속가 어머니에게 전한다. 그녀가 깊은 산속 승방의 수행자로서 새로운 인생을 살아 보려는 결의는, 나중에 고을 원님에 의해 환속을 강요당해 소경에게 돌아오자마자 또 다시 한밤중에 험준한 산을 넘어 개천사로 도피하는 데서 확고해진다.
　이 주인공이 취하는 일련의 행동에서 두드러진 특징은 무엇보다도 자신의 생에 대해 타협을 불허하는 강한 주체의식이다. 이 점은 비슷한 처지에서 승려가 되는 「청춘과부가」나 「신가전」의 주인공에게서는 찾아볼 수 없는 면모이다. 「청춘과부가」의 주인공이 자신의 의사와 무관하게 인연법에 의해 출가하게 되는 수동적인 경우라면, 「신가전」의 주인공은 그보다는 좀 더 자발적으로 출가를 감행하는 인물이다. 그러나 후자의 경우 세속을 버렸음에도 불구하고 과거사에 대한 비애를 완전히 극복하지 못한 채 눈을 감는 아쉬움을 남긴다. 「소경에게 시집간 여자」는 「신가전」과 같이 주인공의 인생 전체를 다루지는 않지만, 주인공이 방장 스님에게 거짓말을 불사하는 행위나 스스로 삭도를 드는 극단적인 행위를 취하는 것을 보면 이 여승은 「신가전」의 주인공보다 의지가 굳은 인물임을 알 수 있다. 비록 절은 이 주인공에게 은신처역할을 하지만 그곳은

---

112) 정약용, 「소경에게 시집간 여자—道康瞽家婦詞」, 『창작과 비평』 16:4(1988), 298쪽.

수동적인 피신처가 아니라 자신의 새로운 진로를 적극적으로 모색할 수 있는 공간이다. 따라서 그녀에게 출가는 속박으로부터의 자유를 의미한다. 이 점은 「청춘과부가」나 「신가전」에 나타난 출가의 경위나 배경과 분명히 구별된다.

「소경에게 시집간 여자」는 묘정이 재차 절로 도피한 지 십여 일 만에 다시 발각되어 관가로 끌려가는 장면으로 끝맺는다. 플래시백의 기법으로 전개되는 이 결말은 시간구조상 시의 서두와 연결되면서, 독자는 송낙을 쓴 채 눈물을 흘리며 압송되어 가는 젊은 여승에게로 돌아오게 된다. 애처로운 어조로 서술되는 이 비극적인 장면은 묘정에 대한 세인들의 관점을 드러내는 동시에 그 구경꾼들의 입을 빌려 작품 전체의 주제를 요약해 준다. 이러한 점에서 구경꾼들은 고대 그리스 연극의 코러스와 같은 기능을 한다고 볼 수 있다. 그들은 처녀와 늙은 소경의 결합에 대해 '상한 고기를 먹을지언정' 맺어져서는 안 될 관계라고 이야기하며, '이욕'에 눈멀어 부모자식 간의 도리를 저버린 처녀의 아버지를 향해 그의 속임수는 '날마다 매를 맞아도' 쌀 정도라고 비난한다. 이들은 묘정의 비극이 제기하는 제도적, 도덕적 문제점을 지적한 뒤 그녀가 다음과 같이 되지 않을까 염려하며 파란만장한 서사극을 끝맺는다.

차라리 청산에 들어가
부처님 모시고 살고 싶지 않으랴.
여자의 마음씀은 외곬이니
한번 세운 뜻 누가 능히 빼앗으랴
줄곧 시달림을 받고 보면
제 스스로 목숨을 끊게 되지 않을까.[113]

이 구경꾼의 관점은 그들 무리 속에 끼어 있는 정약용 자신의 입장을 대변하기도 한다. 이 장편시의 결말부분은 당시의 민중들이 남존여비에 희생되는 여인들에 대해 깊은 연민과 동정심을 갖고 있었음을 보여준다. 또한 위의 인용문은, 일반 백성들이 잘못된 결혼 제도에서 벗어나기 위한 방편으로 출가를 고려하는 조선조 여인들을 부정적인 시각으로 본 것만은 아니며 묘정이 처한 것과 같은 극단적인 상황에서는 오히려 유부녀의 출가마저도 이해하고 받아들이는 유연한 태도를 지녔음을 암시한다.

고전문학에는 「소경에게 시집간 여자」와 비슷한 소재를 다루면서도 구경꾼의 입장이 아니라 당사자인 여성 자신의 입장에서 끝을 맺는 작품도 없지 않다. 전통문학기에 기혼녀의 출가를 다룬 작품으로는 「소경에게 시집간 여자」 외에도 서사민요인 「중노래」가 있다. 이 민요의 주인공은 시집살이가 고되어 중이 되었는데, 후일 시집이 있던 동네에 들러 보니 시집은 쑥대밭이 되고 시집 식구들은 모두 죽어 있더라는 내용이다.[114] 유형에 따라서는 죽은 남편의 묘가 벌어지면서 여승이 그 속으로 빨려 들어가 생전에 이루지 못한 사랑을 환상적으로나마 이루어 보려는 의도가 표현된 것도 있다.[115] 「소경에게 시집간 여자」가 그러하듯 「중노래」 역시 유교적 지배체제가 낳은 부조리한 혼인 제도와 그 해결책으로서의 출가를 평민계층이 어떻게 인식하고 수용하였는지를 보여 주는 귀

---

113) 정약용, 「소경에게 시집간 여자―道康瞽家婦詞」, 『창작과 비평』 16:4(1988), 300쪽.
114) 서영숙에 따르면 「중노래」에도 여러 유형이 있는데, 주인공인 여승이 시가에 와 보니 남편과 시집 식구가 모두 죽어 있는 것으로 끝맺는 유형과 여승이 출가생활을 하다 과거에 급제한 남편을 우연히 만났더니 환속을 권해서 삼 년 동안 머리를 길러서 오겠다며 그냥 보냈다가 나중에 시가에 와 보니 남편이 죽어 있더라는 식으로 끝을 맺는 유형이 있다.(서영숙, 『시집살이노래연구』[박이정, 1996], 174쪽)
115) 서영숙, 『시집살이노래연구』(박이정, 1996), 177쪽.

한 작품이다. 또한 이들 작품은 여성의 출가문제에 대해 평민들이 취한 현실적인 태도가 척불사상을 고수하려는 지배계층의 원론적이고 일방적인 입장과는 달리 탄력적이고 다면적이었음을 보여 준다. 이러한 점에서 이들 작품은 전통시대 여성과 불교의 관계를 논의하는 데 중요한 자료를 제공한다.

가사와 한시를 통해 살펴본 조선조 여성 출가자의 모습은 다양하다. 출가의 이유와 상황은 개인에 따라 차이가 나지만, 이들 작품에 등장하는 주인공들은 한결같이 유교 봉건체제에서 여성이 출세간의 삶을 택하는 것이 얼마나 어려운 결정인지 짐작하게 해 준다. 이들에게 출가는 자신의 인생을 포기하지 않고 부당한 가부장제에서 벗어날 수 있는 대안적 삶이었다. 그러나 이 삶이 결코 편안한 길이 아니었음은 여승가사나 「신가전」의 주인공의 회고를 통해 알 수 있다. 하지만 이 어려운 출세간의 삶마저도 현모양처로서의, 또한 며느리나 딸로서의 의무에서 벗어난 과부들에게만 허락되었다.

출가가 용이하지 못한 시대에 승려가 되려고 시도하는 것 자체가 유교 가부장적 지배구조에 대한 저항의식의 발로이다. 오늘날의 독자들의 입장에서는 가사작품에 등장하는 주인공들이 깨달음을 이루려는 원대한 의지가 아니라 당면한 중생계의 고통을 벗어나기 위한 목적으로 승려의 길을 추구하는 경향에 대해 비판을 하기 쉽다. 그러나 이들의 출가 동기를 무조건적으로 비판하는 것은 당시 여성이 처한 역사적 현실을 고려하지 않고 현재의 잣대로 과거를 재단하는 우를 범하는 것이다.

「신가전」에서 보듯이 출가는 조선시대의 여인들에게 대단한 용기와 결단을 요하는 행위였다. 출가에 대한 발심 자체를 여성의 적극적이고 주체적인 행위로 인정해야 할 필요성은 「소경에게 시집간 여자」를 읽으면 확실해진다. 딸의 출가의사를 알게 된 친정어머니가 딸을 회유할 목적으로 좀 더 나은 남자를 찾아 새 삶을 꾸려 보면 어떻겠느냐고 재가 아닌 재가를 권유할 때 주인공은 의연하게 그 권유를 거부한다. 「중노래」의 내용 가운데에도 과거에 급제한 남편이 부인과의 재결합을 원하나 여승이 거절하는 내용이 나온다.116)

여승을 인생 낙오자나 실패자 또는 나약한 여성으로 치부하는 경향은 여승 자신들의 체험에 근거한 것이 아니라, 여성 출가자에 대한 담론을 형성하고 유포한 성리학자들의 여성관과 불교관, 또한 그들의 가치관을 기저로 한 조선 사회의 주류 문화에 그 뿌리를 두고 있다. 남철의 연작 가사, 즉 여승가사는 주변적 존재로서의 여승의 목소리가 남성 화자의 자기중심적인 유교적 세계관에 함몰된 대표적인 예이다. 이 작품은 마치 비구니 화자가 독자들에게 직접 자신의 생활방식과 사유세계를 내비치는 듯한 인상을 준다. 하지만 텍스트의 흐름을 세밀히 분석해 보면 그녀의 목소리가 과연 얼마나 자율적이고 진실한 것인지 심각하게 의심하지 않을 수 없다. 이에 반해 같은 양반 남성이 관찰자로 등장하는 「소경에게 시집간 여자」는 극시의 양식적 특징을 최대한 살려 관찰자의 배타적인 해석보다 주인공을 둘러싼 주변 인물들의 다양한 관점을 생생하게 전달함으로써 여성 출가에 대해 여승가사와는 다른 해석을 도출하게 한다. 이는 정약용이 실학자로서 조선 후기 평민이 처한 현실에 대해 지녔던 깊은 이해와 연민뿐만 아니라 극시 작가로서의 뛰어난 기량에서 나온

---

116) 서영숙이 채록한 「중노래」 열두 가지 가운데 두 가지에는 시집살이가 힘들어 출가한 여인이 등장한다. 그런데 이들의 남편은 과거에 급제하자 부인이 환속하기를 권하는 것으로 되어 있다.(서영숙, 『시집살이노래연구』[박이정, 1996], 170~177쪽)

것이다. 결과적으로 「소경에게 시집간 여자」는 여승을 나약하거나 비관적인 인물로 일반화하는 주류 사회의 뿌리 깊은 편견을 폭로한 셈이다. 정약용은 부귀와 권세의 향유층이 표방하는 지배이념의 '맹점'을 소경이라는 불구를 통해 은유적으로 표현하면서 이를 직접 비판하기보다 다른 인물들의 관점을 통해 그 부당함이 우회적으로 드러나도록 구성하여 이 작품의 사회고발적인 성격과 그 주제의 타당성 및 객관성을 강조하고 있다.[117]

가사작품과 정약용의 한시에 그려진 비구니상은 대체로 유교적 성윤리 아래 억제된 조선 사회의 욕망이 직간접적으로 투사된 모습이다. 네 편의 여승가사가 가장 대표적인 경우이고, 「청춘과부가」와 「신가전」은 얼핏 보기에 욕망과 무관한듯하지만 이 작품들도 유교적 성의 정치학이라는 담론을 텍스트 배면에 깔고 있다. 그들의 출가가 합리화되고 주변인들이 그 결정을 어쩔 수 없는 현실로 받아들이는 것은 그들이 청상과부가 되면서 남성의 욕망으로부터 차단된 존재로 '전락'했기 때문이다. 이들이 승려가 된 후 마을로 탁발을 나오면 여승가사의 주인공처럼 조롱과 경원과 유혹이 뒤섞인 묘한 시선 아래 놓이거나 「중노래」의 주인공과 같이 자기를 괴롭힌 이들에 대해 모순에 찬 '승리감'을 맛보게 될 것이다.

'타자'로서의 여승이 위치한 공간은 미지의 세계이다. 이 절에서 다룬 욕망의 대상물로서의 비구니상과 정반대의 경우가 다음 절에서 다룰

---

[117] 「소경에게 시집간 여자」를 번역하고 해설한 임형택도 정약용이 주제를 표출하는 데 있어 시인의 주관적, 설교적 개입을 끝까지 자제하고 풍부한 현실 내용을 삽입함으로써 서사시로서의 완결미와 고도의 예술적인 성과를 거두었다고 평가한다.(임형택, 「다산시의 현실주의에 대한 재인식-'소경에게 시집간 여자'를 읽고」, 『창작과비평』 16:4[1988], 309쪽)

고전소설에 나타난 성녀로서의 비구니의 형상이다. 이 극과 극의 모순된 이미지는 서로 상반된 관점에서 나온 것처럼 보이지만, 기실 그 근원을 파고 들어가면 그 두 이미지가 바로 여승에게 씌워진 타자성의 이중적 구조에서 표출된 것임을 알 수 있다.

(3) 고전소설과 비구니의 서사적 기능

전통적 서사장르인 고전소설에는 비구니가 폭넓게 나타나지만 서사공간에서 그들의 존재는 선뜻 눈에 띄지 않는다. 이는 이때까지 고전소설에 나타난 여승에 대한 비평적 연구가 거의 없었던 이유를 간접적으로 말해 준다. 이처럼 고전소설이라는 광대한 허구적 세계에서 여승이 차지하는 부분은 아주 작아 보일지 모르지만, 실제로 그들의 역할은 서술구조에 없어서는 안 될 필수불가결한 요소이다. 그것은 여승이 시기적절하게 위기상황에 나타나지 않는 한 소설의 줄거리가 진전될 수 없기 때문이다. 여승은 플롯을 매끄럽게 전개시키고 전통문학에서 많이 다루는 권선징악의 주제를 부각시키는 데 핵심적인 역할을 한다. 고전소설에 나타난 긍정적이고 능동적인 비구니상은 가사문학에서 남성의 관찰 대상으로 그려지는 여승의 부정적이고 수동적인 모습과는 대조적이다. 이 절에서는 여승이 등장하는 고전소설의 종류와 대표적인 작품을 살펴본다. 그리고 여승이라는 인물의 성격을 분석하고 그 서사적 기능 및 의미를 짚어 본다.

『고전소설 줄거리 집성』, 『한국고전소설해제집』, 그리고 『장서각고소설해제』에 수록된 860편에 가까운 고전소설 가운데 여승이 등장하는 작품의 수는 약 70편에 이른다.118) 이는 여승이 행하는 구체적인 역할보다도 일단 그들의 등장이 플롯에 영향을 끼치는 경우를 가리키는 숫자이다. 이 많은 소설 가운데에는 일반인에게 잘 알려진 「사씨남정기」나 「창선감의록」, 「조웅전」과 같은 작품도 들어 있고, 아직 학계에서 전혀 연구가 되지 않은 작품들도 다수 포함되어 있다. 위의 세 자료집을 근거로 하여 비구니가 등장하는 대표적인 소설들을 열거해 보면 다음과 같다.119)

「강릉추월」, 「곽장양문록」, 「금강취유기」, 「금향정기」, 「김윤전」, 「김진옥전」, 「김학공전」, 「낙천등운」, 「단종대왕실기」, 「담바고전」, 「명주보월빙」, 「명주옥연기합록」, 「봉래신선록」, 「봉황금」, 「부용헌」, 「삼강명행록」, 「사씨남정기」, 「서해무릉기」, 「소문록」, 「소운전」, 「소현성록」, 「설홍전」, 「신단공안」, 「쌍미기봉연」, 「쌍주기연」, 「쌍천기봉」, 「연당전」, 「옥난기연」, 「옥난빙」, 「옥린몽」, 「옥봉쌍인」, 「옥소기연」, 「왕제홍전」, 「요화전」, 「월봉기」, 「위씨절행록」, 「유록전」, 「유백아전」, 「유선쌍학록」, 「육미당기」, 「음양옥지환」, 「이린전」, 「이씨세대록」, 「이윤구전」, 「이정난전」, 「이진사전」, 「일락정기」, 「임화정연」, 「장풍운전」, 「장하연정기」, 「장한절효기」, 「여장군전」, 「정진사전」(호남충렬록), 「조웅전」, 「주봉전」, 「주원장창업실기」, 「창란호연록」, 「창선감의록」, 「천도화」, 「최현전」, 「칠선기봉전」, 「홍영선전」, 「화문록」, 「화씨충효록」, 「홍계월전」, 「홍백화전」

위의 목록이 여승을 다루는 모든 소설을 망라한 것은 아니다. 여기에 열거된 작품들 가운데에는 조선시대에 널리 읽힌 중국 소설의 번역물

---

118) 여기서 '소설'이라는 용어는 넓은 뜻으로 사용된다. 이 세 자료집은 창작소설 외에도 중국 소설의 번역이나 번안소설, 대형 연작소설의 일부이면서도 독립적으로 취급되는 작품도 포함하고 있다.
119) 소설제목의 현대적 표기와 이본의 처리는 세 자료집 가운데 가장 최근의 업적이면서 양적으로도 가장 방대한 자료를 수록한 조희웅의 『고전소설 줄거리 집성』(집문당, 2002)을 따랐다.

이거나 번안소설이 많이 포함되어 있다. 창작, 번안, 번역이 야기하는 비평적 과제는 다른 기회에 분석하기로 하고, 이 절에서는 고전소설에 뚜렷이 존재하는 여승이라는 인물의 중요성과 그 특징을 총체적으로 개괄하고자 한다.

「담바고전」

앞의 작품군에서 가장 먼저 주목을 요하는 소설은 「담바고전談婆姑傳」이다. 이 한문소설은 숙종 때의 문신이자 학자인 임상덕林象德(1683~1719)[120]이 지은 것으로 그의 문집인 『노촌집老村集』에 실려 있는데, 지금까지 알려진 고전소설 가운데 유일하게 비구니를 중심 소재로 삼은 작품이다. 『노촌집』은 10권 5책으로 구성된 시문집으로 「담바고전」은 그 가운데 권4에 실려 있다. 이 작품의 창작 시기는 을유년으로 이는 1705년이나 1717년을 가리킨다. 1705년이라면 임상덕이 20대 초반이었고, 1717년이라면 30대 중반으로 그가 병사하기 2년 전이다.

임상덕은 숙종 31년인 1705년에 증광문과에 장원을 함으로써 조정에 등단했는데, 홍문관교리 등 여러 관직을 거쳐 대사간의 자리까지 올랐으나 37세에 병사한 인물이다. 뒤에서 자세히 논하겠지만, 임상덕은 숙종 35년인 1709년에 도성 주변에 있는 비구니절들의 철폐를 요구하는 논소를 올린 일이 있다. 출사한 지 몇 해 되지 않은 때로서 조정에는 비구니절의 존폐문제로 인한 상소가 지속적으로 올라오던 시기였다. 당시의

---

120) 임상덕은 경세에 관심이 많아 白骨徵布와 같은 제도와 시책이 지닌 문제점을 강력히 지적하고 많은 개선책을 내놓았으며 爲己之學과 성리학 연구에 매진하였다. 저서로는 『노촌집』 외에 『東史會綱』이 있다.(한국정신문화연구원, 『한국민족문화대백과사전』 권3, 722~723쪽·권2, 689쪽)

정황을 보건대 임상덕이 급제하던 해에 「담바고전」을 썼다면 그가 20대 초반의 젊은이로서 사회풍속에 대한 나름대로의 비판의식을 담아 담배와 여성에 대한 환상적이면서도 풍자적인 우화소설을 썼을 가능성을 고려할 수 있다. 물론 논소나 사회적 상황만으로 작품의 연대를 단정하기는 어렵다.

「담바고전」의 줄거리는 간단하다. 주인공인 담바고는 남만南蠻의 비구니이다. 그녀는 진시황 시절 동녀童女로서 방사를 따라 불사약을 구하러 바다에 들어갔다가 혼자 영약을 구한 뒤 몰래 남만으로 가서 그 약을 먹고 신령술을 얻었다고 한다. 그녀는 또한 불법佛法을 숭앙하는 사문으로서 스스로 '담淡'이라는 법명을 지었는데, 만인蠻人들이 그녀를 존중하여 '담바고'라 불렀다. 그녀는 삼매의 불로 자신을 태우는 방법을 체득하여 많은 사람들이 그녀를 따랐다. 입멸 후 담바고의 시신은 산화되어 영액이 되었는데 이 액은 부스럼을 고치는 효능이 있어 사람들이 모두 기이하게 여겼다. 이 신령한 도는 명나라 때 만족蠻族의 배편으로 중국에 알려지게 되었고, 사람들은 남방의 이 도를 가리켜 남령南靈이라 불렀다고 한다. 이 소설의 저자는 자기 집에 사는 황온黃媼이라는 자를 통해 담바고와 친해졌고 그녀의 전기도 쓰게 되었다고 한다.[121] 그는 담바고가 『능엄경楞嚴經』의 향엄香嚴동자처럼 향기를 통해 깨달음의 경지에 이른 것을 찬탄하면서, 독자들에게 그녀를 지나치게 비방하지도 말고 그녀의 도를 맹신하지도 말 것을 권고하는 말로써 「담바고전」을 끝맺고 있다.

「담바고전」은 문자 그대로 '담배이야기'이다. 담배는 '남방에서 전래한 신령스러운 풀'이란 의미에서 '남령초南靈草' 또는 '남초南草'라고

---

121) 여기서 '저자'란 임상덕을 가리킨다기보다 '암시된 저자'(implied author)의 개념에 가깝다.

불리었다.122) 이옥李鈺의 「남령전南靈傳」은 바로 이 별칭을 가리키는 풍자소설이다. 「담바고전」의 제목은 담배의 또 다른 표현들인 '담파고談婆古', '담박괴談泊塊', '담박괴談博怪', '담파괴痰破塊' 등에서 온 것이다.123) 담배痰排는 가래를 물리친다. 즉 담을 없앤다는 뜻을 가진 단어로서 '가래를 깨뜨리는 덩어리'라는 '담파괴痰破塊'의 촉음促音이다.124) 그런데 실학자인 이수광李睟光이 1614년에 편찬한 『지봉유설芝峯類說』 권19 「식물부」 약藥편에는 「담바고전」의 주인공을 연상시키는 설화가 실려 있다.

> 혹은 전하기를, '남만국南蠻國 여인에 담바고淡婆姑라는 자가 있었는데, 여러 해 동안 가래 끓는 병을 앓았다. 그러던 것이 이 풀을 먹고 나았기 때문에 이렇게 이름지은 것이다'라고 했다.125)

임상덕의 「담바고전」은 담배의 기원에 대한 전래 민담이나 설화를 바탕으로 쓰인 작품으로 그 내용이나 길이 면에서 전기소설 장르에 속한다. 김기동은 전기소설을 내용상 '초현실적이요 비인간적이며 비과학적인 몽환의 세계, 신선의 세계, 천상의 세계, 명부의 세계, 용궁의 세계 등을 표현한 소설'이라 정의하고, 장르의 형태적인 특성으로 단편소설의 성격을 들고 있다.126) 「담바고전」은 이러한 요소를 잘 갖춘 작품으로 언뜻 보기에는 비구니를 다룬 불교소설인 듯하지만, 실제로 작품의 내용이

---

122) 김종서, 「옛사람들의 담배에 대한 애증」, 『문헌과 해석』 18(2002년 봄), 216~217쪽.
123) 이 외에도 '新茶', '煙酒', '煙茶', '煙草' 등이 있다. 김종서, 「옛사람들의 담배에 대한 애증」, 『문헌과 해석』 18(2002년 봄), 216~217쪽.
124) 이규경, 「연초변증설」(김종서, 「옛사람들의 담배에 대한 애증」, 『문헌과 해석』 18[2002년 봄], 217쪽에서 재인용).
125) 이수광, 남만성 옮김, 『지봉유설』 하권(을유문화사, 1994), 449쪽.
126) 김기동, 『한국고전소설연구』(교학연구사, 1981), 5쪽.

나 분위기를 주도하는 것은 도교적 신선사상이다. 예를 들어 담바고가 영약을 먹은 뒤 형상을 감추고 초목 사이에 숨을 수 있는 신출귀몰한 능력을 발휘한다든가 밝은 불로써 신비한 기운을 발산시켜 사람들 몸속을 깨끗하게 만드는 술법을 지녔다든가 그녀의 시신이 묘약으로 변한다든가 하는 서술이다. 이것은 새로운 기호품으로서 조선 사회에 퍼지게 된 담배의 신기한 특징을 환상적으로 묘사한 것이다. 이러한 경향은 담배를 피워 근심을 더는 과정을 격렬한 전투를 통해 적군을 타도하는 장면으로 허구화한 「남령전」에도 나타난다.[127]

담배에 대한 의인소설에서 임상덕이 말하려는 주제가 무엇인지를 이해하기 위해서는 먼저 조선 사람들의 담배에 대한 태도를 살펴볼 필요가 있다. 담배가 조선에 소개된 것은 광해군 10년인 1618년을 전후한 시기이다. 전래 경로는 일본과 중국 양설이 있는데, 임진왜란 후 일본에서 도입된 것을 '남초' 또는 '왜초'라고 하고 북경을 통해 들어온 것은 '서초'라고 하였다. 일본에 담배가 전래된 것은 남만의 상선을 통해서였다.[128] 1653년부터 1666년까지 조선에 살았던 하멜의 표류기를 보면 일본인들이 포르투갈 사람을 지칭하며 쓴 단어인 '남만'이라는 표현이 조선에서는 '남반'으로 불렸다는 기록이 있다.[129] 이는 포르투갈 상선들이 필리핀 등지에서 담배를 싣고 동아시아로 온 경로를 가리킨다.[130]

담배는 전래 초기에 통증완화, 숙취제거, 소화증진을 위한 약재로

---

127) 「남령전」은 金鑢의 『藫庭叢書』 가운데 이옥의 『梅花外史』에 수록되어 있다. 김종서, 「옛사람들의 담배에 대한 애증」, 『문헌과 해석』 18(2002년 봄), 220쪽.
128) 김종서, 「옛사람들의 담배에 대한 애증」, 『문헌과 해석』 18(2002년 봄), 217쪽.
129) 헨드릭 하멜, 김태진 옮김, 「주변세계」편, 『하멜표류기』(서해문집, 2003).
130) 이양학, 「담배의 사회사─조선후기에서 일제시기까지」, 『역사비평』 12(역사문제연구소, 1991년 봄), 122쪽.

인식되어 보급되었다. 그러나 약초로 소개되었던 담배가 점차 기호품화하면서 조선의 흡연 인구는 급격히 증가했다. 관의 단속과 통제에도 불구하고 남녀노소와 귀천을 가리지 않고 담배를 피웠다 한다. "여자들은 물론 네댓 살 되는 아이들도 담배를 피운다. 담배를 피우지 않는 사람은 거의 없다"라고 하멜은 보고하고 있다.131) 임상덕이 이 소설을 쓸 당시에는 조선에 담배가 들어온 지 거의 1세기가 지나 이미 전국적으로 보급, 재배되고 있었으며, 흡연의 매력과 폐단에 대한 여론도 이미 형성되어 있었다.

담배의 조선 유입 경로와 사용처는 「담바고전」의 줄거리와 거의 일대일로 부합된다. 주인공인 담바고가 남만 출신이라는 것은 담배의 남방 전래설을 말한다. 담바고가 불로써 삼매에 드는 '화자소법火自燒法'의 신묘한 능력을 갖추었다든가 잔치에 자주 초대되었다든가 대학자들조차도 그녀와의 애증관계를 청산하기 힘들다든가 하는 묘사는 담배의 화기火氣, 각성제로서의 효과, 한번 피우기 시작하면 점점 탐닉하게 만드는 중독성 등을 우화적으로 풍자한 것이다. 또한 다 피운 담뱃잎의 검은 찌꺼기를 부스럼 치료에 썼다는 부분은 실제로 한방에서 담배를 종기, 옴, 버짐 등의 피부병에 약용으로 처방한 것과 일치한다. 그리고 임상덕이 이 소설을 썼을 당시 담배가 기호품으로 널리 애용되어 그 중독성에 대한 비판이 제기되었다는 사실과, 한편으로는 담배는 약용작물이므로 부정적으로 취급할 수만은 없다는 점 등 조선 후기의 풍속도를 나름대로 균형감 있게 그리고 있다. 임상덕은 사회 현실과 유리되지 않고 경세에 많은 관심을 가진 인물로, 담배로 인해 벌어지는 세태를 익살스럽고 가

---

131) 헨드릭 하멜, 김태진 옮김, 「주변세계」편, 『하멜표류기』(서해문집, 2003).

벼운 마음으로 스케치하면서, 한편으로는 무분별한 흡연으로 인해 발생하는 문제점도 경고하려는 의도에서 이런 작품을 남겼으리라 짐작된다.

그런데 이 소설의 주인공이 하필이면 왜 비구니인가? 담배를 여인으로 인지하는 주류 문화의 시각은 담배의 유입 직후에 쓰인 『지봉유설』에도 반영되어 있다. 그렇다고 하더라도 임상덕이 이 이국적인 기호품을 왜 비구니라는 특수한 계층의 여성에다 빗댄 것일까? 담배를 비구니로 의인화시킨 발상을 어떻게 해석할 것인가?

임상덕의 개인문집에는 「담바고전」의 창작 동기나 배경을 직접적으로 밝혀 줄 자료가 보이지 않지만, 우리는 이 작품에 언급된 『능엄경』에서 비구니와 담배의 중요한 연결고리를 찾을 수 있다. 이 소설의 화자가 고백하듯, 대승불교의 주요 경전인 『능엄경』은 조선의 유학자들 사이에 널리 읽힌 불서였다. 『능엄경』과 관련해 화자가 언급한 구체적인 요소는 침향을 통한 구도의 가능성, 그렇게 이른 도道의 경지란 향기와 같이 "가도 가는 곳이 없고 와도 오는 곳이 없이" 공空하다는 것이다.[132] 그런데 이와 함께 또 하나의 중요한 사실에 주목할 필요가 있다. 『능엄경』은 석가모니의 수제자인 아난阿難이 마등가녀摩登伽女의 유혹으로 파계직전까지 갔다가 구제되는 일화를 담고 있다. 마등가녀는 환술에 능한 음녀淫女였는데 후일 부처님에게 제도되어 비구니가 되고 아라한과까지 얻은 인물이다. 따라서 『능엄경』은 각별히 여성수행자들에게 음욕을 다스리는 일이 중요함을 강조하는 경전이다.

담바고에 대한 저자의 시선은 복합적이다. 우선 그녀의 놀라운 방술과 영묘함에 감탄을 금치 못한다. 나아가 향취는 찌꺼기로 삼고 공적함

---

132) 임상덕, 『노촌집』 권4, 『한국문집총간』 206(민족문화추진회, 1998), 76쪽, "去無所著. 來無所從" 인용문은 이 책의 부록에 실린 박상준의 국역을 따랐다.

을 본색으로 삼는 그녀의 청묘함이 능엄경의 종지와 부합된다는 데 깊은 존경심을 표한다. 그러나 소설의 말미에서 저자는 신통력을 발휘하는 담바고를 요사하다고 비판할 필요도 없지만 그렇다고 그녀의 매력에 현혹되는 것 역시 '이단'에 버금가는 행위라고 결론짓는다. 완곡한 어조이긴 하나 비구니에 대한 경계심이 감지되는 표현이다.

비구니에 대한 노촌의 태도는 그가 1709년 7월 13일 부교리의 직분으로 올린 논소에 잘 드러나 있다. 이 소는 첫머리에 '승니들이 세속을 어지럽히는 폐해를 말하며, 대관臺官의 소장疏章대로 비구니절을 철거하는 것을 빨리 윤허하기를 청하고' 있다.133) 임상덕은 이 소를 통해 조선 건국 이후 유생들에 의해 지속적으로 제기된 비구니절의 훼철책을 지지하고 그 필요성을 재차 강조하고 있다. 상소가 올라온 지 한 달 후인 8월 14일 숙종은 임상덕이 올렸던 상소문의 일부를 언급하였는데, 그 내용은 임상덕이 "갑신년에 대간이 논계論啓하여 정지하게 된 뒤에도 새로 지은 비구니절이 있다"라고 불평하는 부분이었다.134) 조선의 왕들은 비구니절을 도성 밖으로 옮기거나 헐어버리자는 신하들의 주청에 선뜻 응하지 않았다. 단지 사찰의 신축만은 금하였는데, 임상덕이 이를 어긴 절을 찾아내어 소본疏本을 올린 것이다. 이 문제는 숙종이 '단지 이 한 군데의 것만 철거하고, 이제부터는 거듭 신칙하여 더 짓지 못하도록 하라'라고 분부함으로써 일단락되었다. 그러나 숙종의 완곡한 거부에도 불구하고 임상덕의 소와 유사한 소장이 계속 올라왔고, 숙종은 선왕들의 비답까지 들먹이며 그들의 주청을 윤허하지 않는 팽팽한 신경전을 이어갔다.

---

133) 『숙종실록』, 35년 7월 13일 임오조.
134) 『숙종실록』, 35년 8월 14일 임자조; 정석종·박병선, 「조선후기 불교정책과 원당 (1)―니승의 존재양상을 중심으로」, 『민족문화논총』 18·19(영남대학교 민족문화연구소, 1998), 250쪽.

비구니문제를 둘러싼 당시의 정치적인 분위기와 불교에 대한 임상덕의 입장을 조명해 주는 또 하나의 자료로, 『노촌집』 권3에 실린 「불론佛論」이라는 글도 참조해 볼 필요가 있다. 이 짧은 글에서 임상덕은 도道의 경지를 세 단계로 나누고 있다. 그 가운데 최고의 단계를 태양에 비유하고 그 단계에 이른 사람을 성인聖人이라 지칭하였다. 태양으로 상징되는 성인의 도란 유가를 가리킨다. 불교는 해보다 한 단계 낮은 달에 비유되고 있다. 달은 밝고, 정결하고, 희지만 태양으로부터 독립해 존재할 수 없으며, 또한 그 빛이 태양만큼 널리 비추지 못한다고 하였다. 따라서 불교를 숭앙하는 이들은 성인의 경지까지 오르기 어렵다는 의미가 내포되어 있다. 이 글에서 달보다 한 단계 낮은 경지는 별이라 부르고 있다.[135] 불교에 대한 임상덕의 글에서 우리는 그가 불교에 대해 철학적으로나 현실적으로 그다지 긍정적인 입장을 지니지 않았음을 가늠해 볼 수 있다.[136]

「담바고전」에서 유추되는 담배와 비구니의 유사성은 다음과 같이 요약된다. 첫째, 담배라는 기호품은 늘 몸에 지니고 다니면서 즐기고 싶듯 여인도 늘 가까이 두고 싶은 대상이다. 둘째, 담배가 먼 외국에서 온 신기하고 귀한 물건이라면, 그에 해당하는 여성은 평범한 여성이 아니라 비구니와 같이 범상하지 않은 부류의 여성이다. 셋째, 담배에 불을 붙이면 전신을 소진하듯 비구니도 자신의 길에 몰입하는 열정적인 존재이다. 물론 이 '열정'이란 성적인 '정열'을 암시한다고 볼 수 있다. 넷째, 담배가

---

135) 임상덕, 『노촌집』 권3, 『한국문집총간』 206(민족문화추진회, 1998), 67쪽.
136) 「불론」은 유불도 삼교를 조화시키려던 명대 지식인들의 움직임을 연상시킨다. 이들은 세 종교의 장점을 받아들이면서도 궁극에는 자신이 속한 종교를 가장 수승한 것으로 주장하는 경향이 있었다. 임상덕 역시 불교가 도의 길이라 인정하면서도 유교보다는 한 단계 아래라는 입장을 취하고 있다.

병을 치료하듯 비구니도 예사롭지 않은 능력을 가지고 있다. 다섯째, 담배를 처음 피울 때에는 현기증이 나지만 한번 빠지면 끊기 어렵듯, 비구니도 여염집 여인과 달리 처음에는 친분을 맺기가 쉽지 않으나 일단 친근해지면 점점 빠져들게 된다. 그러므로 니코틴의 부작용을 피하듯 불교에 현혹되는 것을 경계해야 한다. 여섯째, 담배가 싫다고 공언하고 그 폐단을 비판하는 성리학자들도 사적으로는 담배를 즐겨 피우는 것이 마치 불교를 폄하하면서도 불서를 읽거나 승려들과 교류를 하는 유학자들과 다를 바 없다.

담바고의 강하고 적극적인 모습은 여승의 측은하고 외로운 대중적 이미지에 조선의 익숙한 독자들에게 신선한 충격이었을 것이다. 그러나 다른 한편으로는 담배와 비구니의 이국적 요소를 동일시하여 비구니를 남성의 기호품과 같은 성적 유희의 대상으로 형상화한 것은 조선 유교사회가 비구니의 타자성을 어떤 방식으로 극대화하는지 극명하게 보여 준다. 임상덕의 작품에 깔린 이러한 비구니관은 여승가사의 비구니관에서 크게 벗어나지 않는다. 이 의인소설에 내재된 정신적 노리개로서의 비구니의 이미지를 통해 현대의 독자들은 조선 사회 식자층 남성들의 여승관을 재확인할 수 있다. 담배와 화기를 빌려 비구니를 억제된 정열로 가득 찬 여인으로 정의한다든가 이국적인 매력으로 양반들의 연희마다 초대받는다든가 그녀와 사랑에 빠지면 헤어나기 힘들다든가 하는 묘사는 뇌쇄적인 팜므파탈(femme fatale)로서의 기생의 모습과 다를 바 없다.

충남 공주에서 채록되었다는 담배에 대한 설화는 물화物化된 비구니와 기생이 실제로 치환 가능한 존재임을 증명한다. 이 설화의 줄거리는 남자를 좋아한 어떤 기생이 생전에 가까이하지 못했던 남자를 죽어서 입이라도 맞추어 보기를 소원했는데, 그녀가 죽은 뒤 무덤에 난 식물이 담배였다는 내용이다. 즉 담배는 채워지지 않은 욕망을 품고 죽은 기생의 넋이 환생한 것이다. 담배는 왜 입으로 밖에 피울 수 없는지 설명하는 기원 설화이다.[137] 담배가 '연다煙茶' 혹은 '연주煙酒'라 불리며 차나 술과 같은 종류로 취급된 것도 모두 '입'에 즐거움을 제공하는 기호품이라는 공통점을 지녔기 때문이다.

그런데 김종서가 지적하듯 담배는 권위의식을 상징하기도 했다.[138] 조선 후기 사회에서의 권위의식은 사회적 신분과 경륜에 바탕을 둔 것인데, 담배를 즐기는 양반 남정네들의 권위는 여성에 대한 가부장적 권위와 같은 뿌리에서 나온 것이라고 볼 때 담배를 여성에 비유한 것은 아이러니한 의미를 담고 있다. 흡연자가 마음대로 담배를 끊기가 어렵듯, 비구니는 지체 높은 양반 남성이 마음대로 통제할 수 있는 대상이 아니라는 해석이 가능하기 때문이다. 통제는커녕 오히려 담배가 그 중독성을 이용해 흡연자를 마음대로 주무른다. 임상덕이 유교가부장적 권위로써 비구니를 희롱한 듯 보이지만, 사실 그의 소설은 비구니의 흡인력에 압도당하는 지배계층 남성들의 허위의식을 드러낸 것이다. 비구니에 대한 글쓰기 욕망 자체가 주체와 객체 간의 힘의 역작용을 반증하기도 한다. 임상덕과 같은 대유학자에게조차도 비구니는 버거운 존재였다는 뜻이다. 「담바고전」은 조선 사회에서 비구니들의 존재를 지우려고 애썼던 권력층과 그런 위기상황에서 더욱 끈질기게 자신의 정체성과 자율성을 지키고자 노력했던 비구니들 사이의 묘한 역학관계를 당대인들이 지녔던 담배와의 '애증'관계를 빌려 보여 주는 특이한 작품이다.

---

137) 김종서, 「옛사람들의 담배에 대한 애증」, 『문헌과 해석』 18(2002년 봄), 216쪽.
138) 김종서, 「옛사람들의 담배에 대한 애증」, 『문헌과 해석』 18(2002년 봄), 216~217쪽.

원조자로서의 비구니

　고전소설 속의 여승은 대개 그 속성이 전형화되어 있는 '평면적 인물'로 정도의 차이만 있을 뿐 거의 모든 작품에서 보조적인 역할을 하는데 그친다.139) 그들은 산발적으로 잠시 지나치듯 등장하지만 거기에도 일정한 유형이 발견되는데, 대체로 선인을 돕는 형과 선인을 해치는 형으로 구분된다. 두 유형 가운데 수적으로는 선인을 돕는 형이 압도적으로 많다. 서사기능의 면에서 볼 때 여승은 블라디미르 프롭(Vladimir Propp)이 지칭하는 '신비한 원조자'라는 개념에 잘 부합된다.140) 원조자로서 여승이 취하는 주된 행동은 남자 주인공의 어머니, 부인, 약혼녀 여형제 등 부덕을 형상화한 여자 인물들이 위기상황에 처했을 때 그들을 구조하여 혼란스러운 사회나 또는 그들을 뒤쫓는 악한 무리들로부터 멀리 떨어진 절로 피신시키는 일이다. 앞에서 열거한 작품에는 대개 이와 같은 상황이 설정되어 있다.

　원조자로서의 여승의 모티프가 얼마나 광범위하게 사용되는지 구체적인 예를 열거해 보겠다. 「강릉추월」에서 조부인과 춘랑이 도적의 배를 타고 도주할 때 웬 여승이 나타나 산속에 가면 그들을 구해 줄 사람을 만날 거라고 알려 준다. 「쌍미기봉」에서는 장소저와 애월이 강에 빠져 죽으려 할 때 여승 석화가 그들을 구조한다. 「옥봉쌍인」에서는 투강한

---

139) 이 용어는 에드워드 포스터(E. M. Forster)가 만든 것으로 '한 가지 내지 몇 가지의 예측 가능한 행동 형태를 지닌 작중인물'로 정의된다. 이에 반대되는 개념은 '다면적 인물'(round character)이다. 자세한 내용은 E. M. Forster, *Aspects of the Novel*(New York: Harcourt, Brace and Company, 1927) 참조.
140) 원조자의 '행동 영역'은 '주인공의 공간적 이동', '불행이나 결핍의 해소', '추격으로부터 구조', '난제의 해결'과 '주인공의 변모'이다.(Vladimir Propp, *Morphology of the Folktale*[Austin: U of Texas P, 1968], p.79)

등부인과 시녀가 황각사의 늙은 여승 보은의 눈에 띄어 구조된다. 「김윤전」에서도 최부인이 밤에 피신하다 여승의 인도로 동정호를 건너 어느 산사의 신승神僧에게 의탁하는 장면이 나온다. 마찬가지로 「김학공전」에서도 최부인이 시비 옥향을 데리고 남쪽으로 도망가다 여승의 도움을 받아 영월암에 기거하게 된다. 「명주보월빙」에서 명아는 자신의 납치 계획을 눈치 채고 남장을 한 채 도망가다가 혜원이라는 여승을 만나 벽화산 취월암으로 간다. 「봉래신선록」에 나오는 방운의 부인 역시 도적을 피해 도망가던 중 여승을 만나 동악사로 들어간다. 잘 알려진 바와 같이 「사씨남정기」의 주인공 사씨도 남쪽으로 피신하던 중 호수에서 자결하려는데 이때 수월암의 여승 묘혜가 나타나 암자로 데려간다. 「삼강명행록」에서는 사부인이 남복을 하고 피신하던 중 강물에 투신자살을 시도하는데 그때 여승 영파가 배를 타고 와서 구출한다. 그리고는 모친의 원당인 관음사에 머물게 된다. 그러나 관음사를 방문한 한왕이 사부인을 희롱하자 여승 현원이 도술을 부려 사부인을 관음사로부터 피신시킨다. 이 외에도 이 작품에는 사부인을 위기에서 구출하거나 절로 안내하는 여승들이 여럿 등장한다. 「소운전」에서 소운의 부인 정씨는 서룡의 마수에서 탈출할 때 여승의 구조를 받아 자호암에 의탁한다. 「쌍주기연」에서 왕소저는 남복하고 도망가다 여승을 만나서 산사로 가게 되는데 그곳에서 시어머니 이부인과 상봉한다. 「옥난기연」의 계씨는 신승 청원을 만나 암자로 인도되어 절에서 비단을 짜고 수를 놓으며 부처의 가사를 짓는다. 「옥소기연」에서는 장어사 일행이 해적을 만나 바다로 뛰어들고 소부인은 우여곡절 끝에 월정암 여승을 만나 절로 따라간다. 「유백아전」에서 소동 정창은 남장한 혜완 소저와 차환 영매를 데리고 산중을 방황하다가 비구니들이 사는 원암사를 발견하고 그리로 가는데, 소저가 여자임을 알

아본 노승들에게 사실을 밝히고 몸을 맡긴다. 「육미당기」에서도 백소저가 모친과 함께 고향으로 가던 길에 득량의 부하가 습격해 오자 시비 추향과 함께 강물에 투신한다. 이때 수월암의 여승이 구해 준다. 한편 설소저는 왕노파의 음모로 우물에 빠지는데, 청련암 묘정의 구호를 받아 남복으로 갈아입고 약혼자인 백운경을 찾아 상경한다. 「음양옥지환」에 나오는 유부인은 피란 중 시비 춘향과 함께 금산사 칠보암의 여승을 따라가 몸을 의탁한다. 「이린전」에서 두공의 부인 남씨는 적도에게 빼앗긴 딸을 찾아 방황하다가 여승을 만나 산사로 들어간다. 이와 유사한 상황으로 「여장군전」에서는 수정이 수적水敵에게 빼앗긴 어머니를 찾아 방황하다가 여승의 도움을 입어 군산 칠보암으로 들어가는 장면이 나온다. 「창선감의록」에서는 남부인이 여승 청원에게 구원되고, 「장풍운전」에서는 길에서 아들 풍운을 잃어버린 양부인을 청정이 구조하여 단원사로 데려온다. 한편 풍운의 처인 경패도 악한 계모를 피해 단원사로 오게 된다. 「최현전」에서는 석부인과 운섬이 현을 잃고 헤매다가 동정호에서 우연히 한 여승을 만나 함께 애월암을 찾아간다.

위에 열거한 여승 원조자의 출현 모티프는 다음과 같은 공통점을 지니고 있다. 첫째, 부덕의 귀감이 되는 선한 여인이 도적이나 치한 또는 난리를 피하여 남편이나 자식 또는 정혼한 남자에게서 격리되는 상황을 기본 배경으로 한다. 둘째, 등장하는 여자인물들은 거의 모두가 귀족이므로 그들이 피치 못할 이유로 집을 나설 때에는 충성스러운 시비가 동행한다. 셋째, 이들은 피신하는 과정에서 진퇴양난의 위기에 처하는데 이때 정절이나 집안의 명예를 지키기 위해 또는 자신의 비극적 운명을 비관하여 자결을 시도한다. 넷째, 이러한 극적인 위기상황은 주로 큰 강이나 동정호 같은 넓은 호수 또는 바다와 같은 공간에서 일어난다. 간혹

물과 관련된 장소 대신 산속에서 이러한 상황이 벌어지는 경우도 있다. 다섯째, 이들이 스스로 목숨을 끊고자 할 때에 거의 대부분은 물에 뛰어드는 방법을 택한다. 여섯째, 위기상황에서 여승은 홀연히 나타남으로써 신비감을 더한다. 작품에 따라서는 그들의 출현을 사전에 예고하거나 암시하는 경우도 있지만 많은 경우에 원조자와 피원조자의 만남은 우연으로 처리된다.

이러한 특징들이 여승 원조자 모티프의 골격 내지는 원형이라면 이 모티프에서 조금씩 변형된 경우도 눈에 띈다. 예컨대, 위기상황에서 여승이 바로 출현하지 않고 중간에 다른 매개자가 설정되는 경우이다. 「월봉산기」에서 정소저가 배웅이 보낸 군사를 피하려고 유모 옥단과 시비 계랑과 함께 물에 투신할 때, 이들을 구출하기 위해 현장에 나타나는 것은 거북이다. 거북이 이들을 싣고 가서 물가에 내려놓는데, 월봉산 자호암의 여승 야선이 물가에서 이 여인들을 발견하여 절로 데려간다. 「유선쌍학록」에서는 물고기가 매개자의 역할을 한다. 위씨는 시비 계월을 데리고 도망가다가 추격을 받고 강에 몸을 던지는데 이때 어떤 큰 고기에 밀려 강변으로 나온다. 그 뒤 산중의 비구니 암자로 찾아가 의탁하게 된다. 거북이나 물고기와 같은 수중동물은 용왕이나 용궁과 함께 불교설화에 자주 등장한다.[141] 이 동물들은 여승 원조자의 전령으로서 물과 관련된 장소에서 벌어지는 위기상황에 자연스럽게 동원될 수 있는 편리한 점이 있다.

---

141) 이러한 설화의 한 예로 「용궁샘과 거북이 스님」을 들 수 있다. 감을 따먹다가 연못에 빠져 용궁에 간 스님이 거북이 되어 뭍으로 잡혀 오는 이야기로 전남 영암군 지역에 전래되는 불교설화이다.(한정섭 편저, 『불교설화대사전』 상권[이화문화사, 1991], 816~818쪽)

원조자와 피원조자의 매개자가 인간일 경우 가장 흔히 나타나는 인물은 동자로서 그들은 청의동자의 형상을 띨 때가 많다. 「홍영선전」에서 양부인이 시비 향월을 데리고 도망가던 중 큰 강을 만나 주저하고 있을 때 청의동자가 배를 몰고 와서 타라고 한다. 이 배로 강을 건넌 양부인은 마중 나온 여승을 따라 영주 광은사로 가게 된다. 이와 비슷한 상황으로 「최보운전」에서 최상서의 아내가 벽도를 데리고 남편을 찾아 해남으로 가던 중 선동을 만나 결연암으로 인도되는 장면을 들 수 있다. 나중에 이 동자는 보운사의 부처님이 보낸 전령이었음이 밝혀진다. 「구봉기」에서처럼 여동이 나타나는 작품도 있는데, 동자의 성性이 플롯에 영향을 끼치지는 않는다. 「보심록」에서 강에 빠져 죽으려는 왕씨와 춘매에게 배를 타고 나타나는 청의여동은 서해의 용녀로서 옛날 양승상이 방생한 고기의 화신임이 밝혀진다. 이 작품은 수중동물과 동자가 유사한 기능을 갖는 정도가 아니라 실은 동일한 존재임을 말해 주는 것이다.

동자가 초현실적인 인물이라면 역사적 인물을 매개자로 상정한 다소 예외적인 작품도 있다. 「유록전」의 주인공인 유록은 병자호란 때 인질로 끌려가던 중 압록강에 도착하자 유서를 쓰고 강물에 투신한다. 그 순간 임진왜란 때 순사한 기생 계월향이 구출자로 등장한다. 계월향은 나중에 유록의 꿈에 나타나 의주 대하산 묘법암에 있는 월정이라는 여승을 찾아가라고 계시한다.

소설 속 비구니의 역할은 남자 주인공을 살피고 보호하는 도사나 선관의 역할과 비교된다. 도사나 선관은 불교의 노승이나 도교의 신선의 형상으로 나타나는데, 거의 모든 영웅소설에는 이러한 원조자역할을 하는 인물이 등장한다. 영웅소설 장르를 대표하는 「조웅전」에는 초자연적인 도사가 많이 보이는데, 그 가운데 주인공 웅에게 글과 신통술을 가르쳐 주는 월경도사, 웅에게 조웅검이라는 보검을 주는 화산도사, 그리고 그에게 용마를 주고 도술을 가르치는 철관도사가 대표적인 예이다. 「화산기봉」의 주인공인 성은 열두 살 때 백운사로 공부하러 가서 자하도인이라는 백발노인으로부터 천문지리와 병법을 배운다. 이러한 도사와 선관의 예는 고전소설 곳곳에서 찾을 수 있다. 이들은 어린 시절 주인공의 교육을 담당하고 무술을 지도하며, 그가 적과 최후의 대결을 벌이기까지 한 인간으로 성장하는 전 과정에 깊이 관여한다. 즉 도사와 선관은 하찮아 보이는 젊은이를 초인적인 전사로 변화시키는 데 결정적인 기여를 하는 인물이다.[142] 이들의 역할은 단순히 천문지리, 병법, 도술을 가르치는 데 그치지 않고 주인공이 불의를 제거하여 봉건적 사회질서와 가정의 화평을 회복하는 데 필요한 도덕성 교육도 담당한다. 원조자는 천상과 지상의 매개자로서 주인공에게 잠재된 신성을 개발하고 천기를 보아 천하의 대세가 움직이는 상황을 파악할 수 있는 능력을 지닌다.[143] 주인공의 잠재된 능력을 일깨워 주는 노승이나 도사는 소설의 도덕적 당위성을 구현하는 데 필수적인 인물이다.[144]

이렇게 보면 고전소설에 등장하는 원조자와 피원조자 사이에는 성性이 일치하는 경향이 있다. 이는 유교윤리에 따라 남녀를 공간적으로 분리하던 관습을 반영하는 것으로 보인다. 소설에서 여자인물이 위기상황에 빠졌을 때에는 보통 여승이 나타난다. 아주 가끔 예외의 경우도 있

---

[142] 조동일은 이 변화를 '위대한 자아로의 전환'이라고 표현한다.(조동일, 『신소설의 문학사적 성격』[서울대학교출판부, 1973], 17쪽)
[143] 김교봉·설성경, 『근대전환기 소설연구』(국학자료원, 1991), 229쪽.
[144] 조동일에 따르면 영웅소설의 주인공은 천상계에서 죄를 지어 지상으로 내려왔으므로 겉으로 드러나지는 않으나 신성을 내재한 인물이다.(조동일, 『신소설의 문학사적 성격』[서울대학교출판부, 1973], 74쪽)

는데 「소씨전」이나 「옥원재합기연」이 그런 작품이다. 「소씨전」의 소부인은 강물에 투신할 때 거기서 뱃놀이를 하고 있던 두어사의 눈에 띄어 구출된다. 「옥원재합기연」에서도 강물에 빠져 죽으려 하던 현영과 유모가 왕승상에 의해 구조된다. 그러나 이 두 경우 모두 남성 원조자와 여성 피원조자가 부녀의 의를 맺는 관계로 발전한다. 이러한 유사 가족관계는 남녀 사이에 성적 요소가 배제된 상태에서도 친화력이 유지되게 하는 서술적 장치로 보인다. 중국 번역소설인 「하씨양문록」에는 이러한 관계의 또 다른 변형으로 볼 수 있는 상황이 나타난다. 이 소설에서 옥윤은 물에 빠졌을 때 자신을 구조해 준 진원대사에게서 신술을 배우게 된다. 그런데 주목할 점은 진원대사 제자로서의 옥윤은 남장을 한 상태라는 점이다. 최소한 외적으로나마 스승과 제자 사이에 성의 일치를 추구하는 것이다.145)

원조자와 피원조자 사이의 성의 일치 패턴에서 아이들은 예외로 취급된다. 「장풍운전」에 나오는 청원과 경운의 유사 모자관계에서 보듯 어린아이들은 성별에 따른 공간분리 코드를 따르지 않는다. 이는 '남녀칠세부동석'이라는 유교적 인습과 같은 문화적 전통에서 나온 것이다. 원조자의 남녀 구분은 인습타파의 성격이 두드러진 소설들, 특히 남녀 간의 낭만적 소재를 개방적으로 다룬 소설에도 나타난다. 예를 들어 「조웅전」에서 보는 조웅과 장소저의 혼전결합 모티프는 봉건적 유교문화의

---

145) 여주인공이 남복을 하고 남자 도사의 제자가 되는 경우는 여성 영웅소설에 자주 나온다. 널리 알려진 예가 「홍계월전」에서 계월이 평국이라는 이름의 남장여인이 되어 곽도사로부터 병법과 검술을 익히는 상황이다. 원조자와 피원조자의 관계는 아니지만 성의 일치를 추구하는 고전소설의 경향에 따라 여도사와 여제자의 관계가 설정되기도 하는데, 그 좋은 예가 『명행정의록』에 나오는 묘향과 월낭의 관계이다. 묘향은 입산수도하다 월낭이라는 여도인과 친분을 맺게 되는데 묘향은 월낭으로부터 검술을 배우고 월낭은 묘향으로부터 도술을 배운다.

규범에서 볼 때 상당히 파격적이다. 하지만 이러한 급진적인 요소를 지닌 「조웅전」과 같은 작품에서조차도 여자인물의 피신도정에는 비구가 아닌 비구니 원조자를 배치하는 보수적인 윤리관이 고수되고 있다.

이처럼 유교적 성의 정치학이 인간계와 천상계에 똑같이 적용되고 있는 것을 감안한다면, 여성 원조자의 묘사에 가부장적 성불평등 요소가 발견되는 것이 당연한 현상인지도 모르겠다. 고전소설에서 비구니와 비구는 둘 다 '대사', '선사', '노사' 혹은 '노승'으로 불리지만, 그들의 능력에는 엄연한 차이가 존재한다.146) 대개의 남성 원조자들은 초자연적인 능력을 과시하는데 그들의 활약은 도교의 천상계 같은 초월적 세계와 연결되어 있을 때가 많다. 반면 여성 원조자들은 근본적으로 인간계에 속하며 활동영역이 현실계로 제한되어 있다. 비구니 원조자가 특수한 능력을 발휘하는 경우가 없는 것은 아니지만, 여승에게 부여된 특별한 능력이란 거의 대부분 미래에 일어날 사건을 예견하는 정도의 힘으로 도승이나 선관의 신출귀몰한 도술에 비해 상대적으로 단순하다. 「쌍주기연」에서 산적에게 납치된 이씨에게 여승이 현몽하여 남경에 있는 백화암을 찾아가라는 교시를 내린다. 「옥난기연」에 나오는 청원도 여자인물을 암자로 인도하고 그녀의 액이 다할 시점을 예견한 뒤 사후를 도모한다. 「옥난빙」에도 난영의 앞날을 점치는 노승 채원이 나온다.

플롯전개상 비구니의 예지력은 전지적 기능을 하지만 그 예지력이 신비화되지는 않는다. 「장풍운전」에 등장하는 청원은 주인공 풍운이 경운을 되찾기 위해 7년 후 영웅이 되어 그녀의 절로 돌아오리라 예언한다. 이 예언은 청원의 도력을 드러내는 중요한 징후임에도 불구하고 독자들

---

146) 고전소설에서 여승들은 '尼姑' 혹은 '尼僧'으로도 지칭된다. 흔하지는 않으나 도술을 발휘할 경우 '여관' 또는 '여도사'라는 표현이 나오기도 한다.

의 시선을 끌 만한 서술적 꾸밈이 없이 평범하게 제시된다.「강릉추월」이나「곽장양문록」앞 부분에도 여승이 여자인물들의 앞날을 예언하는 장면이 설정되어 있다. 가정소설처럼 처첩 간의 갈등이 서사구조의 뼈대를 이루는 작품에서는 여인들의 화복이 곧 플롯의 주요 전환점이 된다. 따라서 그것을 예견하고 암시하는 여승의 역할은 독자들의 줄거리전개에 대한 기대와 관점에 영향을 미친다. 그러나 여승의 예언은「강릉추월」에서처럼 시주장면의 일부로 자연스럽게 제시되기 때문에 영웅군담소설에 나오는 비구 신승들처럼 환상적 분위기를 조장하는 경우가 별로 없다.

　이러한 선상에서 볼 때 고전소설에서 언급되는 관음보살 또한 비구니의 신통력을 통제하기 위한 장치로 해석될 여지가 있다. 여승이 비상한 통찰력을 보일 경우, 그 능력의 상당 부분을 여승 자신보다 중성적이면서 초월적 존재인 관음보살의 가피로 돌리는 경우가 많다.「창선감의록」을 보면 관음보살이 청원의 꿈에 나타나 세 알의 환약을 주며 채봉을 구하라 지시한다. 이와 같은 방식으로 김만중의「사씨남정기」에 나오는 여승 묘혜와 사씨 부인의 관계 역시 중요한 고비마다 관음상이 중재한다. 사씨 부인이 처녀 시절 묘혜의 요청에 따라 관음의 그림을 찬양하는 시를 쓴 적이 있다. 몇 년이 지난 어느 날 밤 묘혜의 꿈에 관음이 나타나 어떤 '덕인'이 호수에서 스스로 목숨을 끊으려 하니 그 사람을 구하라고 한다. 또한 소설의 후반부에서 사씨 부인이 묘혜를 알아보고 그들 둘 사이에 일어났던 과거의 사건들을 기억하게 되는데 그들의 극적인 해후 또한 묘혜의 방에 걸려 있는 관음상 덕분이다.

　이 밖에도「화씨충효록」,「목시룡전」,「소문록」,「일락정기」등에는 비구니가 관음화상을 시주 받고 후일 그 관음이 비구니의 구조행위를 촉발하는 상황이 벌어진다. 「화씨충효록」 권4에 보면 남어사의 부인이 관음화상을 그리고 남어사의 여덟 살 난 딸 채봉이 관음을 찬양하는 글을 써서 비구니 청원에게 보시하는 장면이 나온다. 이때 청원은 남어사 일가의 곤액을 예언한다. 세월이 흐른 뒤 청원은 현몽한 관음의 말을 따라 회생단을 구해 죽은 남씨를 소생시킨다. 「목시룡전」에서는 남주인공인 목염이 황룡사의 여승에게 관음화상을 그려 주는데, 그 후 이 여승의 발원으로 자식이 없던 목염 부부는 쌍둥이를 얻는다. 「소문록」의 윤부인은 묘원이라는 비구니가 방문하였을 때 관음보살의 화상을 그려 주고 그 후 묘원에게 받은 불경을 사경하여 관음에게 바친다. 나중에 윤부인이 난관에 처했을 때 관음화상에게 빌자 묘원이 도우러 온다. 「일락정기」에서는 억울하게 옥에 갇혔던 채운이 백련암으로 인도되어 가는데 그곳에서 과거 채운의 어머니에게서 관음화첩을 시주 받은 일이 있었던 비구니 혜원을 만난다. 채운은 백련암에서 아들 복성을 낳는다. 그리고 채운의 남편 서몽상은 나중에 관음의 몽중 계시를 받은 혜원의 인도로 백련암에서 가족과 상봉하게 된다.

    허구적 인물로서의 비구니의 묘사에 초월성이나 신성보다 인간성이 부각되는 경향은 한국 고전소설에 도교 여승이 나타나지 않는 현상과 같은 맥락에서 이해될 수 있다. 왜냐하면 이 두 경우 모두 여성 원조자의 신통력을 억제하여 소설에 환상적 요소를 줄이는 효과를 낳기 때문이다. 고전소설에서 남성 원조자는 비구나 신선으로 나타나지만, 여성 원조자의 경우는 거의 대부분이 비구니이다. 물론 고전소설에서 선녀나 서왕모 같은 도교적 인물이 원조자나 예언자의 기능을 하는 경우가 있다.[147]

---

147) 도교적 여성 원조자의 빈번한 등장은 조선 후기 문학에 점차 커지던 중국 소설의 영향이 아닐까 생각한다. 『女仙外史』와 같이 전적으로 신선세계를 그린 중국 소설이

「권룡성전」에서는 선녀가 내려와 최낭자를 구출하여 무릉도원으로 안내한다. 그리고 「방주전」에서도 정부인과 시어머니가 도적에게 잡혀 있을 때 선녀의 도움을 받아 목숨을 유지한다. 「이등상강록」에도 「담바고전」처럼 서왕모, 지장보살, 마고선녀 등 도교적 인물과 불교적 인물이 융합되어 나타난다.[148] 이러한 일련의 예에도 불구하고 고전소설 전반에 나타난 여성 원조자의 분포를 수적으로 따져 보면 선녀의 출현빈도수는 비구니에 비해 적다.[149] 여성 원조자의 경우 환상적인 능력을 지닌 도교적 인물이 남성 원조자의 경우보다 적다는 사실은, 조선의 여성들이 처한 봉건적 사회현실에서처럼 허구의 세계에서도 유교적 성이데올로기의 제재를 받고 있음을 간접적으로 증명한다. 그러나 아이러니하게도 이 '성차별'은 텍스트의 사실주의적인 면을 강화하여 현대적인 시각으로 볼 때 지나치게 초현실적인 경향이 강한 고전소설의 미학적 균형을 맞추는 부수적 효과를 낳기도 한다.[150]

원조자역할을 하는 비구니의 특징 가운데 하나는 그녀의 원조행위가 주로 강, 호수, 바다와 같이 물과 관련된 장소에서 일어난다는 점이다. 고전소설에서 보이는 비구니의 자비행은 길이나 산이 배경이 되기도 한

조선에서도 널리 읽혔음을 고려할 때 번안소설이나 번역소설뿐만 아니라 창작소설에도 중국 소설의 영향으로 선녀를 더 자주 등장시키게 되었는지 연구해 볼 필요가 있다.

148) 도교 여승, 즉 도고는 도교의 여성 출가자로서 천상계의 존재인 선녀와 근본적으로 다른 유형의 인물이다. 도교 여승을 작중인물로 등장시키는 소설 가운데 가장 대표적인 소설로 「홍루몽」이 있다.
149) 이 현상은 숭유 정책 아래 형성된 조선의 사회·문화적 풍토에서 도교가 조직적인 종교체제로 강력하게 뿌리를 내리지 못했던 역사적 현실과 무관하다고 할 수 없다.
150) 물론 비구니가 느닷없이 출현하는 방식이 '사실적'이라는 의미는 아니다. 여주인공이 위기에 처했을 때 성직자가 아닌 평범한 인물이 구조자로 등장하는 '사실주의'적인 소설도 있다. 「옥루몽」에서 주인공 강남홍이 물에 몸을 던지자 거기서 헤엄을 치던 손삼랑이라는 여인이 그녀를 구출한다.

다. 그러나 이 모든 장소 가운데 가장 흥미로운 곳은 물과 관련된 곳인데, 그 이유는 이러한 장소들이 죽음과 소생의 복합적인 의미를 지닌 공간이기 때문이다. 깊은 물은 도피 중인 여자인물들에게 막다른 골목을 의미한다. 이들은 추적자에게 쫓기다가 큰 강이라는 장애물에 맞닥뜨리면 절박한 심정으로 물에 뛰어듦으로써 스스로의 목숨을 끊으려 한다. 어떤 소설에서는 여주인공이 강을 건너는 중 선상에서 악당들에게 인질로 잡히기도 한다. 선상에서의 시련은 종종 동행하던 가족이나 하인을 잃게 되면서 극적으로 증폭될 때도 있다. 이 같은 위기상황은 「사씨남정기」, 「쌍주기연」, 「소운전」 등 많은 작품에 나타난다. 전통사회에서 강이나 호수에 투신하는 것이 과연 여자들에게 가장 흔한 자살방법이었는지는 확실하지 않다.151) 하지만 고전소설 속의 비구니는 물과 인접한 장소에 위치한다는 점, 그리고 그녀가 관음보살과 연결되어 있다는 점을 두고 볼 때, 비구니의 성격을 규정하는 소설적 작업이 물이 지닌 종교적 상징성과 연결되어 있음은 분명하다.

　생명이나 정절을 잃을 위험에 처한 여인에게 강이나 호수는 명예로운 죽음의 장소가 될 수도 있고, 한편으로는 기적적인 구조의 장소가 되기도 한다.152) 다시 말해 강이나 호수는 액운이나 악업이 소진하여 생의 극적 반전이 이루어지는 전환점역할을 한다. 절은 여자인물이 위기로 소

---

151) 투강이 아닌 방법으로 자살을 시도하는 예를 들자면, 「윤선옥전」에 나오는 박부인은 은장도로 목숨을 끊는다.
152) 물의 이중적 기능을 좀 더 넓은 의미로 확대해석해 볼 수 있는데, 예컨대 황패강은 물의 모티프를 '가능성의 총체', 즉 '일체의 존재 가능성의 원천'으로 본다.(황패강, 『한국서사문학연구』[단국대 출판부, 1972], 148쪽) 김미란은 물의 '생산성'에 주목하여 물속에 잠기는 것은 존재 이전의 '未分의 상태로 회귀'하는 것을 상징하고 반대로 수면 위로 떠오르는 것은 '창조'를 상징한다고 본다.(김미란, 『한국소설의 변신 논리』[태학사, 1998], 116쪽)

진한 심신을 재충전하고 복된 미래를 준비하기 위해 통과하는 공간인데, 강이나 호수 혹은 바다는 바로 그 절로 이동하기 위한 관문의 기능을 하는 셈이다. 이러한 이중적 의미구조의 핵심에 비구니가 자리 잡고 있다는 사실은 불교문학에서 흔히 다루어지는 물과 관음보살의 유기적인 관계를 다시 한번 강화시켜 준다.

작중 인물로서의 비구니가 비평적 관심을 끄는 또 하나의 중요한 이유는 추격자에게 쫓기는 여자인물이 일시적으로 승려의 신분을 이용한다는 점이다. 삭발위승 모티프는 두 가지 방식으로 나타난다. 첫째는 도피 중인 여자인물이 여승의 외관을 잠시 빌리는 형태이다. 여승이라는 신분이 요구하는 외관상의 특징인 삭발, 중성적 복장, 챙이 넓은 여행용 모자 등은 도피 중인 세속의 여자들에게 변장의 수단으로 쓰인다. 「조웅전」을 예로 들면, 왕부인과 어린 아들 웅은 눈앞에 닥친 위험을 피하기 위해 머리를 깎는 장면이 나온다. 그 결과 두 사람은 여승과 젊은 제자처럼 보이게 되고 따라서 안전하게 피신 길에 오를 수 있게 된다. 「이진사전」에서 경패는 남편을 찾기 위해 길을 나서는데 이때 삭발위승한다. 「이정난전」에서는 온부인과 춘옥이 여승들을 만나 청양산 화원승방으로 가는데 거기서 춘옥은 다른 사람들의 의심을 피하기 위한 방편으로 머리를 깎고 승복을 착용한다.

흥미롭게도 여승변장 모티프가 남자 인물에게 적용될 때도 있다. 17세기 국문소설인 「서해무릉기」에 나오는 유연은 금강산에서 삭발하고 출가하는데, 잃어버린 아내를 찾기 위해 길을 나섰다가 꿈에 금산사 부처를 본다. 그리고 최소저를 찾기 위해 여승으로 변장하고 여자들이 있는 집을 찾아다닌다.

피신 길에 나선 여자인물 중에서는 일시적인 삭발위승에서 한 걸음 더 나아가 정식 수계 비구니가 되어 당분간 절에서 생활하는 경우도 적지 않다. 「장풍운전」에서 풍운의 어머니와 아내는 둘 다 그 같은 변신의 과정을 겪는다. 비구니 청정은 길에서 어린 아들 풍운을 비롯하여 모든 것을 다 잃어버린 양부인을 만난다. 청정이 양부인을 단원사로 데려오자 양부인은 거기서 삭발수계하여 '계원'이라는 법명을 받는다. 앞에서 언급한 대로 풍운의 처, 경패도 단원사로 오게 되는데 자신들이 고부관계임을 알지 못하는 경패는 계원의 제자가 되어 '청신'이라는 법명을 받는다. 이와 비슷한 상황이 「이린전」에서도 벌어진다. 두공의 부인 남씨는 적도에게 딸을 빼앗긴 뒤, 그 딸을 찾아 헤매다가 여승을 만나 산사로 들어가 거기서 머리를 깎고 승려가 된다. 그런데 도둑떼에게 잡혀가다 선상에서 투신자살한 두공의 딸 계섬이 용궁에서 3년을 지낸 뒤 인간계로 돌아올 때 어머니가 불전에서 발원하는 말을 듣고 모친이 주석하던 절에서 어머니와 상봉한다. 그 후 계섬도 어머니를 따라 승려가 된다.

「장한절효기」에는 남편의 원수를 찾아다니다 출가를 하는 두 여인의 이야기가 나온다. 한씨는 자신을 탐내어 남편을 죽인 오세신을 독살하고 도망가다 아들마저 잃고 자결하려 한다. 그러나 아들의 생사가 궁금하여 차마 죽지 못하고 제인사라는 절로 들어가 여승이 된다. 한편 오세신의 부인 진씨는 남편을 독살한 한씨를 찾아 헤매다가 뜻을 이루지 못하고 입산하는데 그녀가 출가한 절 역시 제인사이다. 이 밖에도 여승 변신모티프의 예는 많다. 「김진옥전」의 여부인은 독실한 불도로 운산 화주암에서 발원하여 진옥을 낳았는데, 진옥을 화주암에 공부하러 보낸 뒤 난리가 나서 도망치다가 불시암으로 가게 된다. 거기서 '화원'이라는 법명의 비구니가 되어 헤어진 남편과 아들을 만나기를 기원한다. 앞에서 언급한 「옥봉쌍인」의 등부인도 보은에게 구출된 후 보은의 안내로 황각사로 출가한다. 여자 인물의 출가모티프는 「최현전」, 「주봉전」 등 여타 소설에도 널리 나타난다.

변복의 방편을 쓰는 가장 큰 목적은 도피 중인 여인이 자신의 신분을 적에게 노출시키지 않으려는 것이다. 그런데 여기서 중요한 사실은 비구니라는 신분이 작중 여자인물의 지리적 이동을 자극하여 텍스트상의 공간을 확장하는 편리한 방법으로 이용된다는 점이다. 어떤 의미에서 변장은, 양반계층의 여인이 사회로부터 낙인찍히거나 독자로부터 도덕적인 비난을 받지 않고 내실이라는 제한된 공간으로부터 해방되어 자유로이 공간이동을 할 수 있는 합리적인 서술적 기제이기도 하다. 넓게 트인 행동의 장에서 여주인공의 운명은 극적인 변화를 겪는다. 그러므로 승려로의 변장은 모험소설적 요소를 첨가하여 소설의 줄거리에 굴곡을 주고 그로 인한 극적 효과도 증대시키는 효율적인 도구로 활용된다.[153]

승려로의 변장 내지는 변신모티프가 갖는 사회적 의미를 빅터 터너(Victor Turner)의 역閾(liminality)이론의 관점에서 접근해 볼 수 있다. 라틴어로 '문턱'을 가리키는 '리멘limen'이라는 단어에서 기원한 '역閾'이라는 용어는 통과의례기간 동안 의례의 주체가 무정형無定型의 상태에 머무는 것을 가리킨다. 격리, 역, 재진입의 세 단계로 나뉘는 통과의례 가운데 두 번째 단계인 역의 단계에서 의례의 주체는 마을공동체 및 모든 정상적인 사회활동으로부터 격리된다. 격리기간 동안 그들은 이름, 복장, 성별, 사회적 역할, 재산 등 자신의 정체성을 구성하는 모든 상징에서 벗어나 불안정한 영역에 놓인다. 이것은 일종의 사회적 '연옥'(limbo) 또

---

[153] 이 점은 서구의 피카레스크소설과 비교될 만하다. 이러한 유사점을 김용범도 지적하고 있다.(김용범, 「만해 한용운의 소설 「흑풍」 연구-포교문학 또는 고전소설의 기법적 측면에서」, 『한양어문연구』 8[한양대학교 어문연구회, 1990], 99쪽)

는 사회활동과 인간관계에 있어 신구의 두 패러다임이 교체되는 '틈새' 같은 순간이다.154) 터너는 통과의례의 과정을 상징적으로 재해석함으로써 사회가 자정능력을 발휘하여 스스로 구조조정해 나가는 방식을 보여 준다. 그는 또한 통과의례의 시련을 함께 거치는 이들이 공유하는 비수직적 유대관계를 가리키는 용어로 '공동체의식'(communitas)이라는 개념도 만들어 냈다.

앞에 열거한 상류층 여인들이나 「조웅전」에서와 같이 양반 모자가 함께 비구니로 변장 또는 변신하는 상황은 터너의 이론적 틀에 아주 잘 들어맞는 설정이다. 우선, 이 인물들은 자신의 옛 신분과 지위를 드러내는 모든 상징들을 벗어 버리게 된다. 이들이 지녔던 사회적 신분과 대인관계가 사라지면서 그들은 세상으로부터 멀리 떨어진 산속의 암자로 안내된다. 물론 그들이 외딴 절에 머무는 것은 일시적이다. 이들이 사회로 재진입할 때에는 새로운 지위를 부여 받는다. 이러한 제의극祭儀劇의 핵심적인 주제는 이 인물들이 불교의 출가공동체 안에서 그 평등정신에 침잠해 볼 기회를 갖는다는 데 있다. 불교공동체의 자비정신을 경험하는 데서 오는 긍정적인 효과는 그들이 소설의 결말에서 자신들이 속한 사회에 새로운 질서를 부여하려고 할 때에 구체적으로 드러난다.

자비행은 종교공동체가 지향하는 이상적 대인관계의 불교적 발현이다. 비구니로의 변장모티프를 터너의 이론으로 해석하는 데 가장 관건이 되는 것은 작중 인물이 바로 이러한 자비정신을 받아들이느냐 받아들이지 않느냐 하는 점이다. 이 질문에 대한 답은 변장모티프를 그와 유사한 모티프, 즉 남장을 통해 여자의 신분을 감추려는 모티프와 비교해 보면

---

154) Victor Turner, *From Ritual to Theatre: The Human Seriousness of Play*(New York: Performing Arts Journal Publications, 1982), p.232.

쉽게 찾을 수 있다. 고전문학에서 남장모티프로 유명한 장르는 여성 영웅소설이다. 이 장르는 남자로 변복한 여주인공이 전투에 참가하여 뛰어난 전략가로 또한 용맹스러운 전사로 명성을 쌓고, 궁극에는 군사지도자로서 최고의 지위까지 오르는 과정을 보여 준다. 이러한 주인공들이 시도하는 남장과 또 그에 동반하는 양성초월적 요소는 분명 비구니 변장모티프와 유사성이 있다.

그러나 여성 영웅소설은 두 가지 면에서 터너의 이론적 틀에서 벗어난다. 첫째, 서술구조상으로 볼 때 이 장르의 여주인공은 사회 주변으로부터 사회의 중심으로 진출하는 형태를 취한다. 그러나 그녀가 제의극의 결말부분인 세 번째 단계, 즉 재진입과정에서 언제나 출발점으로 회귀하는 것은 아니다. 「방한림전」과 같은 극단적인 경우 주인공은 사회의 중심부에 남자로 남아 있으면서 심지어 다른 여자와 결혼까지 한다. 다시 말해 주인공은 자신이 세운 목표를 성취한 후 본래의 여성성을 회복하기를 거부하는 것이다.

둘째, 소설의 주제면에서 볼 때 여성 영웅소설 장르는 '공동체의식'으로 정의되는 평화 및 평등 정신을 실현한다고 볼 수 없다. 물론 이 장르의 소설들은 양성평등을 강조한다. 그러나 이 작품들이 남성적 무용을 사회변동의 힘으로 미화하고 인정하는 것은 공동체의식의 정신과 상반된다.[155] 이와 대조적으로 상류층 여인이 비구니로 변장하여 절로 피신

---

155) 박명희는 「홍계월전」에서 남장 영웅인 계월이 사회로부터 인정을 받는 것은 '여성으로서가 아니라 가짜 남성으로서' 이룬 업적에 대한 것이라고 주장한다.(박명희, 「고소설의 여성중심적 시각 연구」,[이화여대 박사학위 논문, 1990], 42쪽) 이인경도 계월이 속한 사회는 '계월의 여성성보다 평국의 남성성을 찬양'한다고 비판한다.(이인경, 「홍계월전 연구―갈등양상을 중심으로」,『관악어문연구』17[서울대 국문과, 1992], 246쪽) 이 주장에 대해 김연숙은 「홍계월전」 등의 여성 영웅소설이 가부장적인 한계를 드러내고 있음은 인정하지만, 다른 한편으로는 남성 중심적인 사고와 제도를

하는 작품들의 경우 보통 그 여인을 따르는 종이나 하녀들도 승가의 수행공동체 생활에 동참하는 것으로 처리된다. 「위씨절행록」에서 위씨가 산사로 출가할 때 시비 선의와 옥진도 함께하여 위씨는 '백원'이라는 법명을 받고 선의는 '옥원', 옥진은 '현원'이라는 법명을 받는다. 「강릉추월」에서도 조부인은 '난혜당', 그녀의 종 춘랑은 '설월당'이라는 법명을 받고 백운암의 승려가 된다. 「금강취유기」에서도 소부인과 시녀 운향이 망운사로 가서 함께 머리를 깎는다. 이처럼 상전과 시비가 상하의 구별이 없이 동일한 의식을 거쳐 도반이 된다는 것은 출가수행 집단 내에서는 계급의 벽이 허물어짐을 의미한다. 비록 이 기간이 아주 짧다 하더라도 절에서의 공동생활은 수직적 사회체제가 정지된 공간에서 새로운 인간관계를 형성할 수 있는 기회를 제공한다. 특히 비구니가 된 시녀가 한때 자기가 모셨던 귀족의 성스러운 구원자역할을 하는 것은 봉건적 계층질서의 전복과 평등사상의 가능성을 상징적으로 제시하는 것이다. 흔하지는 않으나 이러한 상황이 「쌍미기봉연」에서 발견된다. 운아가 죽으려고 강에 빠졌는데, 지난날 그녀의 시비로 있다가 출가한 백매암의 여승 석화가 강변에서 그녀의 시신을 발견하여 절로 업고 가서 소생시키는 장면이 나온다. 이러한 상황설정은 고전소설에서 비구니 변장모티프가 갖는 정치적 의미를 풍부하게 해 주고 따라서 불교공동체의 민주적 이상을 세속세계에 확산시킬 수 있는 가능성을 제시한다.

  그러나 엄밀히 말해, 고전소설 작자들이 비구니를 형상화하는 과정에서 얼마만큼 불교에 대한 지식이나 관심을 갖고 있었는지에 대해서는 다소 회의적이다. 따라서 위에서 언급한 반봉건적 상징물로서의 비구니

  비판하는 측면도 있음을 간과하고 있다고 지적한다.(김연숙, 『고소설의 여성주의적 연구』[국학자료원, 2002], 197쪽)

의 자비행과 수행공동체인 절이 갖는 현실적인 의미를 좀 더 비판적인 각도에서 살펴볼 필요가 있다. 소설 속에서 비구니의 도움을 받는 귀부인들 가운데에는 임신한 상태이거나 어린 자식과 동행하는 경우가 적지 않다. 후자의 대표적인 경우가 「조웅전」이다. 문제는 고전소설 작가들이 임신부의 출산모티프를 어떻게 처리하는가이다. 임신부가 절로 피신하는 상황을 담고 있는 소설로는 「강릉추월」, 「봉황금」, 「사설기봉」, 「곽장양문록」, 「금강취유기」, 「소운전」, 「옥소기연」, 「월봉기」, 「위씨절행록」, 「이정난전」, 「주봉전」, 「천도화」 등이 있다.

작품마다 약간의 차이는 있으나 고전소설에서 출산이 처리되는 방식에서 몇 가지 흥미로운 점이 발견된다. 비구니의 안내를 받아 절로 피신하게 된 임신부들은 그 경위가 어떠했건 거의 예외 없이 절에서 해산한다. 여기서 주목할 점은 절에서 태어나는 아이들의 절대 다수가 아들이라는 것과 또 하나는 이 신생아들이 절에서 크지 못하고 산문 밖으로 퇴출된다는 점이다. 아기는 양자로 입양되거나 길가에 버려진다. 후일 이 아이는 역경을 딛고 성인이 되어 사회와 가정을 구하는 훌륭한 영웅의 모습으로 생모에게 돌아온다.[156] 「강릉추월」을 예로 들면 조부인의 아들은 자식이 없는 산 아랫마을의 설영국에게 입양된다. 「옥소기연」의 소부인은 아들을 낳아 '소남'이라 이름 짓는데, 월정암의 주지 월정은 아이를 절에서 기를 수 없다 하여 이여정의 양자로 맡긴다. 「금강취유기」에서는 소부인이 망월사에서 유복자를 낳는데, 여승들이 불결하다며 사하촌의 장대복이라는 부자에게 보내도록 한다. 먼 훗날 이 아들은 어사

---

156) 조동일은 '영웅의 일생'을 일곱 단락으로 나누는데, 그 가운데 네 번째 단락이 어려서 기아가 되어 죽을 고비에 이르는 단계이다.(조동일, 『신소설의 문학사적 성격』[서울대학교출판부, 1973], 74쪽)

가 되어 어느 여승이 올린 소장을 보게 되는데, 이 여승이 바로 자신의 어머니임을 발견한다. 「소운전」에서도 비슷한 상황이 벌어진다. 정씨가 옥동자를 낳자 그녀가 머물고 있는 자호암의 여승들은 비구니암자에서 아기를 기르기가 곤란하다고 반대하여 이 아기는 결국 산문 밖으로 버려진다. 「봉황금」과 「주봉전」에서도 같은 이유로 아이를 절 밖으로 내보낸다. 「주봉전」은 여기에 극적 요소를 첨가한다. 이부인이 칠보암에서 해산하자 여승들의 권유로 아기를 우물가에 버리는데 나중에 이 아기는 장추경의 눈에 띄어 '해선'이라는 이름으로 입양된다. 「주봉전」이 다른 작품들과 다른 점은 이씨가 아기를 버릴 때 아기의 왼편 발가락을 잘라 옷깃에 봉하는 부분이다. 먼 훗날 우여곡절 끝에 해선이 버선 신는 모습을 보게 된 이부인은 그가 자기 아들임을 알아차린다. 이와 같이 아기의 잘린 발가락은 신분확인과 모자상봉의 계기가 된다.

여러 작품에서 반복적으로 나타나는 사찰에서의 출산과 유아퇴출 모티프는 원조자로서의 비구니의 이미지에 심각한 문제를 제기한다. 위험에 처한 산모는 절로 데려오면서 갓난아기는 절 밖으로 쫓아내는 모순을 어떻게 해석할 것인가? 절에 아기를 둘 수 없다는 공통적인 이유는 그곳이 여승의 처소라는 것이다. 산문 밖으로의 유아퇴출은 절에서 태어나지 않고 피원조자가 데리고 온 아이들에게 적용되기도 한다. 「이윤구전」을 보면 쌍둥이를 낳은 최부인이 여승을 따라 산사로 들어오는데 여승들이 불결하다며 최부인 몰래 두 아이를 내다버린다.[157] 이러한 '비윤

---

157) 「이윤구전」과 상반된 경우도 있다. 「장풍운전」에 등장하는 연경사의 청원이라는 비구니는 풍운이 맡기고 간 어린 처남, 즉 경패의 남동생을 칠 년 동안 키워 주는 대리모역할을 한다. 또한 「정진사전」에서도 거지들이 박부인의 아들 금석을 강물에 던져 죽이려 할 때 여승이 나타나 금석을 사서 천불사로 데려간다.

리적'인 행위와 승려로서 추구하는 자비사상 간의 괴리 내지는 위선을 어떤 식으로 이해할 것인가라는 질문이 자연스럽게 제기된다. 이에 대한 가장 간단한 해석은 비구니들이 청정승가로서의 위상을 유지하기 위해 취하는 조치, 다시 말해 아기로 인해 야기될 비구니들의 파계와 음행에 대한 의심을 차단하기 위한 행위로 보는 것이다. 그러나 이는 전적으로 만족스러운 해석이 못 된다. 왜냐하면 비구니들이 신생아 유기라는 극단적인 행동을 취하지 않으면 안 되는 상황에 대해 고뇌하는 모습이 없기 때문이다. 다시 말해 여승들의 내면세계나 자의식이 심도 있게 다루어지지 않는다는 뜻이다. 비구니들이 외부인에 대한 자신들의 이미지를 염려하는 모습은 언급되지만, 승가의 모습은 대체로 피상적인 서술에 그치고 만다. 이는 고전소설 작자들이 계율과 현실의 괴리로 인한 갈등을 여승의 형상화나 서술구조상의 주요 요소로 보지 않았다는 의미이다.

비구니 원조자를 따라 산사로 피신하는 임신부 가운데에는 정식 승려가 된 후 출산하는 인물도 포함된다. 「주봉전」의 이부인이 그런 경우이다. 이부인은 임신한 상태에서 칠보암으로 들어가 머리를 깎고 여승이 된다. 이 일이 있은 후 아들 해선을 낳는다. 이와 같은 선출가 후출산의 사건전개는 어떤 관점에서 보아도 계율에 어긋난다. 여주인공의 삭발이 진정한 의미에서의 출가가 아닌 일시적 위장술에 불과하다 하더라도, 그녀는 비구니 신분으로 아이를 낳은 셈이고 다른 비구니들은 이 사실을 은폐하기 위해 아기를 산문 밖으로 내보내는 것이 된다. 여기서 다시 한 번 강조하고자 하는 문제점은 자비심과 계율 사이의 딜레마가 고전소설의 주된 관심사가 아니라는 점이다.[158] 만약 소설 작자들이 파계로 인한

---

158) 율장은 임신한 여인이 출가할 수 없도록 규정하고 있기 때문에, 고전소설에서 임신한 여인들이 일시적으로 출가승이 되는 현상은 엄격히 따져 현실적으로 불가능한

비구니들의 번민을 중요하게 여겼다면, 이해할 만한 설명을 생략한 채 선출가 후출산이라는 역순의 행동을 전개시키지 않았을 것이다.[159]

그러면 자비로움과 비정함을 동시에 갖춘 비구니의 상반된 이미지와 행동은 어디에서 기인한 것인가? 이에 대한 한 가지 답을 고전소설에 나타난 영웅의 성장과정에서 찾아볼 수 있다. 어린아이가 생모와 이별하고 절에서 쫓겨나는 모티프는 영웅의 생애에서 초반 역경의 단계를 형성한다. 영웅의 초반 고생은 하나의 전형으로서 고전소설에 보편적으로 활용되는데, 이 틀에 따라 주인공을 창조하는 과정에서 비구니는 편리한 소도구로 이용되는 것이다. 산모는 영웅의 어머니로서 현모의 전범이어야 하므로 산모가 자발적으로 아이를 유기할 수는 없다. 여기에서 비구니들이 필요악을 범하게 된다. 비구니를 독립적인 인물로 일관성 있게 형상화하지 않고 플롯의 전개과정에서 편리한 도구로 취급한 결과, 원조자로서의 비구니는 자가당착적인 행동과 윤리적 오류를 범하는 종교인으로 전락하는 것이다. 산모와 유아에 대한 여승들의 이율배반적인 태도는 허구적 인물로서의 비구니 담론이 지닌 맹점을 적나라하게 드러낸다. 이 맹점은 소설의 도덕적 구조를 밑에서부터 해체시키는 '균열'을 초래한다. 이 해석의 타당성은 앞으로 다룰 요승으로서의 비구니의 이미지와 역할에서 재확인된다.

일이다.
159) 지계정신이 고전소설 작자들의 주된 관심사가 아니라는 또 하나의 방증을 비구니들의 도강모티프에서 찾을 수 있다. 율장에 따르면 비구니는 비구의 동행 없이 강을 건널 수 없도록 규정되어 있다. 그러나 이 절에서 논의된 고전소설 가운데 비구가 도강하는 비구니의 보호자로 등장하는 소설은 없다. 이는 계율에 대한 작자들의 무지 때문이라기보다 소설에서 부차적인 인물에 불과한 여승들의 실제 생활에 대한 무관심이 빚은 결과로 보인다.

여승과 요승

고전소설 가운데 요승으로서의 비구니가 등장하는 대표적인 작품은 「임화정연」(일명 「사성기봉」), 「낙천등운」, 「쌍천기봉」과 그 속편인 「이씨세대록」, 「충렬소오의」 등이 있다. 「홍루몽」이나 「요화전」과 같은 중국 소설에도 사악한 비구니가 등장한다. 요승으로 간주되는 인물들의 속성은 대체로 음란한 행동을 하거나 악인이 흉계를 꾸미는 데 공범역할을 하는 것이다.

먼저 음녀로서의 비구니는 어떻게 묘사되는지 살펴보자. 회장체 대하소설인 「임화정연」에 나오는 묘정은 속리산 청아암의 주승인데, 그녀는 이 절을 찾는 남자들을 유혹하여 가두어 놓고 음행을 저지르면서 자기 말을 듣지 않는 사람들은 죽이기도 한다. 그녀에게는 부자 오빠와 장군 삼촌이 있어서 관가에서는 그녀의 악행을 알면서도 처벌하지 못한다. 여승을 성적으로 문란한 인물로 그리는 또 다른 소설로 「낙천등운」이 있다. 이 작품은 주인공인 왕공자가 산사로 갔을 때 그 절의 여승이 쾌심快心을 먹고 그를 유혹하는 장면이 나온다. 이 여승은 왕공자가 자기의 유혹에 빠지지 않자 그가 절의 보물을 훔쳐 갔다고 관가에 고발하여 왕공자를 체포하게 만든다. 「낙천등운」은 서민들의 군상을 자세히 묘사한 작품으로 유명한데, 요승모티프는 사회 저층민 생활상의 한 단면으로 제시된다. 그녀의 유혹과 모함은 통속소설적 요소로, 귀족으로 태어난 주인공이 조실부모한 후 평민으로 추락하여 어려움을 겪다가 신분을 회복하는 과정을 흥미진진하게 만들어준다.160) 「홍루몽」에는 진종이 밤에

---

160) 김기동, 『한국고전소설연구』(교학연구사, 1981), 456쪽.

만두암에서 몰래 만나는 젊은 여승 지능이 나온다. 지능은 나중에 진종을 만나러 경도로 도망쳤다가 그의 아버지에게 들켜 쫓겨나기도 한다. 「쌍천기봉」의 경우 요승의 모티프를 좀 더 재미있게 발전시켜, 여승이 남장男裝 여인을 유혹하는 장면을 설정하고 있다. 소부인이 남복을 입고 피신하던 중 산사에서 묵을 때 그 절의 여승이 욕정을 품고 소부인에게 접근한다. 이 여승을 피해 도망가던 소부인은 동정호에 이르러 자살을 하는데 이 장면에서는 여도사가 나타나 그녀를 구해 준다. 이 두 여승은 소설 속에 나타난 비구니의 양극화 현상, 즉 악녀와 성녀의 모습을 대표한다.

요승의 두 번째 유형은 악행을 주도하거나 악인의 간계에 보조자역할을 하는 인물이다. 「쌍천기봉」의 속편인 「이씨세대록」은 총 26권으로, 여자 도승 혜선은 악녀 노씨의 술사로서 소설 중반부터 여러 권에 걸쳐 맹활약한다. 혜선은 노씨가 복수를 꾀하러 종남사라는 절로 들어갈 때 그녀에게 도술을 가르쳐 노씨의 음모를 실현시키는 데 결정적인 기여를 한다. 이 여승은 또한 현몽과 같은 도술을 통해 노씨와 이백문의 혼인을 성사시키고 화씨와 이홍문의 살해계획도 진행시킨다. 뿐만 아니라 이 요승은 계교를 써서 선한 여인들이 다른 남자와 통정하는 것처럼 거짓 편지를 쓰거나 역모의 누명을 씌우는 일도 주도한다. 혜선은 자신에게 도술을 배운 금정도사의 손에 의해 말로를 맞는데, 이 요승의 몰락이 갖는 아이러니는 권선징악의 주제를 더욱 강조하는 효과가 있다. 앞에서 언급한 「홍루몽」에도 간교한 늙은 여승 정허가 나온다. 「요화전」에서는 주인공인 요화가 송취암의 비구니들과 어울리다가 그 요승들의 영향으로 도심이 흔들려 나쁜 길로 빠지는 것으로 그려져 있다.

이상에서 본 바와 같이 고전소설에서 주변적 존재인 비구니도 선인형과 악인형으로 구분되지만 후자로 묘사되는 경우가 많지는 않다. 요승이나 간승은 남승에게 더 흔하다. 따라서 고전소설에 나타난 비구니는 기본적으로 지혜롭고 자애로운 성인의 역할을 담당한다고 결론지을 수 있다. 그러나 그들의 모습에는 사실주의적 심리묘사가 결여되어 있고 따라서 '다면적인' 특성을 지닌 개인이 아니라 생명력이 없는 일차원적 유형에 가깝다. 비구니의 서사기능은 좌절의 순간에도 도덕적으로 타협하지 않는 선한 여인들을 돕고 이끌어 주는 역할에 한정되어 있다. 고전소설에서는 출가수행자로서의 비구니의 정신세계에 대한 탐구나 구도의 역정, 수행집단 구성원 간의 인간적 갈등, 또 비구니승가와 비구승가와의 관계 등은 다루어지지 않고 있다. 하지만 이러한 피상적인 성격묘사가 여승에만 국한되지는 않는다. 이 문제는 근본적으로 고전소설이라는 장르에서 일반적으로 행해지는 유형론적 인물묘사방법에서 기인한다.[161]

고전소설에 나타난 비구니는 대체로 자비와 지혜의 상징이지만, 이를 통해 전통시대 한국 비구니의 모습을 엿보기는 힘들다. 비구니가 등장하는 작품의 수는 적지 않으나 대부분의 묘사가 천편일률적이라 특수한 역사적 현실을 반영하는 깊이 있는 정보는 찾기 힘들다. 앞에서도 언급했듯이 국내 창작소설과 중국 소설 간에 비구니에 대한 근본적인 시각상의 차이도 찾아내기 어렵다. 수적으로 번역이나 번안소설이 많을 뿐만 아니라 창작소설마저도 중국을 배경으로 한 작품이 많아서 굳이 조선의 비구니승가를 소설화했다고 유추할 만한 요소가 희박하다. 현실과 허구의 이러한 차이는 일인칭 서술로 진행되는 가사장르보다 삼인칭 서술

---

161) 이 인물묘사의 방법은 고전소설과 근대소설을 구분하는 기준이기도 하다. 이 둘의 차이는 서양문학사에서 '로망스'(romance)와 '소설'(novel)의 차이와 자주 비교된다.

형태인 고전소설에서 더 큰 것 같다. 일인칭 서술에서는 내면적 사고가 직접적으로 표출되는 인상을 주지만, 삼인칭으로 전개되는 소설에서는 비구니가 단지 관찰대상에 지나지 않기 때문이다. 게다가 여승을 소재로 한 가사작품들과는 달리 고전소설에는 수많은 작중 인물들이 등장하므로 여승은 서사공간 내에서 독자적인 존재로서 주목을 끌지 못한다. 고전소설이 지닌 장르적 제약과 한계로 인해 원조자로 전형화된 비구니 인물은 개화기소설에 이르러서야 서서히 개별화되기 시작한다.

3장 초월계에서 인간계로: 개화기소설과 비구니

개화기는 19세기 말 개항과 함께 시작된 봉건사상의 배척 및 근대적 문물의 수용으로 인하여 한국 사회 전반에 걸쳐 커다란 변화가 일어난 시기이다. 이 변화의 여파로 여성의 지위에 대한 인식이 바뀌면서 남존여비사상의 폐단에 대한 비판이 일어나고 여성의 교육과 사회 진출에 대한 요구가 강력히 대두되었다. 개화기문학은 전환기의 사회상을 반영하는 동시에 계몽문학이라는 용어가 가리키듯 사회변혁을 주도하는 역할도 담당하였다.

신구질서가 병존하던 시기를 대변하는 개화기문학과 그 이후 도래한 본격적인 근대문학에서 비구니는 어떤 위치를 차지하고 있는가 하는 문제가 이 장의 주된 논의 과제이다. 개화기문학의 시대적 배경과 문예적 특징에 대해서는 활발한 연구가 이루어져 왔다. 그러나 비구니라는 관점에서 이 시대의 문예활동과 작품들을 살피는 작업은 아직까지 시도된 적이 없다.

이 장에서는 20세기 초반에 나온 소설 두 편을 분석 대상으로 한다. 개화기에 나온 소설 가운데 비구니를 다룬 작품으로는 이인직이 1908년에 상편을 쓰고 그 후 김교제가 후편을 덧붙여 1911년에 출간한 『치악산』[1] 과 1910년에 발표된 이해조의 「화세계」가 있다. 이 두 소설은 대표적인 신소설로 둘 다 젊은 여주인공을 중심으로 플롯이 전개되는데, 이 주인공들은 피치 못할 사정으로 여승이 되어 이리저리 떠돌며 극적인 사건들을 겪는 인물들이다. 또한 비구니 주인공 외에도 승려나 불교와 관련된 군소인물들을 더러 등장시키고 있으며, 이러한 인물들 가운데에는 여주인공의 원조자 또는 후원자역할을 하는 비구니도 포함된다. 고전문학에서 흔히 보듯 비구니 노승의 출현은 선인역할을 맡은 여자인물의 출가를 유도하는 계기가 된다. 『치악산』과 「화세계」의 작가들도 같은 방식으로 젊은 여주인공의 출가모티프를 처리하고 있다. 또한 비구니의 만행은 서사공간을 확장하고 플롯에 다양성을 주는 방편으로 활용되고 있다. 이러한 면에서 볼 때 이 두 작품은 비구니 원조자를 편리한 서술 도구로 활용하던 전대소설의 사건전개방식을 '계승'한 셈이다.[2]

그러나 신구문화의 전환기에 생산된 소설인 『치악산』과 「화세계」는 고전소설과 근대소설의 과도기적 성격을 띤 작품으로 전통의 계승과 함께 새로운 서술양식의 창조라는 양면적 특성을 뚜렷이 보여 준다. 이 점은 비구니라는 지엽적 인물을 서사구조의 중심부로 끌어들여 텍스트 전면에 내세우는 획기적인 시도에서 확연히 드러난다. 이와 병행되는 또

---

1) 『치악산』은 이인직과 김교제가 각각 상·하권을 쓴 것으로 추정되고 있지만 구체적인 창작과정에 대해서는 자세히 밝혀진 바가 없다. 이 문제에 대해서는 전광용, 『신소설 연구』(새문사, 1986), 142~143쪽 참조.
2) 조동일은 고전소설과 신소설의 관계를 전통의 '단절'로 보는 연구들에 대한 반박으로 '계승'이라는 표현을 사용한다. 그는 『신소설의 문학사적 성격』(서울대학교출판부, 1973)에서 신소설이 단순한 서구문학의 영향으로 생겨난 장르가 아니라 전대소설의 특징을 잇는 성격이 강하다는 설득력 있는 주장을 펴는데, '단절'과 '계승'은 신소설이라는 동전의 양면에 해당한다.

하나의 특징은 비구니를 특수한 능력을 지닌 신이한 인물이기보다 현실계에 몸담고 있는 평범한 인간으로 형상화하는 경향을 꼽을 수 있다. 물론 여승의 소설적 허구화에 인간성이 두드러진다 하여 전대소설에서 보는 환상적 요소가 완전히 사라진 것은 아니다. 단지 신소설은 전대소설보다 작중인물로서의 비구니 묘사에 경험세계의 인간적 보편성을 더 부여한 점이 다르다 할 수 있다.

이러한 변화는 일견 고전소설에 나타난 초월적 세계가 근대전환기 문학에 이르러 사라져 버린 현상, 또 이와 함께 도승이나 선관이 부재하는 현상과 관련이 있는 듯 보인다. 그러나 아래의 각론에서 자세히 다루겠지만, 신문학기에 발견되는 비구니의 인간화는 비구 도승이나 선관이 겪는 변화와 비교할 때 상대적으로 아주 미미한 편이다. 앞 장에서 지적했듯 비구니는 고전소설에서도 기본적으로 천상계가 아닌 인간계에 가까운 인물로 그려졌기 때문이다.

개화기 문학인들의 여승에 대한 시각이 사실적으로 바뀌었다고 해서 그것을 모두 긍정적으로 평가할 수만은 없다.『치악산』과「화세계」의 텍스트에는 오랫동안 지속된 조선조의 부정적인 승려관이 깊이 배어 있을 뿐만 아니라, 불교신앙도 청산해야 할 악습의 일부로 간주하는 계몽적 시각도 함께 깔려 있다. 이들은 전근대적 가치와 인습에 대한 비판과 미신타파라는 거대한 시대적 담론에 부응하여 조선 말의 기복불교를 사상개조 및 풍속개량의 대상으로 본 것이다. 조선 유학자들의 척불사상과 개화기 지식인들의 과학적 세계관이 지향한 바는 다르지만 불교에 관한 한 두 부류가 모두 적대적인 입장을 취했다.[3] 보수와 개혁, 봉건과 근대

---

3) 이 현상은 기독교에 대한 호의적인 인식과 사뭇 구별된다. 이해조의 소설에 나타난 기독교에 대한 우호적인 표현과 묘사에 대해서는 김광용,「이해조 소설 연구」,『국문

의 상반된 두 시대정신이 개화기에 진행된 비구니의 소설화 작업에 있어서만은 서로 공조하였다는 뜻이다. 이는 분명히 아이러니이다.

　신소설 작가들은 비구니라는 인물의 개인적 특수성에 관심을 기울였다. 이것은 인간성이 제거되고 정형화된 집단으로 존재한 전통소설 속의 비구니들과 차별화하기 위해서였다. 이런 노력에도 불구하고 신소설 텍스트에 구현된 비구니상에서는 전환기문학의 모호함이 은연중에 드러난다. 비구니를 개별화된 작중인물로 형상화하면서도, 인물의 성격이 텍스트의 내적 전개논리보다는 작가의 주제의식, 즉 텍스트 외적 힘에 의해 규정되는 고전소설기법의 여전히 남아 있다.

　『치악산』과 「화세계」는 비슷한 시기에 출판되었고 근대로의 이행기에 나타난 문예사조를 공유하는 면도 있지만, 이 두 소설은 여승에 대한 주제의식과 구체적인 서술방식에 있어 뚜렷한 차이를 보인다. 이러한 차이점을 고려하여, 이 장에서는 신문학기의 소설이 갖는 다양한 특성이 『치악산』과 「화세계」의 비구니 인물묘사에 어떻게 반영되고 있는지 살펴보고 그런 인물이 갖는 사회적 의미를 고찰하려 한다.

『치악산』과 여승의 희화화

　먼저 『치악산』에 있어서, 전통의 계승과 혁신이라는 신소설의 양면성 가운데 전대소설의 비구니 유형을 답습하고 있는 측면부터 살펴보자. 이 소설에 여승으로 등장하는 주요 인물은 작품의 주인공인 이씨 부인과 이씨가 계시모의 모략으로 치악산에 버려졌을 때 그녀를 구출해

　　학 연구자료 비교논저』(거산출판사, 2000), 252~253쪽 참조.
　4) 이인직, 『치악산』(정음사, 1975). 이하 소설의 인용문은 이 책에 근거한다.

주는 금강산 백운사의 노비구니 수월당이다. 이 두 여승은 고전소설에 도식적으로 나타나는 원조자와 피원조자의 관계를 형성하고 있다.

이인직이 이들의 첫 대면을 처리하는 방식은 여러 면에서 고전소설과 흡사하다. 첫째, 여승 원조자의 출현은 줄거리 전개상 필수불가결하다. 여주인공이 고난과 위기로부터 기적적인 탈출을 하는 것은 권선징악과 고진감래의 주제를 소설화하는 과정에 필수적인 요소이다. 그런데 여주인공이 위기상황에 처했을 때, 공간적 제약과 내외법이라는 봉건적 성윤리의 규제를 받지 않고 인적이 드문 곳에 나타날 수 있는 인물은 여승밖에 없다. 천상계의 선녀와 같은 초자연적 힘에 의존하지 않으려는 신소설 작가에게 비구니 노승은 더욱 더 유용한 서술도구이다.

둘째, 많은 고전소설이 그러하듯이 『치악산』에서도 원조자와 피원조자의 만남은 우연히 이루어진다. 『치악산』 상권에서 만행 중인 수월당이 이씨 부인이 쓰러져 있는 깊은 산속에 불현듯 나타나는 장면은 고전소설의 관행을 그대로 답습한 것이다. 물론 불교적인 관점에서는 이 만남이 단순한 우연이 아니라 필연일 수 있고, 작중 인물이 이 점을 깨닫지 못하는 이유는 그들이 인연법의 작용을 전지적 시각에서 볼 수 없기 때문이라고 할 수도 있다. 그러나 현실세계의 경험에 근거한 개연성의 논리로 볼 때 이들의 만남을 우연이라 하기에는 부자연스러운 면이 너무 두드러진다. 나이 칠십의 노비구니 수월당이 해질 무렵에 치악산 깊은 계곡을 '구경' 삼아 들어가 밤이 늦도록 호랑이가 사는 험한 산속을 돌아다니는 상황은 어떤 각도에서 보아도 작위적이다.[5] 수월당의 '우연'적인 출현은 검홍이 치악산에서 이씨 부인을 찾아 헤매다가 장포수의 어미를

---

5) 전광용도 수월당의 갑작스러운 출현을 비현실적이라고 지적하고 있다.(전광용, 『신소설 연구』[새문사, 1986], 156~157쪽)

만나는 대목에서 재현된다. 이 장면에서 수월당은 '부처님이 내려오신 듯' 장포수의 어미에게 악한 마음을 먹으면 '죄를 받으리라고 설법'한다.

셋째, 수월당의 도움으로 위기를 모면한 이씨 부인은 이 노승을 따라 금강산으로 몸을 피한다. 그리고 그곳에서 머리를 깎고 '수은'이라는 법명을 받아 출가한다. 이 법명은 수월당의 은혜로 살아났다는 뜻에서 수월당의 '수'자와 은혜 '은'자를 딴 것이다. 그런데 고전소설에서 출가자의 심리묘사가 종종 생략되듯이 『치악산』도 이씨의 출가동기나 입산과정을 이해할 만한 아무런 설명도 제공하지 않는다. 오갈 데 없이 버려진 여인이 갈 곳은 절밖에 없다는 유교봉건사회의 인식을 그대로 반영한다.

이씨 부인은 개화꾼인 서울 이 판서의 무남독녀로서 유교봉건체제를 옹호하는 원주 홍참의의 며느리로 들어간다. 이 두 집안은 근대화에 관한한 정반대의 입장에 서 있지만, 그 어느 쪽도 불교에 우호적인 집단이 아니다. 이러한 가족적 배경을 지닌 이씨가 불가에 귀의할 때에는 그에 합당한 동기가 있어야 하고, 또 사정상 어쩔 수 없이 출가했다 하더라도 그 과정에서 심적 갈등을 겪는 것이 당연하다. 그러나 화자는 이 결정적인 생의 전환점에 대해 일체 함구한다. 결과적으로 독자는 그녀가 자신을 구해 준 수월당에 대한 고마움 때문에 별 생각 없이 노비구니를 따라 절로 들어갔다고 유추할 수밖에 없다. 아니면 부정한 며느리라 하여 시가에서 쫓겨난 후 친정으로 돌아갈 수 없는 양반 여인의 딱한 처지 때문에 출가는 살아남기 위한 현실적인 선택이었을 뿐이라고 생각할 것이다.

작품 안에서 이씨 부인의 출가를 언급한 대목을 살펴보자. 화자는 공포에 질린 이씨 부인이 수월당과 맞닥뜨리게 되는 장면을 묘사한 뒤, 바로 소설의 무대를 금강산으로 옮기면서 이씨 부인이 수은이라는 비구니가 되어 이미 '수삭' 동안 금강산에서 살아왔노라고 보고한다. 근대소설에서 중요시되는 인물의 심리상태와 출가 후의 긴 세월이 '수삭'이라는 한 단어로 압축되어 있다. 이 같은 줄거리의 비약은 비구니 모티프가 여성의 종교성에 대한 성찰의 계기가 아니라 사건위주의 소설전개를 위한 도구임을 새삼 확인시켜 준다. 이러한 점에서『치악산』은 고전소설들과 큰 차이가 없다.

여승변장 모티프는 이인직과 김교제가 차용한 고전소설의 기법 가운데 가장 핵심적인 것이다. 전대소설에서 보듯이 비구니로의 가장이나 변신은 여성 인물의 행동영역을 넓혀 줄 뿐만 아니라, 조선조 여인들에게 허락되지 않았던 남성 전유물인 공적 공간으로의 진입을 용이하게 해 준다. 또한 이를 통해 플롯전개에 긴장감을 조성할 수 있다. 치악산은 양반 여인들에게 접근 불가능한 장소이다. 규방 속의 사대부가 여인을 맹수와 악인이 들끓는 깊은 산중으로 이동시킬 수 있는 가장 합리적 방법이 여승으로의 변장이다.

『치악산』과 전대소설과의 또 하나의 접점은 여승과 물의 연관성에서 찾을 수 있다. 고전소설에서 곤경에 빠진 여인들에게 비구니 원조자가 나타나는 장소로 강이나 호수가 자주 쓰인다는 점은 이미 밝힌 바 있다.『치악산』에서는 우물이 그런 기능을 한다. 비구니가 된 이씨 부인은 뛰어난 미색으로 인하여 금강산 일대 비구승들의 선망의 대상이 된다. 이들 가운데 우물 근처를 맴돌며 그녀를 훔쳐보고 때때로 그녀에게 물을 얻어 마시던 혜명과 이씨 부인에게 접근할 용기가 부족한 강은이 서로 연적이 되어 비구니 수은에 대한 악성 소문을 퍼뜨린다. 수은은 이들과 음행을 범했다는 누명을 쓰고 승방에서 쫓겨난 후 절망감으로 자살을 시도한다. 그 장소가 치악산중의 한 우물이다. 다시 말해 우물은 수은의 채탈도첩과 자살을 유발하는 공간으로 제시된다.

그러나 고전소설에서 그러하듯이 죽음의 장소인 우물은 구원의 장소가 되기도 한다. 수은이 산속의 인적 드문 우물 속에 거꾸로 처박히자 때마침 송도로 가기 위해 그곳을 지나던 홍참의가 이 광경을 보고 그녀를 구해 준다. 이처럼 이씨의 산문출송 및 투신 그리고 시아버지에 의한 구조행위는 모두 우물을 중심으로 발생하며 이는 신소설 작가도 물이 가진 죽음과 재생의 이중적 상징성을 지속적으로 사용하였음을 증명한다.

그런데 『치악산』에 나타난 물과 여승의 관계를 자세히 살펴보면, 고전소설과 약간 다른 점이 발견되기도 한다. 먼저, 우물에서 자살을 시도한 인물은 비구니이고 이 비구니를 구조하는 인물은 그녀의 시아버지라는 점이다. 이인직과 김교제는 전통소설의 큰 틀을 차용하면서도 세부적으로는 그 틀을 변모시키고 있음을 알 수 있다. 이 변화는 전대소설과 달리 신소설에서는 가족이나 친지 등 가까운 사람이 구조자의 역할을 맡게 되는 경향을 반영하는 것이다.6) 그러나 홍참의가 하필 그 시점에 치악산을 지나간다는 발상 자체는 우연성에 과도하게 의존하는 전대소설과 전혀 다를 바 없다.7)

그러면 『치악산』에 나타난 비구니의 묘사가 전대소설과 다른 점은 무엇인가? 우선 이 작품은 고전소설에 비해 절이나 승려의 모습을 구체적이고 사실적으로 묘사한다. 승려의 경우 그들의 인간적 측면, 즉 그들의 장점과 함께 약점과 단점도 드러내는 경향이 눈에 띈다. 수월당을 처음 소개하는 대목에서 좋은 예를 찾을 수 있다.

강원도 금강산 백운사에 수월당이라 하는 중은 나이 칠십이 되도록 몸

---

6) 김교봉·설성경, 『근대전환기 소설연구』(국학자료원, 1991), 231쪽.
7) 전광용도 이 점을 지적하고 있다.(전광용, 『신소설 연구』[새문사, 1986], 157쪽)

의 벼룩 한 마리 잡아죽여 본 일 없는 도승이라. 인간에 허다한 사람을 모아 놓고 제일 천진의 사람이 누구냐 할 지경이면 아마 수월당보다 더한 천진이 없는 터이라. 그러나 중의 정도로는 조곰 무식한 축으로 가는고로 이름은 높이 나지 아니하였으나, 제 마음에는 이생에 도를 닦아서 후생에는 정녕 부처님이 될 줄만 알고 있는 중이라. 산삼을 얻어먹었는지 본래 기운이 그렇게 좋든지 동지 섣달에 눈이 길길이 쌓인 때 먼 길을 곧잘 당기는 사람이라. 십삼 도 강산을 문턱 밟듯 당기면서 구경을 하였는데, 나이 칠십에 또 무슨 구경을 하러 나섰든지 원주 치악산 구경을 들어갔더라. 사람이 수가 좋으면 여간 짐승낱이나 있는 곳으로 쏘당겨도 관계치 아니하든지, 수월당이 칠십 년을 산에서 늙고 산으로만 쏘당겨도 짐승 무서울 줄 모르고 당겼는데, 어림없이 믿는 것이 있더라. 힘이 세어 힘을 믿는 것도 아니요, 짐승 제어하는 재조가 있는 것도 아니다. 부처님 영험으로 짐승이 감히 못 덤비는 줄로 알고 있는 터이라.[8]

위의 묘사에서 연상되는 수월당의 첫 인상은 착하면서도 약간은 무지한 노비구니이다. 화자는 그녀를 '도승'이라 칭하지만 기실 그녀는 날카로운 직관력을 가진 선지식이 아니라 약간은 맹목적으로 부처의 힘을 믿고 염불에 의존하는 단순하고 현실감이 결여된 노승일 뿐이다. 수월당이 치악산을 돌아다니다 구렁텅이에 떨어져 이씨 부인과 부닥뜨리자 노승은 공포에 질려 주위를 돌아볼 겨를도 없이 혼자 '남무아미타불'만 열심히 되뇌는 희극적인 장면을 연출한다. 이러한 모습은 존경심과 신비감을 불러일으키는 고전소설의 비구니 원조자들과는 거리가 멀다. 겁에 질린 수월당의 모습은 익살스럽기까지 하고, 약하고 어리석은 노비구니에게서는 인간미까지 느껴진다. 이러한 수월당의 성격묘사는 다른 장면에

---

8) 이인직, 『치악산』(정음사, 1975), 105쪽.

서도 일관성 있게 나타난다. 음행의 의심을 받으며 산문출송을 당하는 수은이 수월당을 '부모'처럼 여기고 마지막으로 찾아갔을 때, 노승은 실제적인 도움은커녕, 부처님을 믿고 걱정하지 말라는 상투적인 위로밖에 주지 못해 수은을 실망시킨다. 수월암은 고전소설의 노승이나 도사와는 판이하게 다른 '일상적인 인간'이며, 따라서 개화기소설에 후원자역할을 하는 배우자나 가족, 친지 또는 외국인과 같은 부류로 취급되기도 한다.9)

승려들에 대한 부정적인 묘사는 이씨 부인의 미모로 인해 혼란을 겪는 비구승들의 모습에서 더욱 노골적으로 드러난다. 비구들이 그녀를 본 후에는 '염불하여도 정신없이 하고, 잿밥을 먹어도 맛도 모르고, 잠꼬대를 하여도 승의 이야기를 하고, 경쇠를 치려면 법총의 대강이를 두다리'는 등 승가 전체가 수행집단으로서의 본연의 자세를 잃고 우왕좌왕한다. 애욕과 질투심에 불타는 혜명과 강은은 서로 상대방이 수은과 법당에서 정사를 벌였다고 헐뜯는다. 서술자는 이러한 승려들을 가차 없이 비하한다. 수은은 외로운 '승각시'나 '승년'으로, 그녀에게 연정을 품은 비구들은 '중놈'이라 폄하한다. 이인직과 김교제의 승가에 대한 냉소적인 태도는 오랜 배불 정책 아래 지리멸렬해진 조선 말 승려들에 대한 일반사회의 비판적인 시각을 그대로 옮겨 놓은 것이다.

『치악산』의 큰 주제는 고부간의 갈등, 계모로 인한 가정불화, 무속의 폐해에 대한 고발 등이다. 점쟁이와 무당으로 인한 정신적, 경제적 피해는 김씨 부인과 그녀의 딸 남순이의 행동에서 잘 드러난다. 이들은 밤마다 나타나는 귀신불과 귀곡성이 검홍이의 복수극인지 모르고 원귀가 된 이씨 부인의 짓이라 믿어 굿과 재, 경 읽기에 가산을 탕진한다.

---

9) 김교봉·설성경, 『근대전환기 소설연구』(국학자료원, 1991), 229~233쪽.

『치악산』하권은 김씨 부인을 믿고 단구역말로 모여드는 무당패와 판수패가 '조합소'를 설립할 정도로 많다는 풍자적인 고발성 문장으로 시작한다. 무속은 몽매한 여인들이나 하인계층만이 아니라 식자층에도 심각한 악영향을 끼쳐 유교적 이성과 질서의 상징인 홍참의마저도 정상적인 판단력을 잃고 부인의 푸닥거리에 동조한다.

『치악산』이 미신타파와 과학적 사고를 표방하며 구시대의 종교적 폐습으로 지목하는 것은 점치고 굿을 하는 행위만이 아니다. 이인직과 김교제는 구한말 쇠락한 승려들의 민중에 대한 기만행위도 개혁의 대상으로 간주한 듯하다. 조선의 불교는 배불 정책 아래 민간신앙과 습합되어 무속과 뚜렷이 구분하기 힘든 면이 있었고, 조선 후기 승려들의 자질 또한 현저히 저하된 상태였다.[10]

불교와 민간신앙이 뒤섞인 데서 오는 폐단을 보여 주는 사건이 바로 탑골보살을 둘러싼 일련의 소동이다. 서울서 내려왔다는 탑골보살은, 화개동 마마가 이씨 부인의 복수를 하기 위해 스스로 여승으로 둔갑하여 만들어 낸 유령인물이다. 검홍이는 장사패를 동원하여 단구역말 사람들이 탑골보살의 신통력을 믿도록 일을 꾸민 뒤, 탑골보살로 하여금 불안과 공포에 떠는 김씨 부인과 남순이에게 접근할 수 있도록 도와준다. 서술자는 이 가짜 여승이 '백팔염주를 목에 걸고' 홍참의의 집에 나타나 "왼 발로 마루청을 탕탕 구르며 두 손뼉을 절꺽절꺽 마주치면서 귀청이

---

10) 조선 말기의 승려들의 자질에 대해서는 제2장에서도 설명하였다. 여기서 조금 더 부연하자면, 공식적인 출가의 길이 막힌 조선 사회에서는 임의로 승려가 되는 경우가 빈번하였다. 이 문제는 구한말이 되면서 더욱 심각해졌다. 短命을 막기 위한 수단으로 또는 고아나 사생아의 호구지책으로 귀의하는 경우가 적지 않았다. 이로 인해 승려의 자질은 낮아질 수밖에 없었고, 승려의 사회적 위상은 천대 받는 위치로 전락하게 되었다.(김경집, 『한국불교 개혁론 연구』[불교진각종 종학연구실, 2001], 96쪽)

떨어지게 소리를 질러 가며 진언을 외우는데 모르는 사람은 저 보살이 어느 틈에 진언을 저리 많이 배웠는가 할 터이나 아는 사람이 듣게 되면 횡설수설한다고 뺨도 칠 만하더라"고 전하고 있다.11) 탑골보살 에피소드는 조선 후기 한국인의 의식 속에 여승과 무당의 경계선이 얼마나 애매모호한지, 또 그로 인해 어떤 사회문제가 발생하는지를 풍자의 눈길로 포착한 것이다.

『치악산』 작가들의 승가에 대한 비판은 자칭 보살이라는 가짜 여승의 우스꽝스러운 한바탕 사기극으로 그치지 않는다. 탑골보살을 앞세운 이 판서네 하인들은 노구메를 핑계 삼아 옥단을 치악산으로 유인한 뒤 죽여버린다. 그런데 이 살인극의 무대로 등장하는 곳이 치악산 속의 어느 비구니 암자이고 또 이 극을 계획하는 과정에 이 암자의 여승들이 개입된다. 특히 암주인 해월암은 탑골보살의 정체를 처음부터 알고 있었으나 그 성품이 나약하여 이 판서의 하인들을 말릴 엄두도 내지 못한 채 복수극의 방조자로 끌려 들어간다.

  석가여래 오계에 불살생이 제일 목적이라. 허무청정한 산문에서 지중한 인명을 어찌 살해하게 두리오마는, 이 절 주장승 해월암은 화개동 마마와 얼기설기 돌령을 대이고 보면 사돈의 팔촌으로 형이니 아우니 할 만도 하고 단구역말 지근 지리에서 홍참의 집 가정일을 항상 개탄하던 터인고로 만류는 하지 못하였으나, 대자대비한 자비심에 그 참혹한 경상을 보지 아니하려고 초막문을 중중첩첩이 닫고 들어앉았다가 옥단이를 죽여 처치를 다한 뒤에 비로소 여기저기서 툭툭 튀어나오니, 그 중의 여승 하나이 고개 아래로 통한 길을 바라보다가 옴쭉 놀라며,
  "여보 스님, 저기 오시는 양반이 올봄에 우리 절에 구경 오셨던 홍참의

---

11) 이인직, 『치악산』(정음사, 1975), 148쪽.

영감이 아니신가"
승 하나는, "왜 아니면 무엇이게. 에그, 저 노릇을 어찌하면 좋은가, 저 양반이 무슨 눈치를 채고 오시는 것일세"
하며 화개동 마마와 검홍이를 뒷손 쳐서 보내더라.12)

위 장면에서 묘사된 여승들의 행위는 모든 생명을 중시하고 악인도 자비의 정신으로 교화하라는 불교의 가르침에서 너무나 동떨어져 있다. 이 대목에서 작가는 분명 승가의 도덕성에 의문을 제기하고 있다. 하지만 그는 신랄한 비판이나 공격적 태도를 취하지 않는다. 승려들의 결점을 완곡하게 폭로함으로써 그들의 인간성을 부각시키려는 목적이 더 두드러져 보인다. 이러한 유연한 태도는 고전소설에서 승려가 갖던 신성이 신소설기에 이르러 인간성으로 대치되면서 사찰과 승려의 서술적 역할에 신구의 특징이 병존하는 징후로 볼 수 있다.

전대소설에서 절과 승려는 성소와 성인의 기능을 한다. 절은 폭력을 휘두르는 악인으로부터 선인을 보호할 수 있는 안전지대역할을 한다. 그리고 승려는 선인의 움직임을 관망하며 배후에서 그를 지키고 후원하는 역할을 맡는다. 그러나 절은 독자들의 시선 밖에 놓인 공간으로 세속의 눈으로 들여다 볼 수 없도록 접근이 통제된 서사공간이다. 그러므로 전지적 관점을 지닌 서술자조차도 절 내부에서 일어나는 일상을 독자들에게 알려 주지 않는다. 전대소설에서 사찰이 갖는 성소로서의 기능은 『치악산』에도 그 잔재가 남아 있다. 홍참의가 우물에 처박힌 며느리 수은을 구조하는 곳은 해월암의 암자 주변이다. 수은은 거기에서 그녀의 충복들과 해후할 뿐만 아니라, 치악산에 소재한 또 다른 비구니절인 보광사에

---

12) 이인직, 『치악산』(정음사, 1975), 156~157쪽.

서 머리를 기른 후 서울로 돌아갈 계획도 세운다. 절은 악인에 의해 문란해진 인간계의 질서를 회복하기 전에 선인이 자신의 몸과 마음을 재정비하고 재충전시키는 공간이다.

그러나 『치악산』에서의 절은 기본적으로 인간화, 현실화된 지소이다. 그러므로 이 공간은 이전과 같이 외부인이 접근할 수 없는 절대적인 세계가 아니다. 이인직과 김교제는 신소설 작가로서 승가의 이면에 숨겨진 인간적 욕망과 질투, 무지와 나약으로 인해 발생하는 내부적인 갈등을 제한적이나마 조명하고 있다.

절의 양면성은 수월암과 해월암을 둘러싼 사건에서 표면화된다. 이씨 부인을 수계 여승으로 받아들이는 곳도 수월암의 절이고 얼마 후 파계승으로 내쫓는 곳도 수월암의 절이다. 또한 옥단의 처절한 죽음과 이씨 부인의 꿈과 같은 소생도 해월암이라는 암자를 중심으로 발생한다. 이제 절은 고전소설에서와 같이 절대적 선과 진리를 상징하는 이상적 공간이 아니다. 절에서도 선과 악, 진실과 거짓, 화와 복이 모두 다 일어날 수 있는 현실계의 인간조직이다. 이 소설에 등장하는 비구니들 또한 장점과 함께 결함도 지닌 사람들이다.

『치악산』의 '근대성'은 서구적 계몽사상의 영향을 반영하는데, 그 계몽주의 담론의 기저에는 기독교적 세계관이 놓여 있다. 이로 인해 발생하는 다층적 의미는 이 소설의 배경인 치악산의 상징성에 내포되어 있다. 치악산은 문명의 반대급부인 미개와 무지를 암시한다. '명랑한 빛도 없고 기이한 봉우리도 없고 시커먼 산이 너무 우중충한' 곳이다. 서술자는 소설의 서두에서 금강산이 '문명한 산'이라면 치악산은 '야만의 산이라고 이름 지을 만하다'라고 소개하고 있다.[13] 이 산은 아직 계몽사상의 빛이 미치지 못한 음습한 공간인 것이다.

그런데 개화가의 딸이요 유학자의 며느리인 이씨 부인이 바로 이 원시의 세계에 잡혀갔다가 살아 돌아온다. 문화와 종교적 배경은 다르지만, 이씨 부인의 치악산 유기사건은 피랍소설(captivity narrative)적 특징을 띤다. 피랍소설은 초기 미국문학사의 중요한 장르로, 인디언에게 포로나 인질로 잡혀간 청교도 여인들이 나중에 백인사회로 돌아온 뒤 '야만적' 세계에서 겪은 그들의 체험을 구술한 소설이다. 피랍소설의 서사구조는 대체로 주인공이 인질로서 겪은 역경을, 이스라엘 민족의 바빌론유수와 같은 기독교적인 구원의 틀에 대입시키는 형태를 띤다.14) 이씨 부인은 맹수는 물론이요, 최치운이나 장포수, 심지어 요승 혜명과 강은처럼 동물적인 욕정을 다스리지 못하는 '미개'인들이 득실거리는 치악산에 붙잡혀 갔다가 정조를 지키기 위해 온갖 고초를 겪은 뒤 서울에서 내려온 지인들에 의해 구조되어 문명사회로 회귀한다. 이와 같이 치악산의 암흑과 미명을 일깨우는 서울의 '근대성'은 정복과 구원을 동시에 지향하는 서구의 종교담론과 상통한 점이 있다.

이씨 부인의 파란만장한 체험에 담긴 종교적 의미를 피랍소설의 구조를 통해 읽어 낼 수 있다면 그 체험의 심리적, 사회적 의미는 터너의 역閾이론을 통해 분석해 볼 수 있다. 역閾의 개념은 이씨 부인뿐만 아니라 그녀의 남편 홍철식의 변모과정도 효과적으로 설명해 준다. 홍철식 부부가 헤어진 뒤 각자 멀고 낯선 곳에서 겪는 수난과 또 그 이후 이루어지는 근대사회로의 진입은 성인이 되기 위한 통과의례의 성격을 지닌다.

---

13) 전광용은 등장인물들이 필연적인 연유도 없이 치악산으로 들락날락하는 것에서 '탐정 소설조의 엽기성' 외에는 하등의 효과도 내지 못한다고 비판한다.(전광용, 『신소설 연구』[새문사, 1986], 157쪽)
14) 피랍소설의 특징에 대해서는 Richard Slotkin, *Regeneration through Violence: The Mythology of the American Frontier 1600~1860*(Middletown: Wesleyan UP, 1973) 참조.

이러한 해석의 가장 중요한 근거는 그들이 이별기간을 끝내고 다시 합류할 때에 올리는 두 번째 결혼식이다.

이 소설의 전반부에서 홍철식은 철들지 않은 소년에 가깝다. 그는 경성에 사는 장인의 설득과 주선으로 일본 유학길에 나선다. 이 획기적 사건은 철식이 시골 소년으로서의 구태를 벗고 신식교육을 통해 책임감 있는 사회지도자로 다시 태어나는 계기가 된다. 이씨 부인의 고난은 철없는 남편이 훌쩍 일본으로 떠나 버린 시점부터 시작된다. 그녀는 홍참의의 며느리라는 신분을 모두 상실하고 최치운, 장포수, 호랑이로 이어지는 일련의 위협과 공격으로부터 살아남아 여승이 된다. 여승이 되어서도 시련이 끊이지 않지만 종국에는 모든 고비를 넘기게 된다. 예전의 시아버지를 구조자로 하여 새로운 삶을 찾은 그녀는 다시금 머리를 기르고 주류 사회로 돌아온다. 이 과정에 관여하는 여승 원조자들과 홍참의는 통과의례를 관장하는 노련한 사제와 같은 기능을 한다고 볼 수 있다.

홍철식 부부는 구시대의 혼인관습인 부모들 간의 정혼 약속에 따라 어린 나이에 성혼했을 뿐, 남편이 유학을 떠나고 부인이 치악산으로 내침을 당하기 전까지는 양반으로서의 안일한 사고와 인습에 젖어 있었다. 정신적으로 청소년기에 머물러 있었다는 뜻이다. 이 젊은 부부는 각자 그들의 보호막인 가정의 울타리를 벗어나 기득권을 누릴 수 없는 곳에서 고생을 하는 동안 정신적으로 성장하게 된다. 이 둘이 서로 멀리 격리된 상태에서 개별적인 통과의례를 거침에 따라, 급변하는 사회에서 자신들의 위치를 깨닫게 되고 책임감을 갖춘 성인으로 바뀐다. 진정한 성인으로서 이들이 재결합하는 상징적인 사건이 바로 당사자들도 모르는 채 치르는 두 번째 결혼식이다. 홍철식은 결혼 후 군수가 되어 부임지로 떠남으로써 처음으로 정식 직업을 가진 근대인으로 새로운 출발을 하게 된다.

『치악산』은 그 소재의 근대성에도 불구하고 전환기의 작품답게 고전소설의 특징을 답습하는 면이 적지 않은데, 비구니와 관련된 모티프들의 처리방식도 그러하다. 이씨 부인을 비롯한 비구니 인물들을 분석해보면 이 소설의 작가들은 불교를 구시대의 산물로서 계몽정신에 어긋나는 비합리적인 민간신앙으로 인지하고 있음을 알 수 있다. 이들이 여승이나 승가를 희화화함으로써 소설의 사실성을 높이는 효과를 거둘지는 모른다. 하지만 그런 유형의 사실주의는 신비의 세계에 가려 있던 비구니의 인간적 면모를 조명하려는 근대적 휴머니즘에서 발로한 것이 아니다. 『치악산』의 비구니들은 오히려 승려를 비하하던 조선 후기 사회의 뿌리 깊은 편견으로부터 빚어진 인물들이라 하겠다.

「화세계」와 비승비속의 여승

「화세계」15)는 이해조가 선음자善歓子16)라는 필명으로 1910년 10월부터 1911년 11월까지 『매일신보』에 연재했던 신문소설로 한국 문학사에서 본격적으로 비구니를 주인공으로 다룬 첫 소설이다. 이해조는 이 소설에서 비구니라는 불교적 소재는 다루지만 불교적 주제를 다루지는 않는다. 이 점은 불교를 이야깃거리로 삼는 고전소설의 보편적인 경향에서

---

15) '화세계'라는 제목이 소설의 내용과 아무 관련이 없다는 점은 이미 잘 알려져 있다. 이해조의 「鐵世界」와 「화세계」는 이인직의 「銀世界」를 차용한 경우이다. 이 표제법을 두고, 김교봉과 설성경은 '이인직의 창작정신과 상반되는 모방, 개작주의적 측면'이 이해조의 내면에 깔려 있다고 주장한다.(김교봉·설성경, 『근대전환기 소설연구』 [국학자료원, 1991], 62~63쪽)
16) 이해조는 여러 개의 아호를 쓴 것으로 알려져 있는데 선음자 외에도 「月下佳人」에서의 遐觀生, 「花의 血」의 惜春子, 「九疑山」의 神眠生, 「昭陽亭」의 牛山居士, 「春外春」의 怡悅齋 등이 있다.

크게 벗어나지 않는다.17) 그러나 이해조도 이인직이나 김교제와 같이 지엽적으로는 불교와 연관된 인물이나 장소의 묘사에서 전대소설의 판에 박힌 방식을 지양하고 개화기의 시대정신을 투사하려는 시도를 하고 있다.

이 소설에는 유랑승이 되는 주인공 수정 말고도 수정의 원조자역할을 하는 노승 수월암, 여승이었다가 환속한 이대구의 부인, 청량리 승방의 비구니들과 이 절의 심부름꾼 두꺼비가 등장한다. 그런데 이들은 모두 신성이 철저히 제거된 인물들이다. 이해조는 이들을 형상화하는 데 있어서 환상적인 요소나 종교적 교술성을 배제하는 태도를 견지한다. 또한 해인사, 봉은사, 청량사 등 실재하는 사찰을 서사공간으로 활용하여 중국을 배경으로 한 전대소설과 다르게 독자들에게 친밀감과 현실감을 준다.

이해조는 '최초의 근대적 소설이론가'로 간주된다.18) 그가 표방한 전환기소설의 특성은 「화의 혈」 서언에 그 요지가 잘 나타나 있다.

> 무릇 소설은 체제가 여러 가지라 한 가지 전례를 들어 말할 수 없으니, 혹 정치를 언론한 자도 있고 혹 정탐을 기록한 자도 있고 혹 사회를 비평한 자도 있고 혹 가정을 경계한 자도 있으며, 기타 윤리, 과학, 교제 등 인생의 천사만사 중 관계 아니 되는 자가 없나니, 상쾌하고 악착하고 슬프고 즐겁고 위태하고 우스운 것이 모두 다 좋은 재료가 되어 기자의 붓끝을 따라 재미가 진진한 소설이 되나, 그 재료가 매양 옛사람의 지나간 자취나 가탁이 형질 없는 것이 열이면 팔구는 되되 근일에 저술한 「박정화薄情花」, 「화세계花世界」, 「월하가인月下佳人」 등 수삼 종 소설은 모두 현금의 있는 사람의 실지 사적이라. 독자 제군의 신기히 여기는 고평을 이미 많이 얻었거니와 이제 또 그와 같은 현금 사람의 실적으로

---

17) 이는 고전문학기에 불교소설이 존재하지 않았다는 뜻이 아니다. 불교문학은 한국 문학사에서 뚜렷한 위치를 지닌 장르이다.
18) 송민호, 「이해조소설의 미적 성격」, 『신문학과 시대의식』(새문사, 1981), 44쪽.

「화花의 혈血」이라 하는 소설을 새로 저술할 새 허언 낭설은 한 구절도 기록지 아니하고 정녕 있는 일동일정은 일호차착 없이 편집하노니, 기자의 재주가 민첩하지 못하므로 문장의 광채는 황홀치 못할지언정 사실을 적확하여 눈으로 그 사람을 보고 귀로 그 사정을 듣는 듯하여 선악간 족히 밝은 거울이 될 만할까 하노라.[19]

이해조가 「화세계」를 '현금의 있는 사람의 실지 사적'이라 한 것이 특수한 개인이 겪은 실제 사건을 소재로 삼았다는 뜻인지 줄거리와 인물을 당대 현실에 맞추어 형상화하였다는 뜻인지 아니면 창작의 원리로 서구적 리얼리즘을 염두에 두었다는 뜻인지 분명하지 않다. 그럼에도 불구하고 이해조의 사실주의에 대한 관심, 특히 사실주의가 소설의 오락적 기능을 강화하고 결과적으로 소설의 공리적 기능도 높인다는 인식은 「화의 혈」 후기에 재차 제시된다.

기자 왈 소설이라 하는 것은 매양 빙공착영憑空捉影으로 인정에 맞도록 편집하여 풍속을 교정하고 사회를 경성하는 것이 제일 목적인 중 그와 방불한 사람과 방불한 사실이 있고 보면 애독하시는 열위 부인 신사의 진진한 재미가 일층 더 생길 것이요 그 사람이 회개하고 그 사실을 경계하는 좋은 영향도 없지 아니할지라. 고로 본 기자는 이 소설을 기록하매 스스로 그 재미와 그 영향이 있음을 바라고 또 바라노라.[20]

위의 글에서 볼 때 이해조 소설관의 세 가지 핵심은 '사실', '재미', '영향'이라 하겠다. 덧붙여 그는 소설의 사실성과 허구성을 대립의 관계가 아닌 상보적인 관계로 인식하고 있다.[21]

---

19) 이해조, 「화의 혈」, 『신소설·번안(역)소설』 8(아세아문화사, 1978), 3쪽.
20) 이해조, 「화의 혈」, 『신소설·번안(역)소설』 8(아세아문화사, 1978), 100쪽.

「화세계」는 전대소설의 여승 원조자 모티프와 여승변장 모티프를 신구질서의 교차로라는 시대적 배경에 맞게 확대재생산한 작품이다. 이 모티프들이 활용되는 방식을 보면 위의 세 요소 가운데 오락성이 가장 큰 비중을 차지하고 있으며 서술양식으로서의 사실주의에 대한 고려는 부차적이다. 서사전개가 여전히 작위적 반전과 설화적 우연에 의존하고 있고, 여승의 출가이야기를 다루면서도 그 목적은 유교적 정조관념을 강조하는 데 있기 때문이다. 결과적으로 「화세계」에서도 이인직의 『치악산』처럼 신구문학이념의 충돌로 인한 모순이 작품 곳곳에서 노출된다.

「화세계」는 서두에 비구니가 된 수정을 소개하는 장면으로 시작하여 소설의 대부분을 주인공의 가출, 출가, 유랑이라는 과거사에 할애하고 있다. 이 소설의 첫 장면은 플롯의 종반부에 가까운 시점을 가리킨다. 작품이 입체적으로 구성되어 있으므로 사건은 역행적으로 전개된다. 「화세계」의 서사구조에서 무엇보다 눈에 띄는 것은 주인공의 내적 갈등이 줄거리의 중심축으로, 또 그 개인적 고뇌의 해소가 소설의 지향점으로 작용하는 것이다. 개인의 내면세계에 대한 집중은 분명 고전소설과 차별되는 부분이다. 이 소설은 수정의 결연담이다.[22] 수정은 한때 그녀와 혼담이 오가다 느닷없이 사라져 버린 구참령을 찾아내어 혼례를 올리고 부부의 연을 맺고자 결심한다. 플롯은 이 목적을 달성하기 위해 구참령을 추적하는 주인공의 움직임을 추적하는 형태로 진행된다. 따라서 「화세계」는 방만한 구조를 지닌 고전소설에 비해 구심점이 명확하고 사건의 구성도 간결하다.

---

21) 고영학, 『개화기 소설의 구조 연구』(청운, 2001), 53쪽.
22) 조동일은 이 작품이 '영웅의 일생'을 다룬 '남녀이합형'의 소설로 그 구조가 고전소설 「白鶴扇傳」과 일치한다고 본다.(조동일, 『신소설의 문학사적 성격』[서울대학교출판부, 1973], 63쪽)

「화세계」는 또한 근대적인 계급의식이 돋보이는 작품이다. 이해조가 양반 여인을 주인공으로 취하지 않고 이방의 딸인 여승을 주인공으로 삼은 것은 고전소설의 지배계층 편중성향과 확실히 구별된다. 조동일의 표현을 빌리자면, 고전소설의 꽃이라 할 수 있는 귀족 영웅소설의 '고귀한 혈통'이 사라져 버린 것이다.[23] 여승은 이 소설의 시대적 배경상 천민으로 분류되는 인물이다. 서술자는 수정이 구참령을 찾겠다는 일념으로 해인사에서 서울로 올라오는 길에 남대문 외곽에 당도하는 대목에서 '그때는 지금과 같지 아니하여 승의 복색으로 성중에를 들어오지 못하는 법'이라고 도성출입이 금지된 조선조 승려의 낮은 계급을 설명하고 있다.[24] 이는 이해조가 사회변혁기의 작가로서 특수한 상류계층보다 '일반 대중 속에서 흔히 볼 수 있는 군상'을 주인공으로 삼는 '평민적 계급관'을 지녔음을 방증하는 것이다.[25]

평민 여성이 자신의 혼인문제에 주도권을 쥐고 자신의 의지를 관철시킨다는 「화세계」의 내용은 개화기의 새로운 여성관을 반영한 측면이 있다. 십대의 처녀인 수정은 어느 날 갑자기 부모에게 편지 한 장만을 남기고 집을 나가 고난을 자초한다. 나름의 행복을 추구하기 위해 전통적인 부모의 권위에 도전하는 격이다. 이 현상을 전대소설에서 시작하여

---

23) 조동일, 『신소설의 문학사적 성격』(서울대학교출판부, 1973), 89~90쪽.
24) 이해조, 「화세계」, 『신소설·번안(역)소설』 5(아세아문화사, 1978), 155쪽. 이하 소설의 인용문은 이 책에 근거한다. 서경수에 따르면 조선조 승려들의 '도성출입금지'는 그들의 사회적 지위가 '최하위'로 추락된 증거이다. '도성출입금지'는 천민들에게 적용된 '서울 성내의 출입'과 같은 성격으로 역모를 모의한 정치인들에게 적용된 '입성금지'와 사회적, 정치적 의미가 전혀 다르다.(서경수, 「만해의 불교유신론」, 『한용운 사상연구 2집』[민족사, 1981], 80~81쪽) 승려의 도성출입 해금은 1895년에 이루어졌다. 해금의 배경에 대해서는 김경집, 『한국불교 개혁론 연구』(불교진각종 종학연구실, 2001), 20~22쪽 참조.
25) 송민호, 「이해조소설의 미적 성격」, 『신문학과 시대의식』(새문사, 1981), 51쪽.

신소설기에 강화된 '시민적 개인주의'의 표출로 이해할 수도 있다.26) 수정의 가출은 처첩 간의 갈등이나 전란 또는 남편의 유배 등 피치 못할 이유로 여자인물이 집이나 가족을 떠나야 하는 전대소설의 극적 상황과는 사뭇 다르다. 외동딸인 수정이 부모가 권하는 혼처를 거부하고 홀로 가출을 감행한 뒤 자신이 마음에 둔 남편감을 찾아가 자유의사로 합류하는 행동은 당시로서는 획기적인 것이다. 신문화기에 생겨날 소위 '신여성'의 전조를 보는 듯하다.

이해조는 「홍도화」(1908)에서 조혼과 개가의 문제를 다루면서 반봉건적 결혼관과 여성의 자아 각성을 역설한 적이 있다. 그리고 같은 시기에 나온 논설 「윤리학」(1908~1909)에서는 남녀관계, 결혼, 가족의 의미를 사회변혁의 차원에서 직설적으로 설파하였다. 이 글에서 이해조는 여성이 남성에게 예속된 존재가 아니고 독립적인 권리와 지위를 지닌 자주적인 인간임을 지적한다. 여성 교육의 필요성, 여권신장, 계급평등과 같은 주제는 이해조의 대표작으로 유명한 토론소설 「자유종」에서 작중인물의 입을 통해 강조된다. 「화세계」의 수정이 이러한 모든 개혁적인 사상을 구현한 인물은 아니다. 하지만 이 소설은 적어도 평민 여성이 외부의 압력에 굴하지 않고 자신의 삶을 개척해 나가는 이야기를 다룬다는 점에서 지배계층 중심으로 펼쳐지는 고전소설의 세계와는 판이하게 다르다.

이러한 새로운 모습의 이면에 독자는 수정이 성취하고자 하는 목표, 즉 소설의 주제가 과연 근대적 여성관에 부합되는가라는 질문을 하지 않을 수 없다. 그녀의 가출 동기는 근본적으로 절개와 지조에 대한 신념이다. 수정은 사주단자도 받지 않았고 한번 만나 본 적도 없으며 사회적

---

26) 조동일, 『신소설의 문학사적 성격』(서울대학교출판부, 1973), 84쪽.

지위마저 상실하고 주거가 일정치 않은 남자를 향해 절개를 지키고자 한다. 수정과 구참령의 관계는 전대의 염정소설에서 보는 당사자 간의 애정문제가 개입되어 있지 않다. 그녀의 행동은 오로지 맹목적인 정조관념에 지배되고 있는 것이다. 수정의 행동은 피상적으로나마 근대성을 띠지만, 그 행동의 심리적 동기는 봉건성을 내포하고 있다. 이러한 간극이 발생된 이유로 고전문학기의 혼사장애소설이나 '남편 고르는 이야기'인 택부담擇夫譚의 영향을 생각해 볼 수 있는데, 「화세계」는 수정이 결연과정에서 겪는 고생담으로 그 서사구조와 주제가 혼사장애소설과 흡사하다. 특히 무능력한 남자 대신 여자가 적극적으로 결혼의 방해요인을 제거하여 성공적인 결합에 이르는 「숙향전」이나 「백학선전」 유형의 소설과 닮은 점이 많다.27)

수정의 순탄한 혼사를 가로막는 장애물은 다양하다. 그것을 플롯에 나타난 순서대로 열거해 보면, 가장 먼저 그녀가 부딪히는 문제는 부모가 지닌 정혼의 권위이다. 수정은 구참령 대신 다른 곳으로 혼처를 정하려는 부모의 대화를 엿듣고 몰래 집을 나가 인신매매단과 호색한 이승지 같은 치한 무리를 만난다. 여기에 폭력에 의한 실절의 위협과는 전혀 다른 종류의 장애요소도 가중되는데, 그것은 불제자가 된 수정에 대해 은사 수월암이 거는 기대이다. 노승은 수정이 자기와 함께 수행자로서 조용히 살아가기를 바라지만, 수정은 상경하여 구참령을 찾겠다는 계획을 포기하지 않는다. 수정이 천신만고 끝에 구참령과 해후한 후에도 그들의 결합을 가로막는 새로운 문제가 발생한다. 그녀는 수월암에게 맡겨 놓은

---

27) 남녀결연담의 주된 장애요소는 '세력가의 逼婚, 천자의 勅婚, 부모와의 이별, 부친의 부재, 계모의 음모' 등 외부적인 것과 '안목이 좁고 가시적이고 현세적인 이해관계에 얽매이기 쉬운 장모'와 같이 내부적인 것이 있다(양혜란, 『조선조 기봉류 소설 연구』 [이회문화사, 1995], 241쪽).

패물을 찾으려고 구참령을 해인사로 내려 보내는데, 그가 도중에 김주사에게 유인되어 산속에서 폭행을 당한 뒤 유기되는 사건이다. 그리고 수월암으로부터 문제의 패물을 손에 넣은 김주사는 잠적해 버린다. 이 패물사건은 범인인 김주사가 잡혀 응징됨으로써 마무리되고, 이와 함께 수정과 구참령의 결합을 방해하던 마지막 요인도 제거되어 수정의 일편단심은 마침내 승리를 거둔다.

수정과 구참령의 결연이 지닌 택부담적 측면을 살펴보자. 이들의 관계는 남녀의 만남에 있어 여성이 주도하는 한국 서사문학의 일반적인 유형을 따르고 있다.28) 특히 이들이 뚝섬에서 재회한 순간부터 구참령은 수정의 의사를 저항감 없이 수용하는 태도를 보이는데, 이 현상은 택부담에서 '여성에게 선택되는 남성이 여성의 충고를 받아들이는 유연성'으로 해석된다.29) 수정은 결혼윤리관이나 인내심, 문제해결능력 등 여러 면에서 구참령보다 뛰어나다. 그러나 수정이 배우자를 선택할 수 있는 '당위성'이 그녀의 모범적인 인품에서 나온 것만은 아니다. 그녀는 두꺼비를 통해 청량사 방문객들의 신상정보를 수집한다거나 장물을 매매하는 척하며 김주사의 검거를 돕는 등 슬기롭게 위기를 처리하는 능력도 비범하다. 따라서 그녀가 남편을 직접 고를 수 있는 당위성은 도덕성만이 아니라 개인의 지혜와 능력에도 근거한 것이다.

게다가 그녀는 결혼의 중요 조건인 재력까지 갖추었다. 수정이 구참령과 재회하는 부분에서 가장 인상적인 것은 일개 떠돌이 필공으로 전락한 남자와의 성례를 위해 여자쪽에서 경제적인 책임까지 지기로 약속하는 장면이다. 이 약속은 구참령이 '방 한 칸 없고 작수성례를 준비할 처지

---

28) 정병헌·이유경, 『한국의 여성영웅소설』(태학사, 2000), 275쪽.
29) 정병헌·이유경, 『한국의 여성영웅소설』(태학사, 2000), 275쪽.

가 못 되니' 혼약이 주저된다고 머뭇거리자 수정이 그 문제에 대해 제시한 해결책이다. 그는 '사내대장부가 되어 스스로 주선하지를 못하고 부인이 사사로 가진 물화로 생활할 방침을 삼으면 무슨 얼굴을 들고 내외간이기로 서로 대한단 말'이냐며 자신이 '막벌이'라도 하겠다고 한다. 자신의 열등한 위치를 받아들이고 성性과 계급에 근거한 공허한 인습에서 벗어나겠다는 결의를 보인다. 이해조는 수정을 통해 부덕과 함께 현실적인 지혜와 경제력도 고루 갖춘 강한 여성상을 그려 내고 있다. 전근대문학기의 여성 독자들에게는 수정의 이러한 당당한 모습이 상상으로 희구하는 미래형의 여성상이었을 것이다. 반면 근대 전환기문학의 독자들에게는 실현 가능한 여성상으로 비췄을 것이다.[30]

    인격과 능력면에 있어서 수정과 구참령 간에 보이는 심각한 불균형은 소설의 공리성을 약화시킬 수도 있다. 이들의 결연담은 우월한 여성이 열등한 남성을 구원하는 바보온달과 평강공주형의 이야기로 해석될 소지가 많다. 그런데 이러한 해석에도 문제가 없지 않다. 택부담에서 여성이 남편을 고르는 궁극적인 목적은 여성의 자아성취이거나 배우자인 남성의 성취를 여성이 보조하는 것이다. 물론 후자의 경우에도 여성은 남성의 자아성취를 통해 일종의 대리만족을 얻는다.[31] 그러나 수정과 구참령의 경우를 보면, 여성의 결연한 의지는 관철되었으나 그로 인해 구참령이 입신양명에 성공한다든가 자아성취를 이룬다거나 하는 가시적인 효과를 수반하지 않는다. 즉 「화세계」가 택부담의 모든 장르적 특성을 보이는 것은 아니라는 뜻이다.

---

30) 정병헌과 이유경은 택부담이 조선의 여성 독자들에게 이상적 부부상을 제시했다고 본다.(정병헌·이유경, 『한국의 여성영웅소설』[태학사, 2000], 272쪽)
31) 정병헌·이유경, 『한국의 여성영웅소설』(태학사, 2000), 272쪽.

이러한 점을 고려할 때 소설 초반부에서 구참령이 물에 빠진 수정을 건져 내고 또 다시 이승지로부터 수정을 구출해 내는 일은 대단히 중요한 의미를 갖는다. 이 사건은 남편이 미래의 부인에 대해 '생명의 은인', 즉 도덕적 채권자로서의 우월한 위치를 확보하는 계기가 된다. 서사전개의 긴 안목에서 볼 때 부부간의 도덕적 불균형을 보완해 주는 조치인 것이다. 수정이 붓장수에게 구조되는 사건은 우연의 극치임에 틀림없지만, 심층적으로는 그들의 결합이 사회로부터 승인 받을 수 있는 윤리적 토대를 마련하는 수단으로 작용한다.

「화세계」에서 눈에 띄는 또 다른 택부담적 요소는 수정과 구참령의 만남의 성격이다. 이들의 만남은 택부담에서와 같이 집단적 성격에서 벗어나 지극히 사적인 관계로 묘사된다. 이들의 결연은 두 집안 간의 연대를 의미하지 않는다. 택부담에서는 자녀를 통한 집안의 번성이나 가계의 역사적 지속성이 주요 관심사로 처리되지 않는다.[32] 수정이 구참령의 소재를 추적하는 것은 전적으로 개인적인 동기에서 나온 것이다. 따라서 그녀는 모든 것을 혼자 계획하고 혼자 실행한다. 그녀는 집을 나온 뒤 얼마 후 입산함으로써 속가와의 인연을 완전히 끊는다. 실지로 소설의 도입부분에서 제법 중요한 역할을 수행하던 수정의 부모는 딸이 가출한 장면 이후 텍스트에서 완전히 사라져 버린다. 구참령 역시 홀아비로 살아온 인물이다. 한때 대구 참령을 지냈으나 그의 집안에 대해서는 전혀 언급이 없다. 그는 구식군대의 해산으로 실직한 뒤 가난으로 고생할 때 아내와 젖먹이 외동아들이 병사하는 슬픔을 겪는다. 그 후 세상을 보는 눈이 바뀌어 지위와 돈에 연연해 하지 않고 '청렴한 도덕군자'로서 세상

---

[32] 정병헌·이유경, 『한국의 여성영웅소설』(태학사, 2000), 275쪽.

구경이나 한다며 방랑생활에 나선다. 이 같이 수정과 구참령 두 연인은 직계가족이나 가문의 영향으로부터 완전히 벗어난 독립된 개인으로서 자신들의 자유의사에 의해 결연을 성취한다.

출가와 여승변장 모티프는 수정과 구참령의 결연담을 재미있게 풀어 나가면서도 최소한의 현실성을 부여하는 기법이다. 이 소설은 구참령의 종적을 쫓아 수정이 길을 나서는 피카레스크 형태를 취하고 있다. 수정이 방랑소설의 여주인공인 피카라인 셈이다. 따라서 만행 모티프는 전통적인 결연담을 집 안에서부터 집 밖, 즉 '길'이라는 예측불허의 역동적인 공간으로 끌어내어 이야기를 흥미진진하게 만드는 기능을 한다. 승려라는 신분은 수정이 구참령을 찾아 전국을 유랑할 동안 자신의 여행목적을 숨기거나 임시 거처를 찾기에 가장 편리한 방편이 된다.

수정은 은신하기 위해 출가한 것이 아니다. 그러나 승려로서의 수정은 겉모습만 출가자일 뿐 그 의식은 변복한 여성 영웅에 가깝다. 그녀는 머리를 깎은 직후 은사 수월암에게 '소승의 몸이 인제는 속인과 달라 사방팔방 아무 데를 가도 거칠 데가 없으니' 그길로 구참령의 종적을 탐지하러 나서겠다고 한다. 그리고 구참령을 만나 혼인을 약속한 후 서로를 '영감', '여보'라고 부르는 단계에 와서조차도 승복을 벗지 않고 비구니 행세를 한다. 그녀는 변복을 함으로써 주변인들에게 자신의 정체성에 대해 혼동을 일으키게 하고 질서를 교란시킨다. 이로써 변복 모티프는 오락적 효용성이 증대된다. 수정이 구참령과 약혼한 이후에도 승려의 신분을 유지하자, 황동지 부인은 "여보, 대사, 에그, 대사가 무엇이야. 아직 성례만 아니했지 남편이 장독같이 계시는데 아씨라고 해야 할지"라고 내뱉는다.33) 이러한 황동지 부인의 독백은 '위승'의 희극적 효과를 적나라하게 비꼰 것이다.

수정의 변복 모티프는 패물을 둘러싼 탐정소설적 상황도 연출한다. 수정이 이대구를 만나러 봉은사로 갈 때 그녀는 김주사의 눈을 피하기 위해 송낙을 벗은 뒤 중절모를 빌려 쓰고 남장을 시도한다. 서술자는 그녀의 이러한 모습을 '여승과는 비슷하지 아니하고 선명한 소년개화당'이라 묘사한다.34) 수정의 재치를 잘 드러내는 장면인데, 예리한 독자들은 그녀의 변장에서 또 하나의 의미를 읽어 낼 수 있다. 그 의미란 수정이 그동안 유지해 오던 승려로서의 중성성을 벗고 일시적이나마 영웅적인 남성성을 획득하는 것이다. 이 점은 그녀가 결연이라는 목표를 바로 눈 앞에 두고 남편의 무능력을 재차 확인함으로써, 결혼 뒤 부부관계에서 자신의 우위를 선점하는 행위로 해석된다. '소년'이라는 이미지와 '개화'라는 이미지는 구참령의 늙고 보수적인 이미지와 극명하게 대조되면서 구질서의 붕괴와 신질서의 도래를 상징한다.

이해조가 「화의 혈」에서 주장하는 것처럼 소설의 사실성이 주는 '재미'라는 것의 파급효과는 비구니 원조자의 묘사에도 어느 정도 영향을 미친다. 수월암이 등장하는 장면은 전대소설에서 보는 극도의 설화적 우연성과 반전성이 제거됨으로써 독자가 체험하는 현실 세계의 논리에 가까워졌다. 수월암이 텍스트에 등장하는 장면도 사실적이다. 필공에게 구조된 수정이 집으로 돌아가기를 거부하자 강변에 구경꾼이 모여드는데, 해인사 노승 수월당도 이 구경꾼 가운데 한 사람으로 자연스럽게 이야기 공간에 도입된다. 그런데 나중에 밝혀지듯 수월암은 그 전날 망부의 꿈을 꾸고서 그의 산소에 다녀오는 길이었다. 현몽은 고대문학에서 널리 애용되는 모티프이다. 이해조의 신소설에서는 이 모티프가 조금 변형된

---

33) 이해조, 「화세계」, 『신소설·번안(역)소설』 5(아세아문화사), 192쪽.
34) 이해조, 「화세계」, 『신소설·번안(역)소설』 5(아세아문화사), 224쪽.

상태로 쓰이는데, 그것은 몽중계시의 주체가 관음보살이나 도사가 아니고 평범한 인간이라는 점이다. 또한 꿈의 내용도 죽은 남편이 자기에게 '자식은 웬 것을 낳았다고 젖을 먹여라, 업어 주어라 당부 당부' 하는 것이어서 고전소설에서 보는 신이한 면이 제거된 상태이다.

수월암은 철저히 인간화된 인물이다. 그녀의 원조행위는 도인으로서의 비범함이 아니라 승려로서의 자비심이 발현된 것이다. 수월암은 양가 여인으로서 소년에 청상이 된 뒤 훼절을 피하고자 서른에 해인사로 출가하였다. 서술자는 그녀가 '불경 공부를 어떻게 정성스럽게 하였는지 나무아미타불 소리에 사십 년 광음이 꿈결같이' 흘러가 버렸다고 한다. 그녀는 젊은 여승들로부터 '무던'한 스승으로 존경 받는다. 이 사실은 동대문 청량리 승방의 여승들이 객승으로 머무는 수정을 칭찬하면서 그녀가 '얌전'하게 염불에만 전념하는 것은 수월암의 상좌이기 때문이라고 한다. 수정이 이들로부터 '대우를 썩 후하게' 받는 것도 수월암 덕분이다. 수월암은 사십 년간 수행승으로만 살았으나, 『치악산』의 노비구니 수월당과는 달리 세간사를 제대로 파악할 수 있는 현실적인 안목도 갖추었다. 필요할 때에는 권세가인 이승지의 도움을 청하면서도 수정의 미모를 탐내는 이승지의 엉큼한 속내를 파악하고 수정을 구해 올 정도로 과단성을 겸비한 인물이다.

수월암의 인간성은 승려로서의 아상我相을 세우지 않는 진솔한 면에서 더욱 확실해진다. 그녀는 수정이 구참령을 찾아 서울로 떠나려 하자 자신의 출가기를 들려주며 출세간의 삶이 낭만적인 것이 아님을 솔직하게 인정한다. 자신이 삭발한 것은 '사세부득의 일'로 '쓸쓸하고 외로운 중의 살림'이 좋아서 한 것은 아니라고 털어놓는다. 그래서 수정이 출가를 발원했을 때에는 '한 절에서 일생 같이 있어 모녀나 다름없이 지내보려'는 희망을 가졌었지만, 수정이 그럴 뜻이 없자 굳이 그녀에게 비구니로 살라고 강권하지 않고 본인의 의사를 존중하는 태도를 취한다. 그리고 후일 수정이 패물로 인해 구참령을 잃고 고통스러워할 때 업과 윤회의 도리를 설명하며 어머니와 같이 따뜻하게 위로해 준다. 이 장면에서 독자들은 소설의 전반부에서 청상과부로 출가한 수월암이 제자를 만나 유사모녀관계를 형성할 것임을 예시한 남편의 현몽을 기억하게 된다. 수월암의 꿈은 일시적 흥밋거리 이상의, 텍스트를 유기적으로 연결해 주는 복합적 기능을 하는 것이다.

그러나 이 작품에 나타난 수월암의 인간적인 모습은 이해조가 지닌 승려관의 일면일 뿐이다. 「화세계」에 등장하는 여승들의 묘사를 종합적으로 분석해 볼 때, 이해조는 여성의 출가에 상당히 회의적이었던 것 같다. 우선 수월암과 수정의 대화에서는 반평생을 절에서 보낸 노비구니가 사인私人으로서 느끼는 외로움과 쓸쓸함이 짙게 풍긴다. 작가는 이주사의 입을 통해 '승이라는 것은 무슨 일도 당초에 낙발을 하고 이따금 구슬퍼하는 것이 본색'이라는 주류 사회의 고정관념과 감상적인 시각을 그대로 드러낸다. 출가에 대한 이해조의 비판적 시각은, '새암 바르고 암상스러운' 청량사 여승들이 남자와 통정한 수정 때문에 자신들의 '큰 명예'가 깎이게 생겼다며 산문에서 쫓아내는 경망함에서도 확인된다. 이를 볼 때 승가라는 집단에 대한 이해조의 시각이 이인직이나 김교제의 부정적인 시각과 별반 다르지 않음을 알 수 있다.

출가에 대한 이해조의 회의론은 수정이 속세로 귀환하는 서사구조를 통해 구체화된다. 이해조는 출가와 환속의 순환구조를 합리화하기 위해 이대구 아내의 행복한 부인상과 수월암의 고독한 모습을 대조시킨다. 수정은 패물과 함께 사라진 구참령을 찾아 길을 나섰다가 우연히 하룻밤

묵게 된 이대구의 집에서 장물로 팔린 자기의 패물을 발견한다. 여기서 이대구의 부인은 패물의 소재 추적에 결정적인 기여를 한다. 그러나 그녀의 등장은 이 소설에서 또 한 가지의 중요한 기능을 하는데, 그것은 수정의 환속을 유도하는 일이다. 이대구의 부인은 초년 과부로 세상에 살기가 어려워 '화난 감'에 탑골승방으로 출가했다가 그 절에 병 치료차 들렀던 이대구의 눈에 띄어 결혼하기로 약속하고 환속한 인물이다.35) 그녀는 남편의 극진한 애정과 이해심으로 자식을 낳고 행복하게 살고 있음을 자랑하며 그 증거로 이대구가 김주사로부터 사온 수정의 패물을 보여 준다. 그리고 자신이 환속하지 않았더라면 '쓸쓸한 산속 초막에서 세상 재미는 한 가지도 모르고 속절없이 늙었을 것'이라며, 자기가 규중 여인네만 아니면 전국의 사찰을 돌아다니며 서른 살 전의 연소한 비구니들에게 퇴속을 권고하고 싶다고 말한다.

    이해조는 이대구 부부를 상호 존중과 이해심으로 서로를 배려하며 경제적인 안락도 누리는 이상적인 남녀관계로 제시하며, 이대구의 부인의 입을 빌려 여성의 출가에 대한 자신의 견해를 피력하고 있다. 이대구의 부인은 여승들에게 퇴속을 권유하는 이유로, 첫째는 그 신세를 적막히 허송치 말도록 하는 점과 둘째는 자녀를 생산하여 나라 인민이 많이 늘게 하면 역시 불가의 큰 자비공덕이라는 점을 들고 있다. 이해조는 독자들로 하여금 이 견해에 수긍하도록 수월암의 고독한 모습을 강조한다. 사인으로서의 여승의 외로운 이미지는 원조자로서 그녀가 보여 준 장부다운 이미지의 이면에 가려 있다. 그런데 이 두 대조적인 이미지는 허구적 인물로서의 비구니에게 상투적으로 부여되는 것이므로 굳이 이해조

---

35) 탑골승방은 지금 서울 성북의 보문사를 가리킨다.

개인의 관점이라고 볼 필요는 없다.

　이해조가 여성의 출가를 반대하는 두 번째 근거는 신구문화 교체기의 사상적 특징과 관련이 있다. 결혼과 출산을 여성의 가장 큰 의무로 규정한 유교 전통은 개화기에도 여전히 영향력을 발휘하고 있었다. 결혼을 통한 자녀의 생산은 사회의 기본단위인 가족을 형성하는 데 필수라고 여겼기 때문이다. 그런데 「화세계」에 드러난 이해조의 출가에 대한 입장은 전통적인 유교 가족론보다 개화기라는 특수한 시대적 상황과 관련이 있는 듯하다. 결혼과 출산이 인구 증가에 기여하므로 이것이 곧 애국행위라고 주장하는 이대구 부인의 논리는 1910년대 애국계몽기에 크게 유행한 '민족자강民族自强'의 담론을 연상시킨다.36) 실제로 이해조는 대한자강회大韓自强會의 일원으로 사회계몽운동에 적극적으로 참여한 적이 있다. 권영민은 이해조가 가족문제에 깊은 관심을 기울인 점을 주목하면서, 이를 개화기부터 혼란해지기 시작한 봉건적인 가족 제도에 대한 우려에서 기인한 것이라 본다. 이 견해에 따르면 개화기 지식인들은 가정이 '가족에 대한 책임만이 아니라 사회에 대한 공통된 책임을 담당'한다고 보아, 혼인을 '일가의 정리와 국가의 진보에 상조'하는 제도로 여겼다.37)

　결론적으로 「화세계」에서 여승은 오락적 소재 이상으로 취급되지 않고 있으며 여성의 출가는 개인적인 차원에서나 국가적인 차원에서 폐지되어야 할 구시대의 제도로 규정되고 있다. 수정은 외적으로는 비구니의 모습을 하고 있지만 출가자의 정체성과는 무관한 인물이다. 따라서

---

36) 이해조는 대한자강회뿐만 아니라, 신채호 및 안국선과 함께 1908년에 결성된 畿湖興學會의 편집인으로 활동하기도 하였다. 이해조의 전기에 대해서는 이용남의 『이해조와 그의 작품세계-신소설의 갈등양상연구』(동성사, 1986), 93~102쪽 참조
37) 권영민, 「이해조의 소설관에 대하여」, 『관악어문연구』 3(서울대학교 국어국문학과, 1986), 71쪽.

그녀가 구참령을 만나 환속과 혼인을 맹세한 뒤에도 짐짓 만행 중인 여승의 흉내를 낸다거나, 이대구 부인의 장황한 속퇴 권고에도 '기왕 불가에 들어간 터에 죽기 전 다른 뜻을 아니 둘 터'라고 둘러대는 표리부동한 행위에 큰 모순을 못 느낀다. 이러한 기회주의적인 처신은 청량사에서 쫓겨나 갈 곳이 없어지자 또 다시 해인사로 내려가 중노릇이나 할까 하고 망설이는 태도에서 이미 예상되는 바이다. 수정은 수월암을 은사로 삼아 정식 득도한 여승으로서 서사공간을 종횡무진 활약한다. 그러나 그녀에게는 법명이 없다. 이는 그녀가 실제로는 출세간의 인물이 아님을 텍스트 스스로 보여 주는 것이다.

이해조는 소설의 흥미를 돋우기 위해 전대의 혼사장애소설 장르에 여성의 출가와 만행이라는 소재를 묘하게 접목시켰다. 그런데 이 과정에서 '재미'에 더 큰 가치를 둠으로써 '사실'을 희생시키는 결과를 낳은 셈이다. 「화세계」는 여러 가지 불교적 요소를 끌어들이고 있다. 그 가운데 출가와 여승변장 모티프는 소설의 중반에서 갈등구조를 심화시키고 서술공간을 다양화하는 데 기여한다. 그러나 이해조가 불교와 관련된 요소들을 처리하는 관점이 근본적으로 오락적, 방편적이어서 비구니에 대해 진지한 문제의식을 던져 주는 데는 실패하였다. 다만 이대구의 부인을 통해 출가가 과연 새로운 사회질서에 편입될 수 있는 전통인가라는 회의를 제기한 데서 개화기 지식인으로서 작가가 지닌 최소한의 사회의식을 엿볼 수 있다. 이해조는 다른 작품에서도 불교적 소재를 도입하는데, 대개는 피상적인 스케치 정도에 머무르고 있다.[38]

이해조는 신구 가치관을 모두 지닌 과도기적 작가로서 그의 작품은

---

38) 이해조의 작품 가운데에는 사찰이나 승려를 등장시키는 것이 더러 있는데, 그 가운데 『雨中行人』이나 『九疑山』처럼 거짓말을 하는 승려나 도피성 출가를 다룬 작품도 있다.

구소설적 성격을 탈피하지 못하면서도 새 시대의 소설사적 특징을 다분히 지니고 있다는 평가를 받는다.[39] 이는 『치악산』의 저자 이인직과 김교제에게도 적용될 수 있는 평가이다. 『치악산』과 「화세계」에서 비구니를 다루는 양상은 고전소설보다 상세할 뿐만 아니라 신소설다운 근대적 서술양식을 시도한 면도 있다. 둘 다 비구니의 인간성에 초점을 맞추어 여승도 개성을 가진 인물로 접근하고, 비록 제한적이기는 하나 사찰 내부의 인간적인 갈등을 보여 주기도 한다. 비구니 인물에게 부여되는 서술상의 비중을 따질 때, 여승이 절대적인 주인공으로 등장하는 「화세계」는 한국 문학 최초의 비구니소설이라 칭할 수 있다.

그러나 『치악산』과 「화세계」의 작가들이 여성의 출가와 수행을 삶에 대한 보편적 문제로서 진지하게 취급한 것은 아니다. 두 작품 모두 원조자 노비구니들을 사회변혁기의 어수선한 분위기에도 불구하고 시대의 흐름과 무관하게 산승으로서의 생활에 갇혀 있는 인물로 형상화했다. 그리고 이들의 보호 아래 출가하여 가족과 사회로부터 격리된 상태에서 일시적으로 승려의 삶을 체험하는 여주인공들도 결국은 결혼이라는 궁극적 목표를 위해 사회로 귀환한다. 결과적으로 여승 원조자 모티프와 여승변장 모티프는 전대소설에서와 같이 도구적으로 사용되고, 출가의 의미는 부정적으로 제시될 뿐이다. 절이나 출가를 은신의 수단으로 보는 편협한 시각을 넘어서서 여성과 불교의 관계를 종교예술적 시각에서 천착하는 작업이 개화기소설가들에게는 지나치게 혁신적이었을지도 모른다. 이러한 노력은 다음 장에서 다룰 1930년대의 문학에 이르러서야 본격적으로 나타난다.

---

39) 송민호, 「이해조소설의 미적 성격」, 『신문학과 시대의식』(새문사, 1981), 50~51쪽.

4장 비구니와 근대성: 1930년대 문학을 중심으로

　개화기소설 이후 여승을 취급한 작품을 다시 만나게 되는 것은 우리 문단이 본격적으로 근대문학기에 접어든 1930년대이다. 조지훈의 「승무」와 백석의 「여승」, 한용운의 소설 「박명」은 모두 1930년대 후반에 발표된 작품들이다.

　1930년대는 한국 문학사에 있어서 중요한 시기로 1920년대의 '습작문단'이 '작가문단'으로 전환된 시기이다.[1] 서구의 리얼리즘이 뿌리를 내린 소설계는 1930년대에 이르면 '제2기의 리얼리즘 소설기'를 맞게 된다.[2] 시단은 김기림과 정지용이 주도하는 모더니즘이 주류를 형성한 가운데 '생명파'와 '청록파' 시인들의 활동이 뚜렷한 하나의 조류를 이루고 있었다.[3] 이 시기에 쓰인 시들은 해방 후의 시로 연결되면서 한국 현대시의 기본적인 테두리를 형성하게 된다.[4]

　조지훈의 「승무」와 백석의 「여승」, 한용운의 「박명」은 한국 문학사

---

1) 조연현, 『한국현대문학사』(성문각, 1969), 466쪽.
2) 백철, 「시인 한용운의 소설」, 『한용운전집』 5(신구문화사, 1980), 16쪽.
3) 고형진, 「백석시 연구」, 『백석』(새미, 1996), 15쪽.
4) 김명인, 「백석시고」, 『백석』(새미, 1996), 78쪽.

에서 처음으로 비구니를 진지한 철학적 사유와 예술적 표현의 대상으로 취급한 작품들이다. 비록 장르와 사조는 다르지만, 이 작가들은 여승을 생명력이 상실된 관념적 인물로 취급하던 전대문학의 도식성을 과감히 던져 버리고 그들의 인간성을 회복시켰다. 이들의 작품에 나타난 비구니들은 실존적 고뇌를 종교적으로 승화시키기 위해 치열하게 살아가는 보편적인 인간의 모습을 반영한다. 전대의 작가들이 삭발위승의 기능적 효용성에 주된 관심을 가졌던 데 반해, 조지훈, 백석, 한용운은 구도적 삶의 종교적 상징성과 사회적 의미에 더 큰 무게를 두고 있다. 따라서 비구니의 문학적 표상은 1930년대 말에 이르러 정신계와 물질계, 초월성과 역사성이 모두 구비된 다원적이고 복합적인 형태로 그 면모를 일신하게 된다.

「승무」와 「여승」 그리고 비구니신화

조지훈의 「승무」와 백석의 「여승」은 한국 현대시사에 길이 남을 주옥같은 작품들이다. 1930년대 후반은 일제가 전시체제에서 군국주의적 통치를 강화하면서 모든 분야에 있어서 조선인의 삶이 전례 없이 피폐해지던 시기이다. 이러한 상황에서 「승무」와 「여승」은 종교적 구원과 사회 문제의 고발이라는 두 가지의 현실 대응방식을 예시하고 있다. 이 두 시인은 비구니라는 동일한 소재를 다루면서도 한 사람은 현실의 형이상학적 초극성에, 다른 한 사람은 형이하학적 비극성에 초점을 맞추고 있다. 이 두 편의 시는 민족적 정서에 뿌리를 둔 서정적 시어와 회화적 기법, 그리고 서사적 구성의 묘미로써 비구니의 인물묘사를 전대문학과는 비교할 수 없는 수준으로 끌어올렸다.

「승무」는 1939년『문장文章』에 발표된 조지훈의 초기 작품이다. 이 시에 대해서는 많은 논평자들이 여러 각도에서 해석을 시도하였는데, 대표적인 견해는 다음과 같다. 첫째, 「승무」를 민족문화와 정서에 대한 시인의 애착과 회고를 다룬 시로서 민족의식을 고취시키는 작품으로 보는 입장이다.5) 조지훈은 '사라져 가는 것에 대한 아쉬움의 정'을 이 시에서 다루었다고 회고한 바 있다.6) 둘째, 「승무」를 선禪의 세계와 관련시키는 해석이다. 김용태는 이 시의 소재는 민족적이지만 그 방법이나 정신세계에 있어서는 선감각을 표상한 작품으로 평가한다.7) 셋째, 이 시의 언어와 율조 등 양식상의 특색에 대한 논의도 연구사의 큰 흐름을 형성하고 있다.8) 넷째, 조지훈이 겪은 식민지 말기의 시대적 좌절감과 울분이 「승무」 등 초기 시의 창작에 영향을 주었으리라는 보는 관점이다.9)

「승무」에 대한 기존 연구는 방법론의 다양성에도 불구하고 한 가지 중요한 점을 간과하고 있다. 이 시에서 승무를 추는 승려가 남성이 아니라 여성이라는 점이다. 이것이 무엇을 의미하는지는 간단한 가설을 세워

---

5) 박두진, 「조지훈의 시세계」, 『조지훈연구』(고려대출판부, 1978), 3~8쪽. 김동리도 일찍이 懷古趣味를 이 시의 가장 중요한 특질로 보았다.(김동리, 「조지훈의 선감각」, 『조지훈연구』[고려대출판부, 1978], 31~33쪽)
6) 조지훈, 『조지훈전집』 3(나남출판, 1996), 208쪽.
7) 김용태, 「조지훈의 선관과 시」, 『조지훈연구』(고려대출판부, 1978), 60~91쪽. 김해성은 조지훈의 '禪味의 시세계'를 「古寺 1」 등 후기 시에서 주로 찾지만, 「승무」와 같은 초기 시에 그 정신이 전혀 없는 것은 아니다.(김해성, 「선적 시관고」, 『조지훈연구』[고려대출판부, 1978], 37~59쪽) 김윤식은 「승무」에서의 '번뇌'와 '별빛'의 等質性은 불교미학에의 미달이거나 초월에 해당한다고 주장한다.(김윤식, 「心情의 폐쇄와 확산의 파탄」, 『조지훈연구』[고려대출판부, 1978], 144쪽)
8) 대표적인 연구로 김춘수, 「지훈시의 형태―온건한 안식」, 『조지훈연구』(고려대출판부, 1978), 94~95쪽; 오탁번, 「지훈시의 의미와 이해」, 『조지훈연구』(고려대출판부, 1978), 245~271쪽; 서익환, 「조지훈연구―'승무'의 이미지 분석」, 『국어국문학』 89(국어국문학회, 1984), 251~271쪽 참조.
9) 장문평, 「지훈의 좌절」, 『조지훈연구』(고려대출판부, 1978), 191~192쪽.

보면 알 수 있다. 만약 이 시 속의 무용수가 남승이라고 한다면 과연 그간 제시된 많은 해석들이 모두 타당성을 유지할 수 있을까? 한 걸음 나아가 과연 오늘날 우리가 알고 있는 조지훈의 「승무」라는 시 자체가 존재할 수 있을까? 답은 명약관화하다.

「승무」에서 시인의 관찰과 묘사의 대상이 여승임을 지시하는 표현과 이와는 무관한 표현들을 점검해 보자.

얇은 사紗 하이얀 고깔은 고이 접어서 나빌레라.

파르라니 깎은 머리 박사薄紗고깔에 감추오고
두 볼에 흐르는 빛이 정작으로 고와서 서러워라.

빈 대臺에 황촉黃燭불이 말 없이 녹는 밤에
오동잎 잎새마다 달이 지는데

소매는 길어서 하늘은 넓고
돌아설 듯 날아가며 사뿐이 접어 올린 외씨보선이여.

까만 눈동자 살포시 들어
먼 하늘 한 개 별빛에 모두오고

복사꽃 고운 뺨에 아롱질 듯 두 방울이야
세사에 시달려도 번뇌煩惱는 별빛이라.

휘여져 감기우고 다시 접어 뻗는 손이
깊은 마음 속 거룩한 합장合掌인 양하고

이 밤사 귀또리도 지새우는 삼경三更인데
얇은 사紗 하이얀 고깔은 고이 접어서 나빌레라.

―「승무」 전편10)

「승무」를 자세히 읽어 보면 무용수의 성에 구애 받지 않을 표현들로만 이루어진 연은 몇 안 된다. 이 시의 시간적 배경을 가리키는 4·5행과 무용수의 신비한 손놀림을 묘사한 12·13행 정도가 될 것이다. 많은 비평가들이 높이 사는 '나비', '두 볼에 흐르는 빛', '외씨버선', '까만 눈동자', '복사꽃 고운 뺨', '아롱질 듯 두방울' 등의 단어나 구절이 지닌 고도의 서정성은 시인이 진술하고자 하는 대상이 여승이기 때문에 가능한 것이다.

「승무」 속의 주인공은 시인 자신이다. 조지훈은 여승이라는 인물에다 자신을 투사하고 있다. 조지훈은 「시의 비밀」에서 「승무」의 '작시체험'을 설명하고 있는데, 거기서 그가 밝히는 시작의 '비밀'은 두 가지이다. 이 시는 근원적으로 불교적 구도의식의 발현이라는 것과 이 구도의 의지를 담을 가장 적절한 시적 기호로서 여승을 선택했다는 것이다. 「시의 비밀」에 의하면 조지훈은 승무를 무척 좋아하여 여러 사람의 공연을 참관했다 한다. 그런데 승려의 춤 말고 속인들에 의한 승무의 해석은 자신의 '시심詩心에 큰 파문을 던지지 못했다'고 한다.11) 조지훈에게 시작에 대한 직접적인 영감을 불러일으킨 경험은 수원 용주사의 이름 모를 비구승의 승무와 미술전람회에서 본 김은호金殷鎬의 승무도였다. 이 승무도는 기녀를 모델로 삼은 것이었는데, 조지훈은 이 회화에서 '움직임을 미묘히 정지태靜止態로 포착'하는 동양화적 리듬을 발견하였다. 이것

---

10) 조지훈, 『조지훈전집』 1(나남출판, 1996), 40쪽.
11) 조지훈, 『조지훈전집』 2(나남출판, 1996), 181쪽.

은 '움직이는 듯 정지하는 찰나의 명상'이 시각화된 것이었다. 그러나 기녀의 승무는 근본적으로 '인간의 애욕 갈등 또는 생활고의 종교적 승화 내지 신앙적 표현이 결여'되어 있었다. 용주사에서 본 춤과 김은호의 그림을 연결하고서도 조지훈은 '내용과 형식, 정신과 육체, 무용과 회화의 양면성'을 뛰어넘지 못하여 고민하던 중 궁중에서 연주하는 「영산회상」을 듣고 몇 번의 시행착오 끝에 목표하였던 작품을 완성했다고 한다.12) 그런데 이 '난산'의 결론이 매우 중요하다.

> 써 놓고 보니 이름 모를 승려의 춤과 김은호의 그림과 같으면서도 다른 또 하나의 승무를 만들게 되었던 것이다. 말하자면 이 춤은 내가 춘 승무에 지나지 않는다. 춤추는 승려는 남성이더랬는데 나는 이승尼僧으로, 그림의 여성은 장삼長衫 입은 속녀俗女였으나 나는 생활과 예술이 둘 아닌 상징으로서의 어떤 탈속脫俗한 여인을 꿈꾸었던 것이다. 무대도 나중에는 현실 아닌 환상 속에 이루어진 것이다.
> 이것이 곧, 이 승무는 나의 춤이 되는 까닭이 된다.13)

조지훈은 「승무」의 비구니를 남과 여, 승과 속의 이원적 세계를 뛰어넘는 상징적 인물로 그린 것이다. 그리고 시인은 생활과 예술, 회화와 무용, 공간성과 시간성을 연결하는 매개자로 정의한다. 여승은 사제司祭로서, 조지훈은 시인으로서 대립과 분리를 극복할 수 있는 능력을 가진 자들이다. 여기에서 관찰의 대상인 여승과 관찰자인 시인 간에 동화가 일어난다.

조지훈의 「승무」는 김소월이나 한용운의 시와 같이 여성 화자의 목

---

12) 조지훈, 『조지훈전집』 2(나남출판, 1996), 182~185쪽.
13) 조지훈, 『조지훈전집』 2(나남출판, 1996), 184~185쪽.

소리로 진술되지 않는다. 그럼에도 불구하고 시인이 자신을 작품 속의 여성 인물에게 투사한다는 기본 발상은 똑같다. 특히 이들의 시에서 공통적으로 발견되는 전통적 정서는 근대시의 주된 경향이었던 모더니즘 시인들의 시어나 정조와 뚜렷이 구별되는 특징이다. 물론 여성주의가 조지훈의 시 세계 전체를 관류하는 것은 아니며, 그의 작품을 심미적 '전통지향성'의 렌즈로만 들여다보는 것도 오류의 여지가 있다.14) 그러나 조지훈이 등단 초기에 오랜 '회임' 기간을 거쳐 세상에 내놓은 '출세작'에서 자신을 여성 구도자의 위치에 두었다는 사실은 1930년대에 여승이라는 문화적 코드가 지닌 다양한 미학적 특질과 철학적 의미를 다시 한번 숙지시킨다.

백석의 「여승」은 1936년에 나온 그의 시집 『사슴』에 실려 있다. 이 시는 「승무」와 같이 전통 문화의 일부인 산사와 여승을 소재로 쓰면서도 「승무」와는 달리 시인의 사회의식이 텍스트 전면에 강하게 흐르는 작품이다.

여승女僧은 합장合掌하고 절을 했다
가지취의 내음새가 났다
쓸쓸한 낯이 옛날같이 늙었다
나는 불경佛經처럼 서러워졌다

평안도의 어늬 산 깊은 금덤판
나는 파리한 여인女人에게서 옥수수를 샀다
여인女人은 나어린 딸아이를 따리며 가을밤같이 차게 울었다

---

14) 이 문제점에 대해서는 김용직, 「시와 선비의 미학」, 『조지훈』(새미, 2003), 14~20쪽 참조.

섭벌같이 나아간 지아비 기다려 십년十年이 갔다
지아비는 돌아오지 않고
어린 딸은 도라지꽃이 좋아 돌무덤으로 갔다

산山꿩도 설게 울은 슬픈 날이 있었다
산山절의 마당귀에 여인女人의 머리오리가 눈물방울과 같이 떨어진 날이 있었다

—「여승」 전편15)

「여승」은 흔히 가족 해체의 비극을 다루는 시로 이해되고 가족의 몰락은 곧 1930년대 한국 사회 전반에 걸쳐 진행되던 공동체적 삶의 붕괴 현상을 가리키는 것으로 해석된다.16) 그런데 해석의 초점을 가족이라는 집단으로부터 여승 개인에게로 돌려 보면 이 시는 간결하면서도 극적 효과가 풍부한 출가기의 성격을 띤다. 이 출가기는 여승 자신의 직접적인 구술이 아니라, 과거에 그녀를 만난 적이 있는 제삼자의 목소리로 서술되고 있다. 시의 화자는 여인에게 깊은 연민과 동정을 드러내고 있지만, 이 화자의 서술이 반드시 객관적인 출가의 배경을 전한다고 단언할 수는 없다.

여인의 비극은 집을 나가 십 년 동안 소식이 끊어진 무책임한 남편으로부터 기인한다. 남편은 시대적 상황으로 보아 돈을 벌기 위해 집을 나간 것으로 추정되지만, 그의 가출이 반드시 빈곤 때문이라고 확언할

---

15) 김재용 편, 『백석전집』(실천문학, 1997), 38쪽.
16) 김명인, 「백석시고」, 『백석』(새미, 1996), 91~92쪽; 최두석, 「백석의 시세계와 창작 방법」, 『백석』(새미, 1996), 141쪽, 김은자, 「생명의 시학—백석시에 나타난 동물상징을 중심으로」, 『백석』(새미, 1996), 276쪽.

수는 없다. 그리고 그녀의 슬픔은 가난으로 인해 딸마저 잃는 데서 배가 된다. 시의 행간에서 묵시적으로 전달되는 출가의 이유는 제행무상이다.

절은 원칙적으로 구도자들을 위해 존재하는 것이지만, 현실은 이 시의 주인공과 같이 인생에 지친 여인들이 더 이상 스스로의 힘으로 삶을 지탱할 수 없을 때 찾을 수 있는 유일한 의탁처이다. 즉 산사는 여인들에게 '도피처'가 아니라 '안식처'의 역할을 해 왔다. 신여성의 출현과 함께 여성의 사회활동이 공공연하게 받아들여지기 이전 시대에는 더욱 그러하였다. 이러한 점을 고려한다면, 이 시의 주인공이 머리를 자르고 입산함으로써 시의 현실감이 다소 줄어든다는 김은자의 지적[17]은 전통시대 여성의 종교생활에 대한 현실적인 이해의 부족에서 온 것으로 보인다.

백석의 「여승」은 전통적 삶의 양식이 해체되면서 도래한 정신적, 물질적 궁핍의 시기를 잘 대변하고 있다. 그리고 이 절실한 가난과 이별의 체험은 '가지취의 냄새'나 '섭벌', '도라지꽃', '산꿩' 등 감각적이고 토속적인 이미지를 통해 생생히 전달되고 있다.

그러나 이 시의 서정적 분위기 이면에서는 절을 내부로부터가 아니라 외부로부터 들여다보는 관찰자의 조심스러운 거리감과 호기심이 함께 느껴진다. 이 거리감과 호기심은 '불경의 서러움'과 삭발의 처연한 이미지 등에서 가시화되는데 거기에는 감상적 낭만주의의 위험성이 도사리고 있다. 출가를 둘러싼 감상적 시선은 여성 출가자를 '피해자'나 '도피자'로 측은하게 보던 통속적인 입장에다 저잣거리로부터의 '탈속'을 꿈꾸는 일상인의 환상이 묘하게 덧씌워진 데서 나온 것이다. 여승이나 여성의 출가를 고도의 심미적인 관찰이나 심오한 형이상학적 유희의

---

17) 김은자, 「생명의 시학-백석시에 나타난 동물상징을 중심으로」, 『백석』(새미, 1996), 277쪽.

대상으로 보려는 욕구와 그 욕구를 제어하는 사회의식이 교묘하게 충돌하는 바로 그 경계선에서 오늘날 한국 문화에 광범위하게 퍼져 있는 '비구니신화'가 탄생한 것이다. 이와 같이 복합적인 정서를 형성하는 데 가장 큰 기여를 한 근대의 문학작품을 들라면 조지훈의 「승무」와 백석의 「여승」을 꼽을 수 있을 것이다. 다음에서 보듯이 이 시기에 여승이 문화 코드로서 갖는 다층적 의미는 한용운과 같은 승가 내부인의 작품에 의해 어느 정도 균형 감각을 갖추게 된다.

「박명」과 보살도의 이상

만해 한용운의 장편소설 「박명」은 1938년 5월 18일부터 1939년 3월 12일까지 『조선일보』에 연재된 작품이다. 한용운은 「박명」 이전에 또 다른 장편소설인 「흑풍黑風」(1935～1936)을 『조선일보』에 연재한 적이 있으며, 그 후 『조선중앙일보』에 「후회後悔」(1936)를, 『불교』에 「철혈미인 鐵血美人」(1937)을 연재하다가 중단하였다. 「박명」 이후에 한용운이 쓴 소설로는 미발표 유작인 중편 「죽음」이 있다.

「박명」은 한용운의 다른 소설들과 마찬가지로 시인으로서의 한용운이 이룩한 업적에 가려 본격적인 비평적 관심을 끌지 못했다. 양적으로 많지는 않으나 「박명」에 대한 선행 연구는 서술양식상의 문제, 식민지 현실의 고발, 포교문학적 특징에 대한 논의로 집약된다. 이 세 방향 가운데 가장 자주 거론되는 문제는 한용운의 소설에 나타난 구태의연한 전대소설의 기법이다. 김우창은 한용운의 소설에는 사회의식이 결여되어 있는데 그것은 작가의 선험적 도덕주의 때문이라고 본다. 그리고 작중인물들의 관계가 도식적인 추상성을 띠며 고소설의 권선징악적 구조와 주제를 그대로 표방하는 결점이 있다고 지적한다.[18] 구체적으로 「박명」은 짓눌린 계층 출신인 순영의 비참한 운명을 평면적으로 취급하여 사회적인 차원에 대한 작가의 몰이해를 드러낸다고 비판하고 있다. 이러한 유형의 비판은 「님의 침묵」이라는 기념비적 작품을 남긴 시인 한용운에 비해 상대적으로 '세련'되지 못한 소설가로서의 한용운에 대한 부정적 평가의 한 예이다.

한용운 소설에서 보이는 기법상의 '전근대성'은 대부분의 평론에서 하나의 기정사실 내지는 전제로 삼는 경향이 있다. 심지어는 바로 이 '결함' 때문에 만해소설의 의미는 서사양식보다는 작가의 주제의식에서 찾아야 한다는 주장도 나온다.[19] 「박명」에 드러난 고전소설적 특징은 선인과 악인의 대립적 구도를 선명하게 부각시키는 설정에서 찾을 수 있다. 아편중독자가 된 운옥이 아무런 예고 없이 소설의 결말에 갑작스럽게 나타나 순영의 모든 고통이 실은 자신이 획책한 것이었다고 고백하는 장면은 고전소설의 상투적 우연성을 그대로 답습한 것이다. 특히 순영의 고난이 어릴 때 그녀가 운옥을 놀려 준 일에 대한 복수극이었음을 폭로하는 것은 상당히 비현실적인 반전기법이다. 한용운은 「흑풍」의 권두에 실린 '작가의 말'을 통해 소설가로서의 자신의 역량과 창작 동기의 교화성에 대해 다음과 같이 설명하고 있다.

---

18) 김우창, 「한용운의 소설」, 『문학과 지성』 5(1974), 638~659쪽.
19) 대표적인 예가 다음과 같은 주장이다. 한점돌, 「한용운소설에 나타난 '사랑'의 양상과 그 의미」, 『국어교육연구』 99(한국국어교육연구회, 1999), 221쪽, "만해 스스로 자신이 가지고 있는 소설에 대한 기대지평이 당대의 소설들에 비하여 턱없이 낮다고 하는 자각을 유발했을 것이다. 이러한 상황에서 벗어나는 제일 손쉬운 길은 아예 소설 쓰기를 포기하고 익숙한 시의 세계로 돌아가거나 「죽음」처럼 작품을 발표하지 않는 것이겠지만 그것이 여의치 못할 때에는 메시지로서의 주제의식 쪽에 매달리는 방법이 있을 수 있을 것이다."

나는 소설을 쓸 소질이 있는 사람도 아니오, 또 나는 소설가가 되고 싶어 애쓰는 사람도 아니올시다. 왜 그러면 소설을 쓰느냐고 반박하실지도 모르나, 지금 이 자리에서 그 동기까지 설명하려고는 않습니다. 하여튼 나의 이 소설에는 문장이 유창한 것도 아니오, 묘사가 훌륭한 것도 아니오, 또는 그 이외라도 다른 무슨 특징이 있는 것도 아닙니다. 오직 나로서는 평소부터 여러분께 대하여 한번 알리었으면 하던 그것을 알리게 된 데 지나지 않습니다.[20]

한용운 소설의 양식적 측면에 대해서는 부정적인 견해가 지배적이지만, 개별 작품에 대한 평가는 조금씩 다르다. 구인환은 「박명」을 만해 소설 가운데 '근대소설의 미적 구조를 가장 성취시킨 작품'으로 본다. 순영의 일생이 희망, 성취, 좌절, 구제의 단계를 거치며 근대적 서사구조를 형성하고, 작중인물들 특히 색주가 여인들의 삶의 모습이 생생한 리얼리티를 반영하고 있다는 긍정적인 평가를 내린다.[21] 따라서 「박명」은 의식과 기법상 한용운의 대표작으로 손색이 없으며 그의 소설 가운데 유일하게 1930년대 소설로 인정될 수 있을 정도의 수준에 이른 작품이라고 결론짓는다.

한편 한용운 소설의 '전근대성'을 작가적 능력의 부족에서 온 것이라기보다 목적성이 깔린 의도적인 시도로 보는 시각도 없지 않다.[22] 김

---

20) 한용운, 『한용운전집』 5(신구문화사, 1980), 18쪽.
21) 구인환, 「만해의 소설고」, 『한국문학연구』 3(동국대학교 한국문학연구소, 1980), 332~333쪽.
22) 이 점을 조동일의 문학관과 연관시켜 생각해 볼 수 있다. 조동일에 따르면 한용운은 '문예'와 '문학'을 구분하였다. 따라서 이 둘을 동일시하여 과거의 문학을 일방적으로 '난도질'하고 동양 전래의 문학관의 계승을 거부한 신문학운동을 비판적으로 보았다. 그리고 일본을 통해 수입된 서양문학의 개념이 우리 문학의 방향을 왜곡시키는 것이라고 '경고'했다.(조동일, 「한용운의 문학사상」, 『한국문학사상사시론』[지

용범은 한용운의 소설이 그의 시적 업적보다 낮게 평가되고 또한 1930년대 한국 소설의 전반적인 수준에도 미치지 못한다는 지적을 수용하며, 그의 소설이 신소설이나 고전소설적 특징을 지니고 있다는 견해에도 동의한다. 그러나 이 '결함'을 문제점으로만 보지 말고 한용운이 표방한 대중문학의 관점에서 그 의의를 찾는 쪽으로 논의의 방향을 바꾸어야 한다고 주장한다. 즉 한용운의 소설이 지닌 전대소설적 특징은 바로 평민대중의 독서선호, 다시 말해 취향공중의 취향문화를 겨냥한 의도로 이해해야 한다고 보며 한용운 소설의 궁극적인 성격을 포교문학으로 규정한다.23) 이 견해는 상당히 설득력이 있어 보인다. 김용범은 이러한 주장의 근거로서 1930년대에도 고전소설이나 신소설이 상당한 독자층을 유지하고 있었으며 사실은 근대소설보다 대중의 선호도가 높았다는 점을 든다. 실제로 한용운은 '역경譯經의 급무'라는 글에서 조선조 소설의 대중적 성격에 대해 다음과 같이 언급한 적이 있다.

> 한글로 된 소설은 항간의 우부우부愚夫愚婦까지라도 다 보고 듣게 되므로…… 구소설은 실로 불교 신앙의 선포에 막대한 공효를 나타내었으니, 당시 식자 간에서는 천시되는 구구한 소설이 불교를 선포하는 데에 산간에 장치되어 있는 「팔만대장경」보다 훨씬 큰 공능功能을 나타내었다는 것은 다만 선포 여부에 있는 것인즉, 만일 장경의 전부를 한글로 번역하여 항간의 부녀·소아에까지 홍포하게 된다면 그 효과는 과연 어떠할 것인가?24)

식산업사, 1978), 221쪽)
23) 김용범, 「만해 한용운의 소설 『흑풍』 연구 – 포교문학 또는 고전소설의 기법적 측면에서」, 『한양어문연구』 8(한양대학교 어문연구회, 1990), 95쪽.
24) 한용운, 『한용운전집』 2(신구문화사, 1980), 226쪽.

한용운이 가리키는 소설의 공능성은 「박명」에도 적용된다. 「박명」은 순영의 무한한 자비행을 통해 종교윤리적 메시지를 전한다는 점에서뿐만 아니라 '통속소설'적 요소를 사용하여 도덕적 교훈의 대중적 공감대를 넓혔다는 점에서 포교문학의 범주에 포함시킬 수 있다. 이명재도 일찍이 한용운의 문예관을 논하는 자리에서 「박명」과 「후회」를 포교문에 가깝다고 지적한 바 있다.25)

그러나 종교성이나 대중성과는 전혀 다른 차원에서 「박명」을 비롯한 한용운 소설의 정치적인 의미를 고찰하는 연구도 적지 않은데, 이는 한용운의 작품이 민족주의자로서 또한 독립투사로서의 한용운의 면모와 불가분의 관계에 있다는 전제를 깔고 있다. 이러한 연구의 주요 분석 대상은 중국을 배경으로 하여 식민지 국가의 정치적 현실을 다룬 「흑풍」이다. 만해소설의 식민지적 배경에 초점을 맞추는 연구자들은 색주가 여인 순영의 이야기를 다룬 「박명」 역시 암울한 민족적 비애감을 담은 정치적 알레고리로 해석하거나 이 소설에서 일본의 경제적 수탈을 암시하는 부분을 집중적으로 조명하는 경향이 있다. 예컨대, 한점돌은 「박명」에 구현된 한용운의 주제의식은 끝없는 보시라는 불교 포교가 아니라 국가나 사회를 위하여 변함없이 희생해 나가겠다는 결의에 대한 촉구라고 해석한다.26) 김미애도 「박명」을 분석하는 데 있어 일본의 착취로 인한 경제적 폐해를 논지로 삼고 있다.27) 최근에는 한용운을 탈식민주의자로 규정하고 그의 작품을 탈식민주의의 개념을 빌려 분석한 연구도 있다.28)

---

25) 이명재, 「만해소설고」, 『국어국문학』 70(국어국문학회, 1976), 148쪽.
26) 한점돌, 「한용운소설에 나타난 '사랑'의 양상과 그 의미」, 『국어교육연구』 99(한국국어교육연구회, 1999), 232쪽.
27) 김미애, 「한용운 소설 연구」(효성여대 석사 학위 논문, 1991).

소설가 한용운에 대한 선행 연구에서 기법을 둘러싼 논의 외에 눈에 띄는 또 하나의 큰 흐름은 분석의 기본 개념이나 이론적 틀을 불교사상에서 찾으려는 노력이다. 이는 승려로서의 한용운에 대한 가장 일차적인 비평 작업이기도 하다. 그간 선승으로서의 한용운에 대해서는 활발한 연구가 진행되어 왔으며, 또한 그의 시작품에 대한 불교사상적 접근도 다양하게 이루어져 왔다. 불교적 해석은 한용운의 소설에도 이미 시도되었다. 위에서 언급한대로 한용운의 소설을 포교문학으로 정의한 연구가 대표적인 경우이다.

인권환은 일찍부터 만해소설의 불교적 주제에 관심을 기울인 학자로서 「박명」을 '한국 불교 문학사상 보살의 자비행을 훌륭히 작품화한 종교문학의 명작'으로 평가한다.29) 그는 「박명」의 텍스트 읽기에서 소설 외적인 문제에 치중하여 민족의 비애를 암유하는 작품으로 해석하는 경향을 '억측'이라고 비판하고 한용운이 불교의 인연설이나 인과론을 효과적인 창작방법으로 사용하였다는 주장은 적절한 것으로 인정한다.30) 그러나 「박명」을 포교문으로 단정하거나, 한용운의 작품을 구체적인 사상론에 의거하지 않고 막연히 불교적이라고 정의하는 무책임한 태도에 대해서는 강한 회의를 표명한다. 더구나 「박명」을 여인의 비극적 일대기로 규정하여 독자의 눈물을 자극하는 멜로드라마로 단순화하는 경향에 문제를 제기한다.31) 그는 「박명」을 포함한 한용운 소설의 심도 있는 이해

---

28) 송현호의 논문 「만해의 소설과 탈식민주의」, 『국어국문학』 111(국어국문학회, 1994), 249~265쪽이 대표적인 예이다.
29) 인권환, 「한용운 소설연구의 문제점과 그 방향」, 『한용운사상연구』 2(만해사상연구회, 1981), 76쪽.
30) 인권환, 「한용운 소설연구의 문제점과 그 방향」, 『한용운사상연구』 2(만해사상연구회, 1981), 70쪽.
31) 예컨대 백철은 「박명」을 한국판 '여자의 일생'이라고 부른다.(백철, 「시인 한용운의

를 위해 보살사상, 연기론, 인과사상이나 자연관조적인 선사상과 연관시켜 고찰할 것을 제의한다.

만해소설에 대한 다양한 연구 가운데 고소설적 요소와 보살사상에 대한 논의는 「박명」에 나타난 비구니의 성격을 분석하는 데 시사하는 바가 크다. 먼저 한용운이 전대소설의 기법을 따른다는 점을 부각시키는 연구자들은 만해소설에 나타난 권선징악적 주제의식과 사건처리에서의 우연성 및 반전수법을 전대소설의 증거로 꼽는다.

그러나 이러한 특징 외에 「박명」이 전대소설의 맥에 닿아 있는 또 하나의 중요한 측면은 간과되고 있다. 이 소설을 비구니 모티프라는 각도에서 살펴보면, 순영과 대철 그리고 여승 정공淨空의 관계가 고전소설에서 사용되는 비구니 원조자 모티프, 특히 이해조의 「화세계」에서 본 수정, 구참령, 수월암의 역할구조와 놀랍도록 대칭적임을 알 수 있다. 그리고 이들의 관계역학을 구성하는 여러 가지 부차적인 서사요소들, 예컨대 바다의 중요성은 고전소설 작가들이 비구니 원조자의 형상화에 즐겨 사용하던 호수나 강과 역할과 크게 다르지 않음이 드러난다. 특히 「박명」에 나타난 물의 상징성은 텍스트의 의미망을 구축하는 데 있어 전대소설에서와는 비교할 수 없는 중대한 역할을 하고 있다. 한용운이 순영의 출

소설」, 『한용운전집』 5(신구문화사, 1980), 9쪽) 이명재는 「박명」을 만해문학의 여성주의적 특징과 연관시키고 있다.(이명재, 「만해문학의 여성편향고」, 『아카데미논총』 5[1977], 71~86쪽) 이러한 관점에서 이루어지는 텍스트의 분석은 한용운의 시를 관류하는 고전시가의 전통적 여성주의 정서에 초점을 맞추는 경향이 강하다. 만해시의 여성주의 성향에 대해 김현은 소월의 '나약하고 부정적인 여성주의'가 한용운에 이르러 '긍정적인 여성주의로 변모'했다고 지적한다.(김현, 「여성주의의 승리─한국 신문학 초기의 상징주의에 관하여」, 『현대문학』 178[1969], 67쪽) 이러한 논의는 최근까지도 계속되고 있다. 문혜원·황현산·고미숙의 「소월과 만해 시에 나타난 여성화자의 문제」, 『파라21』(2003), 263~282쪽이 한 예이다.

가를 처리하는 방식도 전대소설의 여승 모티프를 사실주의적으로 변형시킨 것이라 할 수 있다.

이를 좀 더 상세히 살펴보자. 순영과 대철의 첫 만남은 원산의 바닷가에서 이루어지고 순영 자신은 알지 못하지만 그녀와 비구니 정공과의 만남도 이때에 일어난다. 그 계기는 영월에서 서울로 가기 위해 원산을 경유하던 순영이 항구에 도착하여 종선으로 옮겨 타던 중 실족하여 바다에 빠진 사건이다. 이 소동 중에 구경꾼들의 감탄을 받으며 용감하게 물속에 뛰어들어 그녀를 구출해 준 사람이 바로 대철이다. 그리고 이 장면의 마지막 부분에 법명을 밝히지 않은 채 비구니 정공이 언급된다.

> 그런데 여러 사람이 모여서 그 청년을 칭찬도 하고 순영을 다행하게도 말하는 가운데 나이 오십여 세 가량 되어 보이는 여승이 선객 중의 한 사람으로 특별히 그 청년에게 치하를 하고 순영에게 대해서도 다행하게 여겼는데, 그 말과 태도가 보는 사람으로 하여금 이상하게 여길 만큼 과도한 듯하였으나, 여승은 불법을 배우는 사람이라 자비심이 있어서 그러한가 할 뿐이었다. 그 여승은 마침내 순영에게 치료하라고 돈 십 원까지 주었다. 그리고 무슨 말을 할 듯이 주저하는 듯하였으나 다른 말은 없었다.[32]

이 여승의 정체는 많은 세월이 흐른 뒤, 대철이 죽음을 앞두고 자신이 저지른 엄청난 악행을 순영에게 고백하는 과정에서 밝혀지게 된다. 비구니 정공은 고전소설과 개화기 소설에 반드시 등장하는 인물인 여승 원조자인데, 그녀가 순영을 구조하는 방식은 대철이라는 남자 인물을 매

---

32) 한용운, 「박명」, 『한용운전집』 6(신구문화사, 1980), 43쪽. 이하 소설의 인용문은 이 책에 근거한다.

개로 한 것이다. 이러한 점은 「화세계」에서 붓장수 구참령이 수정을 급
물살에서 건져 내고 그 후 사건을 수습하는 일은 수월암이 맡는 원조자
역할의 분담구조와 비슷하다. 대철과 구참령은 여주인공의 구조자이면
서도 완전한 선인이 아니라는 공통점을 지녔다. 그러나 이 두 인물이 텍
스트 내에서 행하는 역할과 그 역할의 의미는 다르다. 대철은 순영을 괴
롭히는 가해자로서 운옥과 함께 '악'을 대표하는 인물이다. 그러나 한용
운이 대철이라는 인물을 형상화해 나가는 방식은 고전소설에서 보는 악
인의 형상화와는 다르다. 이 점을 조동일의 구출자 유형분류를 통해 살
펴보자.

구출자는 몇 가지로 나눌 수 있다. 첫째는 자기 자신은 자아와 세계의
대결에 개입하지 않아 세계의 도전을 받지 않고 있으면서 주인공을 돕
는 자인데, 이런 구출자는 '초월적 구출자'라 할 수 있다. 둘째는 자기
자신도 세계와 대결하며 세계의 도전을 받고 있으면서 주인공을 돕는
자인데, 이런 구출자는 '본래적 구출자'라고 불러 다른 구출자와 구별하
겠다. 본래적 구출자는 주인공과 깊은 유대관계에 있거나 구출을 계기
로 깊은 유대관계를 맺는 것이 상례이다. 초월적 구출자와 본래적 구출
자는 둘 다 선인이며, 선을 관철시키고 주인공을 돕기 위해 진력하는
것이 공통점이다. 셋째는 우연히 주인공을 돕게 되는 자인데, 이런 구출
자는 '우연적 구출자'라고 부르고자 한다. 우연적 구출자는 주인공을 우
연히 구출하면서 구출된 사람이 누군지 모르는 것이 상례이고, 선인이
라고만 할 수 없고 악인일 수도 있다.[33]

---

[33] 조동일의 분류에 따르면 고전소설 속의 비구니 원조자와 『치악산』의 수월당, 「화세
계」의 수월암, 「박명」의 정공은 모두 '초월적 구출자'이다.(조동일, 『신소설의 문학
사적 성격』[서울대학교출판부, 1973], 74쪽)

이 분류에 따르면 구참령은 '본래적 구출자'임에 분명하지만 대철을 '우연적 구출자'로 정의하기에는 애매모호한 점이 있다. 대철은 순영이 누구인지 모르는 상황에서 우연히 그녀의 구출자가 되는데 바로 그 구조 행위로 인해 결혼이라는 '깊은 유대관계'를 맺게 된다. 따라서 대철은 본래적 구출자도 아니고 우연적 구출자라고도 할 수 없다.『치악산』의 장포수와 홍참의,「화세계」의 이승지가 우연적 구출자의 대표적인 경우라는 점을 고려하면 대철이라는 인물은 한편으로는 고소설적 요소를, 다른 한편으로는 탈고소설적 요소를 지니고 있음이 명확해진다.

한용운은 독자가 대철의 도덕성을 스스로 판단할 수 있도록 대철의 행위를 '보여 주는' 방식과 서술자가 독자들에게 대철의 사악함을 직접 '말해 주는' 방식을 둘 다 사용한다. 전자의 기법은 그가 순영과 조우한 뒤 그녀가 일하는 술집으로 찾아올 때 무언가 숨기는 듯한 언행으로부터 시작하여 결혼한 후에도 금광개발을 핑계로 정상적인 결혼생활을 피하는 무책임한 행동에서 드러난다. 그리고 일방적으로 이혼을 요구하는 과정에서도 자신의 입장이 당당하지 못하여 죄의식을 느끼듯 내면적 갈등을 보여 주는 것은 상당히 근대문학적인 묘사법이다. 그러나 소설의 마지막에서 대철이 아편중독으로 죽기 직전 순영에게 자신의 사악한 과거를 느닷없이 고백하는 것은 그의 악마성을 강조하기 위해 예기치 않은 방식으로 지나치게 과다한 정보를 독자들에게 쏟아 내는 양상을 띤다. 이 고백 장면 전까지만 해도 대철은 노다지의 꿈을 좇아 패가망신한 부류의 사람으로 인식된다. 따라서 그의 '흠'이라면 횡재를 꿈꾸어 잘못된 판단을 내린 점과 가장으로서의 책임의식이 결여된 점 등 용서받을 수 있는 '인간적' 실수로 치부될 수 있었다. 그러나 그의 최종 고백은 대철이라는 인물을 구원 받을 수 없는 원천적인 악인으로 만든다. 즉 그의 행위는 아리스토텔레스가 일컫는 성격적 결함이 아니라 내재된 악에 근거한 것이다. 이러한 인물묘사는 권력을 남용하여 색욕이나 채우던 구참령이 실직과 함께 청렴한 선비로 바뀌었다고 독자들에게 일방적으로 설명하고 통고하는 「화세계」의 서술방식과 크게 다를 바 없다.

결과의 면에서 보면 순영이 대철과 만난 뒤 결혼에 이르는 것은 수정이 구참령을 찾아내어 혼인에 이르는 것과 동일하다. 하지만 엄밀한 의미에서 순영과 수정의 행동 동기는 다르다. 수정은 자신이 선택한 남편과의 결연을 목적으로 삼는 반면, 순영은 자신의 목숨을 구해 준 사람에 대한 보은을 위해 대철을 찾는다. 수정의 경우 봉건적 혼인 제도라는 사회적 압력이 인물의 성격을 결정한다. 그러나 순영의 경우 보은이라는 절실한 내적 동기가 행동을 결정한다.

여기에 한용운은 보은의 감정이 결혼으로 발전될 수 있도록 또 다른 심리적 요소를 개입시키는데, 그것은 순영에게 싹트는 이성에 대한 관심이다. 한용운은 인천 해수욕탕 장면을 통해 순영이 열네 살의 순진한 시골소녀에서 열여덟 살의 성숙한 여인으로 변한 모습을 실감나게 그리고 있다.

> 순영은 옷을 입으려고 할 때에 실오라기 하나 걸치지 아니한 자기의 몸이 체경에 비치는 것을 보았다. 대리석으로 깎은 것처럼 희고 윤택한 살이, 알맞게 데워진 물이건만 그래도 뜨겁든지 볼그레하게 되어서 홍보석으로 만든 인형같이 되었다. 순영은 제 몸이 제가 보기도 부끄러울 만큼 신비하게 된 것을 깨달았다. 그리하여 자기의 몸이 더 한층 귀중한 듯하였다. 누구에게든지 그러한 몸을 바치는 것은 욕이 되고 죄가 될 것도 같았다. 그러나 그렇게 생각할수록 어쩐지 울타리 없는 집처럼 허전한 생각이 나서 자기의 몸을 도적맞을 것만 같았다. 그리하여 하루

바삐 조촐하고 믿음성 있는 품에 안겨 버렸으면 하는 마음도 아울러 있던 것이다.34)

이 장면은 '유혹', '희망', '색주가', '결혼', '이혼', '말로'의 여섯 단락으로 나뉘어져 있는 이 소설에서 중간 지점인 '결혼'의 바로 앞부분에 설정되어 있다. 청소년기를 벗어난 순영이 이성에 대해 갖는 자연스러운 호기심과 과거 자신의 목숨을 구해 준 생명의 은인에 대한 막연한 그리움이 대철에 대한 구체적인 연정으로 전환되는 가장 큰 계기는 그와의 극적인 해후이다. 그런데 한용운은 이들의 재회 장면에서 순영이 일으키는 감정적 변화에 사실성을 부여하기 위해 대철의 남성적 매력을 감각적으로 표출시키고 있다. 순영은 상상으로만 그려 오던 대철을 월미도에서 만나는 순간 '수영 선수로 조선 스포오츠계에 유명'한 대철이 뿜어내는 강한 남성성에 매료된다. 한용운은 이 운동선수의 묘사에서 근육질로 다져진 '몸'을 강렬히 부각시키고 있으며, 대철의 마초(macho)적인 이미지는 그의 일거수일투족을 세밀하게 관찰하는 순영의 예리한 눈을 통해 가감 없이 독자들에게 전달된다.

사내들은 어느 사이에 옷들을 벗고서 수영복만 입은 채로 바다를 바라보고 섰다. 그들은 햇볕에 그을러서 시꺼멓게 된 몸뚱이에 모든 근육이 여간 발달되지 아니하였다. 순영이 보기에는 정식은 키가 조그마한 것이 조금 만족하여 보였으나 대철은 적당한 키에 알맞은 체격이었다. 그들은 아무리 수영복을 입었지만 그래도 순영은 바로 보기가 부끄러웠다. 그러나 드러내 놓고 보는 것보다 더욱 자세히 보았다.35)

---

34) 한용운, 「박명」, 『한용운전집』 6(신구문화사, 1980), 144쪽.
35) 한용운, 「박명」, 『한용운전집』 6(신구문화사, 1980), 155쪽.

한용운은 순영에게 싹트는 사랑의 실체가 관념적인 차원에서의 정신적 교감이 아니라 정신과 육체의 총체적인 합일을 추구하는 현실감 있는 남녀관계로 정의하고 있다. 이 현상은 한용운의 시가 추상적인 언어가 아닌 감각적 이미지를 통해 '사랑'과 '님'의 개념을 표현하는 것과 같은 원리에서 나왔다.

순영이 대철과 인천에서 재회하기까지의 과정은 고전소설에서 여주인공이 생이별한 자식이나 남편과 재결합하기까지의 과정에 해당된다. 「박명」이 전대소설과 확연히 구분되는 점은 이 과정에 여승변장 모티프가 동원되지 않는다는 것이다. 이러한 기법상의 변화를 초래한 근본적인 원인은 조선 사회 자체의 변화이다. 개화기를 거치면서 조선 여성의 생활양식은 봉건적 규제에서 벗어나기 시작하였다. 젊은 여성도 공간 이동을 금기시하던 오랜 관습에서 해방되어 비교적 자유롭게 여행을 할 수 있게 되었다. 이와 함께 규방에 갇힌 여성을 지리적으로 이동시키는 방편으로 이용되던 여승변장 모티프가 1930년대 말에 이르러서는 사실상 필요가 없어져 버렸다. 순영은 강원도 깊은 산골에서 자라나 열네 살이라는 상징적 나이에 원산을 거쳐 서울로, 또 거기에서 다시 인천으로 생활의 터전을 옮겨 다닌다. 이 이동이 전적으로 송씨나 운옥의 꾐에 빠진 때문만은 아니다. 계모의 학대를 벗어나고픈 생각과 화려한 도시의 유혹에 끌려 순영 자신이 스스로 선택한 길이기도 하다. 이와 같이 여성의 생활상이 바뀌면서 문학에서도 여승변장 모티프는 자연스럽게 도태되었다고 할 수 있다.

또한 이 소설에서 여승변장 모티프가 사라진 현상은, 한용운이 비구니라는 인물의 본질을 삭발수계나 승복착용과 같은 가시적 상징물이 아니라 불법을 따르는 수행자로서의 내면적 속성에 두고 있음을 강력히 시사한다. 전대소설의 여자 인물들은 낙발위승과 동시에 여승으로 인지되고 또한 여승으로 행동하기 시작한다. 그러나 순영은 세간, 출세간에 대한 분별심 자체가 없이 불교의 가르침을 일상생활 속에서 실천하고 있는 인물이다. 따라서 그녀가 소설의 초반에 비구니 원조자 정공을 따라가지 않고 세간에 남아 있다가 소설의 말미에 스스로 출가하는 것은 본질이 앞서고 외양이 따르는 수순을 밟는 것이다. 즉 삭발수계는 수영에게 이미 내면화된 보살도를 공식적으로 확인하고 그런 삶의 완성을 다짐하는 의식일 뿐이다. 이처럼 「박명」에서 보는 비구니의 형상화방식은 인물의 내면으로부터 시작하여 외면적 지표로 옮겨 가는 절차를 밟는데, 이는 전대소설과 비교할 때 혁신적이라 할 수 있다.

　순영은 보살도의 삶을 구현한 인물이다. 순영이 대철과 결혼하고 그로 인해 중생계의 고통을 경험하면서 이타행의 화신이 되는 과정이 바로 한용운이 소설이라는 매체를 통해 보여 주려는 보살도의 진정한 실체이다. 한용운이 독야청청한 산승이 아닌 미천한 색주가의 여인을 주인공으로 택한 것은 대중불교를 지향한 「조선불교유신론」의 근본 취지와 부합한다. 1938년 5월 10일자 『조선일보』는 「박명」의 연재를 예고하면서 다음과 같은 '작자의 말'을 싣고 있다.

　나는 내 일생을 통해서 듣고 본 중에 가장 거룩한 한 사람의 여성을 그려 볼까 합니다. 대략 이야기의 줄기를 말하면 시골서 자라난 한 사람의 여성이 탕자의 아내가 되어 처음에는 버림을 받았다가 나중에는 병과 빈곤을 가지고 돌아온 남편을 최후의 일순간까지 순정과 열성으로 받드는 이야기인데, 이러한 여성을 그리는 나는 결코 그 여성을 열녀관념으로써 그리려는 것이 아니고 다만 한 사람의 인간이 다른 한 사람을 위해서 처음에 먹었던 마음을 끝까지 변하지 않고 완전히 자기를 포기하면서 남을 섬긴다는, 이 고귀하고 거룩한 심정을 그려 보려는 것입니다. 이러한 이야기 줄거리를 끌고 나가면서 만약 곁가지로 현대 남성들의 가정에 있어서의 횡포하고 파렴치한 것이라든지 또는 남녀관계가 경조부박한 현대적 상모가 함께 그려진다면 작자로서 그윽히 만족하는 바이며 또한 고마운 독자 여러분에게 그다지 초솔하지 아니한 선물을 드렸다고 기뻐하겠읍니다.36)

「박명」의 줄거리는 한용운의 또 다른 신문소설 「후회」와 매우 흡사하다. 한용운은 ''「후회」는 현대의 세상에서도 최근의 조선 현실을 취재, 표현하는 것'이라고 설명하고, 그 소재가 자신의 직접 관찰한 '인간 최하층에서 일어나는 참된 부부애'임을 '장편작가회의'에서 밝힌 적이 있다.

모델이 있다. 바로 작년 여름의 일이다. 나는 그때 서울 시내 사직동에 살고 있었다. 그래서 더운 여름철이고 해서 가까운 사직공원에를 매일같이 올라가 느티나무 그늘 밑에서 소일하곤 하는 때였다. 지금도 그렇지마는 이 사직 공원에는 사주쟁이·아편쟁이·걸인들이 사방에서 몰려들어 와서는 늘 쉬는 곳이었다. 어느 날 나는 사십 세 가량 되어 보이는 아편쟁이요 그 위에 소경인 어떤 남자와 그의 아내 되는 여자를 발견하였다. 그 뒤부터는 매일같이 그 아편쟁이 소경의 부부를 만나게 되었다. 한 여름을 지나는 동안 그 아편쟁이요 소경의 아내 되는 여자(삼십 세 가량 되는)는 매일같이 동냥을 하여서는 남편의 아편 맞는 값을 벌어다 뒤를 대어 주고, 늘 그 남편을 위하여 모든 힘을 아끼지 않는 광경을 유심히 보았다. 나는 그때 퍽 마음 속에 감격을 받았었다. '인간의, 더구나 부부애라는 것은 저런 것이구나' 하는 생각이 들었다. 그때부터 나는 이 사실을 가지고 기어이 소설 하나를 써보리라 하는 생각이 있었다가

---

36) 한용운, 「박명」, 『한용운전집』 6(신구문화사, 1980), 6쪽.

이번 「후회」를 시작하게 되었다. 이것이 이번 소설의 모델인 동시에 그 모델을 살리는 중요한 흥미도 저렇듯 인간 최하층에서 일어나는 참된 부부애를 그려 보겠다는 생각에서였다.37)

위의 두 인용문은 한용운이 「박명」을 창작하게 된 동기와 목적을 밝히고 있다. 그 핵심은 다음 네 가지로 요약된다. 첫째, 이 소설은 작가가 관찰한 실제 사건을 토대로 하였으므로 그 내용이 당시의 시대상을 담고 있다. 둘째, 작가는 이 작품을 통해 독자들에게 감동을 줄 수 있는 숭고한 인간상을 제시하려고 한다. 셋째, 이 인간상에는 당대의 경박한 애정관에 대해 경종을 울리고자 하는 작가의 의도가 담겨 있다 넷째, 여주인공의 순정을 피상적인 봉건적 윤리나 가치관으로 혼돈, 매도하지 말아야 한다.

보살은 대승불교의 이상적 인간상이다.38) 한용운이 순영을 통해 제시하는 보살도의 사상적 배경은 그가 대승경전 가운데 각별히 중요하게 여겼던 『유마경』과 그의 불교관이 피력되어 있는 「조선불교유신론」에서 찾을 수 있다.39) 『유마경』의 주인공 유마힐維摩詰은 결혼하여 처자가 있는 재가보살이다. 유마거사는 재가불자였지만 이 경전에 등장하는 석가모니의 출가제자들보다 불법을 더 깊이 이해하는 인물로 존경받는데, 그

---

37) 한용운, 「장편작가회의(抄)」, 『한용운전집』 5(신구문화사, 1980), 386~387쪽.
38) 김흥규, 「님의 소재와 진정한 역사―만해시의 중관론적 역사의식과 유마적 이념」, 『창작과 비평』 14:2(1979), 254쪽; 송혁, 「만해의 불교사상과 시세계」, 『한국불교문학연구(하)』(동국대학교출판부, 1988), 315쪽. '보살'이라는 개념은 여러 시각에서 정의할 수 있으나 이 소설의 분석에서는 초월적 존재가 아닌 현실계의 인간으로 이해하는 것이 합리적이다.
39) 『유마경』은 한용운이 번역을 시도한 유일한 경전이다. 「維摩詰所說經講義」는 『유마경』에 나타난 대승사상을 한용운이 직접 번역하고 주석을 단 것인데, 비록 집필을 마치지는 못하였지만 그가 이 경전을 아주 중요하게 여겼음을 보여 주는 저술이다.

이유는 그가 대승불교의 요체인 보살도의 실천인이기 때문이다. 순영도 유마힐처럼 성실한 생활인이다. 주어진 환경에서 어떤 일이든 최선을 다하는 그녀의 건전하고 긍정적인 태도는 동료 기생들 사이에 시기심을 일으킬 정도로 모범적이다. 그녀의 이러한 태도는 결혼 후에도 지속되지만, 이혼 후 마약중독자로 전락한 대철의 간호를 위해 아낌없이 자신의 모든 것을 바치는 삶 속에서 더욱 빛이 난다.

한용운이 정신적, 육체적 병자인 대철을 통해 순영의 자비심을 소설화하는 방식은 유마거사가 병병病의 모티프를 이용하여 보살정신을 설하는 것과 비슷하다. 『유마경』은 유마거사가 아프다는 소식을 듣고 문수와 사리불을 비롯한 제불보살들이 그에게 병문안 가는 것을 기본적인 상황으로 설정하고 있다.[40] 유마거사는 이들에게 "일체 중생이 아프기 때문에 나도 아픕니다. 만약 모든 중생의 병이 낫는다면 나의 병도 사라질 것입니다"라고 말한다.[41] 이는 곧 타인의 고통이 바로 자기의 고통이요, 따라서 타인의 고통을 치유하는 것은 보살의 당연한 의무임을 설한 것이다.[42] 여기에 불교교리의 핵심인 불이사상不二思想, 특히 자타불이의 정신이 대승적 실천윤리인 구세사상救世思想으로 연결되는 근거가 있다.[43]

---

[40] 『유마경』이 극적 구성과 등장인물의 개성적 묘사, 표현의 상징성 등 극문학적 특징을 지녔다는 점은 널리 알려져 있다(김잉석, 「불타와 불교문학」, 『동국사상』 6(1971), 30~35쪽; 김흥규, 「님의 소재와 진정한 역사―만해시의 중관론적 역사의식과 유마적 이념」, 『창작과 비평』 14:2(1979), 252쪽 참조).
[41] 『유마힐소설경』, 大正藏 14, 544b, "以一切衆生病是故我病 若一切衆生病滅則我病滅".
[42] 『유마힐소설경』, 大正藏 14, 544b, "菩薩爲衆生故入生死 有生死則有病".
[43] 한용운의 자타불이 사상은 1931년 『불교』에 발표한 「나와 너」라는 제목의 글에 잘 나타나 있다. 한용운, 『한용운전집』 2(신구문화사, 1980), 351쪽, "'나'가 없으면 다른 것이 없다. 마찬가지로 다른 것이 없으면 나도 없다. 나와 다른 것을 알게 되는 것은 나도 아니오, 다른 것도 아니다. 그러나 나도 없고 다른 것도 없으면 나와 다른 것을 아는 것도 없다. 나는 다른 것의 모임이요, 다른 것은 나의 흩어짐이다. 나와 다른 것을 아는 것은 있는 것도 아니오, 없는 것도 아니다. 갈꽃 위의

구세주의는 중생을 고통에서 구하려는 보살의 자비와 원력을 가리킨다.
　자비심은 사랑과 연민을 함축한 개념이다. 순영의 자비심과 자비행은 소설 여러 곳에 나타난다. 대철과 이혼하고 어린 아들 수복을 잃은 아픔 속에서도 순영은 절망하지 않고 헤어진 남편을 돕고 싶어 한다. 이러한 의미에서 순영은 자타불이와 동체대비同體大悲의 정신을 대변한다.

> 대철이 죽는 것은 곧 자기가 죽는 것이라고 생각되어서 차마 그대로 둘 수가 없었다. 그것은 물론 아내로서 남편을 섬기는 것은 아니고, 또 무슨 손톱만큼이라도 장래를 바라는 것이 있어서 그러한 것은 절대로 아니었다.44)

　순영의 보살행에서 중요한 특징은 그녀의 이타심이 대철이라는 특정한 개인에게 한정된 것이 아니라 모든 사람을 지향하고 있다는 점이다.

> 그이뿐 아니라 누구든지 사람이 그렇게 잘못하랴 싶고, 또 불쌍한 사람이 있으면 도와주고 싶고 그래요.45)

　순영의 구제정신은 평등주의를 내포하고 있다. 한용운은 자신의 저술을 통해 구제주의를 평등주의의 차원에서 재해석하여 모든 생명을 평등, 동등하게 구원하는 것이 불교의 핵심이라 했다.46)

달빛이요, 달 아래의 갈꽃이다."
44) 한용운, 「박명」, 『한용운전집』 6(신구문화사, 1980), 264쪽.
45) 한용운, 「박명」, 『한용운전집』 6(신구문화사, 1980), 234쪽.
46) 한용운의 불교사상에서 구세주의와 평등주의가 갖는 밀접한 관계에 대해서는 송혁, 「만해의 불교사상과 시세계」, 『한국불교문학연구(하)』(동국대학교출판부, 1988), 314~315쪽과 박포리, 「『불교대전』의 편제와 만해 한용운의 불교관」, 『의상만해연구』 1(의상만해연구원, 2002), 295~296쪽 참조.

순영이 보살도를 행하는 곳은 빈곤과 무지와 퇴폐와 병으로 찌든 공간이다. 이는 곧 중생계로『유마경』에 따르면 이 중생계가 바로 정토이다. 한용운은「유마힐소설경강의維摩詰所說經講義」에서『유마경』「불국품佛國品」의 주제인 '정토'의 의미에 대해 다음과 같은 주석을 달았다.

이 이하는 불이 정토의 뜻을 설하심이니, 중생을 떠나서는 따로 불이 없으며 예토穢土를 떠나서는 정토가 없음을 보임이다. 일체 중생의 사는 곳이 정토 아님이 없느니 양삼모옥兩三茅屋의 산촌이 우자愚者를 변화시켜 철인哲人을 만들고, 완맹頑氓을 조복調伏하여 선인을 만들면 일촌一村의 상마토석桑麻土石이 선수낙토仙樹樂土로 화할지니, 어떤 땅을 막론하고 그 땅에 사는 중생이 불지佛智에 들어가고 선근善根을 일으키면 땅에 따라 정토를 이룰지라. 만약 중생의 경계를 떠나서 따로 정토를 구하면 이는 허공에 궁실宮室을 건조함과 같아서 성취하지 못할지니라.[47]

「박명」의 주인공 순영은 결혼하기 전에 술과 향락의 장소인 화류계에서 살았고 이혼 후에는 아편에 중독된 행려인들의 소굴인 사직공원에서 살게 된다. 이 두 장소는 예토의 극단적인 예이다. 순영의 보살도는 이러한 역사적 삶의 현장에서 이루어지는 것이므로 더욱 가치가 있다.

퇴폐와 저주의 장소에 머무르는 순영은 진흙 속에 빠져 있으나 더러움에 물들지 않는 연꽃과 같은 이미지를 지녔다. 특히 색주가에 팔려온 뒤 최고의 인기를 구가하는 기생이 되어서도 마음과 몸의 순수함을 잃지 않는다. 순영의 이러한 자태는「조선불교유신론」에 나타난 연꽃의 비유를 연상시킨다. 한용운이 '일체 중생의 불교'를 강조하는 부분에 다음과 같은 구절이 나온다.

---

47) 한용운,『한용운전집』3(신구문화사, 1980), 262~263쪽.

불교가 출세간의 도가 아닌 것은 아니나 세간을 버리고 세간에 나는 것이 아니라 세간에 들어서 세간에 나는 것이니, 비유컨대 연蓮이 비습오니卑濕汚泥에 나되 비습오니에 물들지 아니하는 것과 같은 것이다. 그러므로 불교는 염세적으로 고립독행孤立獨行하는 것이 아니오, 구세적救世的으로 입니입수入泥入水하는 것이다.[48]

순영의 삶은 비습오니의 연과 같은 모습이다. 순영의 '입니입수'는 이 소설에서 바다가 지닌 다원적인 기능과 의미를 생각해 보게 한다. 바다는 순영이 생사의 고비를 경험한 곳이다. 첫 경험은 원산부두에서의 실족사건으로, 이곳은 그녀가 대철과의 인연을 맺게 된 장소이다. 몇 년 후 순영은 또 한 번 죽음의 고비를 넘기는데 그 장소도 역시 바닷가이다. 순영의 인기를 시샘한 색주가의 동료 산월, 향선, 모란이 그녀가 손님의 돈을 훔치고 주인을 속이며 매독을 앓고 있다는 헛소문을 퍼뜨린다. 순영은 이 모함으로 인해 영문도 모른 채 누명을 뒤집어쓰고 주인 홍숙자로부터 모진 매를 맞는다. 그리고 급기야 거짓 자백을 한 순영은 그 괴로움을 이기지 못해 월미도 바닷가에서 투신을 시도한다. 그러나 그 순간 극적으로 순영의 무고함을 알고 뒤쫓아 온 홍숙자에 의해 그녀의 자살시도는 미수에 그치고 만다.

고전소설에서 여자 인물들에게 강이나 호수가 죽음과 재생의 이중적 의미를 가지듯, 「박명」에서 바다는 순영의 생에 있어 중요한 전환점을 가리키는 지표역할을 한다. 원산바다는 순영이 유년기의 순진함을 벗어나 청소년기로 넘어가는 통과의례의 장소이다. 다시 말해 그녀가 강원도 두메산골의 농촌에서 서울의 근대적 도시문화로 진입하기 위해 거치

---

48) 한용운, 『한용운전집』 2(신구문화사, 1980), 167쪽.

는 상징적 공간이다. 또한 인천바다는 순영이 청소년에서 성인으로 옮겨 가며 통과의례를 거치는 곳이다. 월미도 해변은 순영이 미래의 남편 대철과 해후하여 진지하게 결혼을 계획한 곳이기 때문이다. 인천바다는 순영이 색주가의 삶에서 평범한 현모양처의 삶으로, 즉 사회의 주변에서 사회의 중심으로 이동하는 인생의 분기점을 가리킨다.

이 소설에서 바다는 천태만상의 중생계를 상징하기도 한다. 해변에 모인 시끌벅적한 군상과 주변의 풍광은 관찰자의 마음상태에 따라 복잡다단하게 달라진다. 순영은 결혼하기 전과 결혼 후 인천바닷가의 조탕을 두 번 방문한다. 순영이 결혼 전 정순과 함께 인천에 놀러간 날 그녀 앞에는 애인끼리, 친구끼리, 또 자식을 데리고 온 가족 등 다양한 형태의 인간관계를 맺고 있는 사람들이 웃고 떠들며 해수욕을 즐기는 광경이 펼쳐진다. 그들을 보는 순영은 자신에게도 애인이 있었으면 하는 생각을 한다. 그런데 순영이 결혼한 다음해 남편과 함께 똑같은 장소를 방문할 때에는 예전에 해수욕객에서 느꼈던 생동감과 흥분, 생에 대한 막연한 기대감이 사라져 버렸음을 의식하게 된다.

> 순영은 그 아래 푸울에서 목욕하는 사람들을 보았다. 사람들은 그전에 보던 사람이 아닐지라도 남녀노소가 섞여서 헤엄치고 장난하는 것은 마찬가지였다. 그 중에도 젊은 남녀가 쌍쌍이 몰려서 노는 것도 그 전과 같았다. 그러나 그전처럼 그것이 부러워 보이지는 아니하였다. 그전에는 자기로서는 좀처럼 그 사람들처럼 행복스러울까 싶지가 아니하여서, 내외끼리 또는 사랑하는 남녀끼리 즐겁게 쌍쌍이 목욕도 하고 노는 것이 그다지도 부러워서, 나도 어찌하면 저렇게 하여 볼까 하는 생각으로 그런 노릇이 퍽도 그립더니, 지금은 자기도 남 못지않게 사랑하는 남편과 같이 와서 있는 바에야 그 사람들이 부러울 것이 없을 뿐 아니라,

다른 사람들이 자기네를 부러워하지 않는가 하고 다른 사람들의 눈치를 보게 되었다.[49]

해변은 세상의 축소판이다. 해수욕객은 '고해'를 헤쳐 나가는 중생계의 모습이다. 이들의 세태가 결혼을 전후하여 순영의 눈에 대조적인 모습으로 비치는 것은 관찰의 대상이 바뀐 것이 아니라 관찰자의 시각이 달라진 때문이다. 세상의 모든 것은 불변하는 실체가 없듯, 순영의 마음도 항상성이란 없는 것이어서 그녀와 세계, 즉 주체와 객체의 관계는 상황에 따라 변동되기 마련이다.

바다는 순영에게 인생 자체를 의미한다. 그녀는 고향을 떠나면서 난생 처음 동해를 본 이후 도시생활을 하는 동안 때때로 바다를 떠올린다. 그러나 바다의 이미지는 고정됨이 없이 주인공이 생의 어느 지점에 서 있는가에 따라 바뀐다. 강원도 화전민촌에서 자란 소녀가 처음으로 산촌을 벗어나 망망대해 앞에서 체험한 것은 단순한 희열과 충격 이상의 것으로 인간존재의 본질과 실존의 의미에 대해 사유하는 계기가 된다.

순영이 집을 나온 뒤에 제1차로 큰 충동을 받은 것은 바다를 본 것이었다. 순영은 무서운 산골에서 성장하여서 세상에는 육지와 산만 있는 줄 알고 물이라면 가재나 잡고 빨래나 하는 시냇물만을 보았으며, 하늘도 조그마한 산골 하늘만을 보았던 것이다. 그리하다가 가없는 망망대해를 처음 보게 된 때에 놀라지 아니할 수가 없었다. 다만 바다 끝을 보려고 하였으나 눈이 자라지 못하였다.…… 순영은 황홀하고 덩둘하여서 자기를 잃어버린 것 같았다. 그리하여 사람은 멀고 조그마한 새나 벌레가 자기에게 무엇을 요구한다든지 혹은 자기를 배척한다 할지라도 그것을

---

49) 한용운, 「박명」, 『한용운전집』 6(신구문화사, 1980), 207~208쪽.

저항할 만한 용기가 없을 듯하였다. 자기가 이 세상에 나와서 열네 살이 되도록 자기의 생각으로 안다 모른다, 옳다 그르다, 좋다 궂다 하는 등의 소위 지식이라고 하는 것이 지극히 적고 좁았던 것을 자연히 느끼게 되었다. 그리고 이 세상의 모든 것은 다 위대한 실재實在인데 자기만이 지극히 작은 꿈인 듯하였다.50)

바다의 철학적 상징성은 순영이 원산행 배의 갑판에서 다음과 같은 내면적인 독백을 하는 데서 다시 한번 확인된다.

"저 바다는 얼마나 멀까? 저 바다의 끝에는 무엇이 있을까? 아마 서울도 저 바다를 건너가야 있겠지.……"
하고 소리 없이 말을 하는 순영은 별안간에 정신이 어찔한 듯하더니,
"나는 지금 어디로 가나? 저 바다를 어떻게 건너가나?"
하는 생각이 났다. 눈을 들어 바라보니 바다는 의연히 망망하다.51)

이 인용문에서의 바다는 실존의 바다이며 이러한 의미에서 불교경전에 자주 등장하는 '뗏목'과 '피안'의 비유를 연상시킨다.
순영의 보살도와 바다의 관계는 물의 속성을 통해 더욱 의미심장해진다. 물과 보살도의 공통점은 실체나 형체를 갖지 않은 무자성無自性, 시절 인연을 거부하지 않고 최선을 다하여 환경에 화합하는 유연성, 본래심이 끊어지지 않는 부단성과 일관성, 오염물질에 물들지 않고 주위를 정화시키는 청정성 등이다.52) 순영의 삶을 보살도의 발현으로 해석하는

---

50) 한용운, 「박명」, 『한용운전집』 6(신구문화사, 1980), 37쪽.
51) 한용운, 「박명」, 『한용운전집』 6(신구문화사, 1980), 40~41쪽.
52) 정성본, 「보살도의 삶과 물과 같이 사는 지혜」, 『청암지』 45(청암승가대학, 2005), 14~15쪽.

가장 큰 이유는 그녀가 자아의식을 주장하거나 자신의 공덕이나 자존심을 내세우지 않고, 역경을 만나도 피하거나 다투지 않으며, 순리에 따라 자신의 역할에 최선을 다하는 점과 자신을 낮추고 인욕을 실행하기 때문이다. 그녀가 대철을 보살피는 태도에는 목적의식, 누구에게 무엇을 한다는 차별심에서 나오는 '과시적 중생심'이 없다.53) 그녀가 사직공원에서 뭇사람들의 눈총을 의식하지 않고 아편쟁이들과 스스럼없이 어울리는 것은 상식적으로 납득하기 힘들다. 그러나 한용운은 수영의 이러한 모습을 통해 보살의 동사섭同事攝을 극명하게 예시하고 있다.

한용운은 순영의 보살도를 경박한 사회풍조에 대한 하나의 개선책으로 제시한다고 했다. 무엇보다도 순영의 보살도는 당시 조선 사회에 센세이션을 일으켰던 '신여성'과 그를 둘러싼 담론에 대한 대안적 개념이다. 이 주제의식은 사직공원에 모인 신여성들끼리의 대화를 통해 표현된다. '구도덕을 파괴하고 신도덕을 건설'하기 위해 여성운동을 한다고 자부하는 이 여성들은 대체로 두 가지 입장을 취한다. 한 무리는 순영과 같은 '열녀'들을 '썩은 물건' 내지는 '구도덕의 노예'로 낙인찍는다. 이들은 '아무것도 모르는' 구식 여자들이 여권 신장을 막는 '방해물'과 다름없다며 노골적으로 이들에 대한 살의를 표현한다. 반면 어떤 신여성들은 좀 더 절충적인 견해를 펼친다. 남편에 대한 헌신이 봉건적 정조관념이나 맹목적인 굴종의식의 발현이 아니라 여자의 '자유의사'나 '개성의 발로'라면 무조건 비판할 수만은 없다는 입장이다.

한용운은 전자와 같이 주장하는 급진적인 유형의 여성 해방가들을 '변증법 박사'라 칭하며 풍자하고 있다.54) 이들은 당시 지식인들 사이에

---

53) 정성본, 「보살도의 삶과 물과 같이 사는 지혜」, 『청암지』 45(청암승가대학, 2005), 15쪽.

유행하던 변증법과 더불어 신여성들의 우상이었던 콜론타이의 「적연」이나 입센의 「인형의 집」을 앞세우며, 후자와 같은 견해를 '타협주의'로 폄하하거나 '인도주의'라고 비웃는다. 편벽되고 오만한 일군의 여성운동가들이 관념적인 이론으로 무장한 채 자기도취에 빠져 논쟁을 벌이는 장면은 이 운동가들이 내세우는 과격한 주장이 대부분의 조선 여성이 처한 현실로부터 얼마나 괴리되어 있는지 모르는 채 떠들어 대는 희극적인 상황을 연출한다. 한용운은 '작자의 말'에서 순영을 '열녀'라는 고정관념으로 속단하지 말 것을 호소한다. 계몽운동이라는 미명 아래 독선에 빠진 여성 운동가들의 반민중적 엘리트의식의 문제점을 꿰뚫어 본 것이다. 이들의 '투쟁'은 삶의 역사성과 현장성을 무시하고 추상적인 이론과 이상만을 앞세우는 우를 범하는 것으로 본 것이다. 보살의 무자성과 혁명가들의 자의식 가운데 어느 쪽이 진정한 사회변화의 힘이 되는지 작가는 굳이 해설하지 않는다.

보살도에 대한 한용운의 메시지는 우월감에 빠진 급진적인 신여성을 향한 것이지만, 동시에 급변하는 세태에 신뢰를 상실해 가는 남녀관계와 특히 점점 파렴치해지는 남자들에 대한 경고의 성격도 띠고 있다. 한용운이 우려하는 문제란, 순영의 색주가 친구 정순이 인천바닷가에서 자신의 약혼자를 '서방'이라 부르며 자유연애 지상주의와 경솔한 이혼풍조를 저항 없이 수용하는 자세뿐만 아니라, 대철의 경우와 같이 물질

---

54) 신여성을 비판하고 풍자한 문인들 가운데에는 김동인과 이광수도 포함된다. 특히 김동인의 「김연실전」은 신여성의 대표자격이었던 김일엽과 나혜석을 모델로 신여성들의 퇴폐적인 엽색행각을 그리고 있다. 자세한 것은 전대웅, 「'신여성'과 그 문제점」, 『여성문제연구』 5·6(한국여성문제연구소, 1976), 360~362쪽 참조. 1930년대에 이르러 신여성에 대한 부정적인 인식이 확산된 사회적, 역사적 배경에 대해서는 조은·윤택림, 「일제하 '신여성'과 가부장제 — 근대성과 여성성에 대한 식민담론의 재조명」, 『광복 50주년 기념논문집』 8(1995), 181~184쪽 참조.

만능주의에 빠져 부부간의 사랑과 신의마저 저버리는 남녀애정윤리의 파탄을 포함한다. 이러한 면에서 「박명」은 근대문화의 유입과 함께 생겨난 사회문제들이 화류계라는 상징적인 공간을 매개로 펼쳐지는 1920년대 소설들을 연상시킨다. 나도향의 「전차 차장의 일기 몇 절」(1924)을 비롯한 일군의 소설들은 도시로 올라온 시골 여자아이들이 화류계로 빠지는 사회상을 담고 있다. 이 소설들은 소위 신식 교육을 받은 인텔리들을 희화화하는 경향이 있다. 이들은 봉건적 인습을 타파하자고 외치면서도 가정생활을 파탄에 빠뜨리거나 명월관 등의 화류계문화에 탐닉하고 빠져드는 자기모순적인 행동을 하는 인물들이다.55)

남녀를 불문하고 신교육을 받은 이들의 경박한 행위는 근대성의 바람직하지 못한 산물이다. 만해는 순영의 보살행을 통해 바로 이 근대성의 허점을 고발하고 있다. 여기서 현실에 대한 만해의 시대적 인식을 엿볼 수 있다.

그렇다고 해서 만해가 제시한 보살사상이 근대성과 대척적인 관계에 있는 것은 아니다. 새로운 시대에 대한 강한 역사의식과 더불어 사회의 병폐를 해결하려는 만해의 의지와 노력은 오히려 계몽주의에 입각한 근대적 자각으로 간주된다.56) 특히 조선불교계의 문제점을 파악하고 '유신론'이라는 새로운 방향을 내놓은 것은 이성과 합리적 사고를 지향하던 시대정신과도 부합된다. 순영의 보살행에서 보듯, 만해는 새로운 시대를 향해 불교가 제시할 수 있는 가장 중요한 이념으로 구세주의와 평등주

---

55) 양문규, 「1910년대 말~1920년대 초 현실비판 소설에 관한 연구」, 『1930년대 문학연구』(평민사, 1993), 262~263쪽.
56) 김광식은 근대성의 특성으로 강한 정체성과 사회개혁의 노력을 꼽는다.(김광식, 「불교의 근대성과 한용운의 대중불교」, 『한국불교학』 50[한국불교학회, 2008], 559~563쪽)

를 꼽았고, 이런 이념들의 실천운동인 대중불교를 주창했다. 김광식은 불교의 평등주의는 '진리의 성격'을 가리키고, 구세주의는 이기주의의 반대 개념으로서 '중생 구제의 성격'을 가리킨다고 했다.[57] 불교의 대중화는 무기력했던 조선조 불교의 상징인 '산중'을 떠나 근대시민의 공간인 '도회지'에서 펼쳐지는 것이다. 순영의 보살도가 펼쳐지는 장소가 곧바로 도심이다. 이처럼 만해의 보살사상은 서구의 근대적 가치와 상통하는 면이 강하다.

 그러나 좀 더 넓은 관점에서 보면 「박명」에 드러난 보살도는 이분법적 틀에 갇힌 근대성의 문제와 한계를 뛰어 넘는 보다 큰 이념이자 실천 사상이다. 이를 굳이 '탈근대'로 규정할 것인지에 대해서는 한용운을 둘러싼 근대와 탈근대의 논의가 좀 더 진행될 때에 더 확실해질 것이다.[58] 그러나 만해가 순영이라는 평범한 한 여성의 보살행위를 서구의 전투적 페미니즘과는 다른 인간 본연의 자비심으로 규정하고, 그 자비심을 보편적 인본주의로 제시한 것은 일단 성차별의 담론인 근대성을 넘어서는 측면이 있다. 순영의 여성성에 대한 이와 같은 긍정적인 시각은 서구와 남성중심의 사고방식을 지양하는 탈근대적인 특성을 지닌다고 볼 수도 있다.

 그렇다면 순영의 보살도가 어떻게 비구니라는 인물로 귀착되는가? 무엇보다도 비구니는 여성성과 청정성의 상징이다. 더구나 순영의 역정은 '산간에서 가두로, 승려에서 대중에'라는 만해의 주장을 선명하게 예

---

57) 김광식, 「불교의 근대성과 한용운의 대중불교」, 『한국불교학』 50(한국불교학회, 2008), 563쪽.
58) 이 논쟁의 흐름에 대해서는 김광식, 「불교의 근대성과 한용운의 대중불교」, 『한국불교학』 50(한국불교학회, 2008) 참조.

시한다. 이처럼 비구니는 시대의 요구에 부응할 수 있는 새로운 인간상이면서도 자의식으로 똘똘 뭉친 신여성과 달리 개인의 성취를 초월한 무자성의 미덕까지 겸비한 인물이다.

순영의 출가는 「박명」의 서사전개상 자연스러운 결말이다. 순영의 발심에 가장 큰 영향을 준 사람은 대철이 숨을 거두기 직전 그녀에게 언급한 환희사歡喜寺 비구니 정공이다. 물론 피상적으로는 의지할 곳 없이 알거지가 된 순영이 현실적으로 선택할 수 있는 유일한 자구책은 출가뿐일 수도 있다. 대철이 죽고 난 뒤 순영의 막막한 처지는 「청춘과부가」와 같은 고전 작품에서 자주 접할 수 있는 첫 번째 출가 사유이다.

그러나 이러한 해석은 이 소설의 전체적인 의미망을 간과하는 우를 범한다. 작자는 순영이 정식으로 출가하기 전부터 꾸준히 수행생활을 해왔음을 간헐적으로 언급한다. 그녀는 홍숙자의 안방에서 우연히 불상을 접한 후 불교에 귀의하게 된다. 비록 색주가라는 진흙탕 속에서 불법을 만났으나 그녀는 결혼식도 건봉사 포교당에서 할 정도로 신심이 돈독해진다. 그녀가 열악한 환경에서 나름대로 조용히 실천할 수 있는 수행방법은 염불이다. 그런데 그녀의 염불기도에는 이기적인 목적의식이나 과시적인 면이 없다. 순영은 최후에 사직공원에서 걸식을 하며 살 때에도 늘 염불을 하는데 그것은 부처님의 은혜에 감사하는 마음이지 극락왕생을 비는 것이 아니다. 이것이 바로 한용운이 강조하는 올바른 염불의 자세이다.59) 한용운은 「염불당의 폐지」라는 글에서 "내가 듣건대 염불하

---

59) 한용운은 홍숙자라는 인물을 통해 기복성 염불 내지는 기복불교의 문제점을 지적하고 있다. 홍숙자는 포교당에 나가면서 '내생에 좋은 곳으로 가려'는 목적으로 염불을 한다. 그녀는 신앙과 생활이 괴리된 위선적인 종교인의 작태를 보여 주는 인물이다. 이 점은 순영이 술을 판 돈을 속였다는 모함을 받을 때 진실을 따지지도 않고 순영을 폭행하는 데서 적나라하게 폭로된다.

는 최후 목적이 정토에 왕생함에 있다고 한다. 생각건대 그것이 과연 그럴까"라고 강한 의문을 제기한 후 올바른 염불이 무엇인지 설명한다.

> 참다운 염불이란 무엇인가. 부처님의 마음을 염念하여 나도 이것을 마음으로 하고, 부처님의 배움을 염하여 나도 이것을 배우고, 부처님의 행을 염하여 나도 이것을 행해서, 비록 일어一語 · 일묵一默 · 일정一靜 · 일동一動이라도 염하지 않음이 없어서 그 진가眞假와 권실權實을 가려, 내가 참으로 이것을 소유한다면 이것이 참다운 염불인 것이다.[60]

그러므로 서술자는 비록 순영이 '입버릇처럼, 나무아미타불을 부르다가 홀연히 부처님에게 귀의하고 싶은 생각'이 들어 환희사를 찾게 되었다고는 하나, 불연佛緣의 관점에서 보면 그녀는 오랜 기간 동안 재가자로서 염불수행을 하며 보살도를 실천함으로써 출가의 공덕을 쌓아온 셈이다. 순영의 출가를 두고 볼 때, 한용운은 비구니의 정체성을 주류사회 여성상의 대안적 측면이 아니라 바로 주류 사회에서의 삶을 완성하려는 노력에서 찾고자 한 것 같다. 다시 말해, 비구니의 삶을 수행의 시작이 아니라 수행의 완성이자 종착점으로 보았다는 뜻이다.

순영의 출가는 이 장편소설이 구축해 온 의미구조의 절정을 이루는데, 이 절정의 순간을 더욱더 극적으로 만드는 요소는 그녀가 '선행善行'이라는 법명을 받고 정공의 위패제자가 되는 것이다. 이는 비구니 원조자와 피원조자가 일시적 피신의 목적이 아닌 진정한 의미의 은사 · 제자 지간이 되어 정공이 생시에 추구한 보살도의 법등法燈이 선행에게로 전수됨을 의미한다. 즉 보살도에 근거한 비구니승가의 맥과 역사를 확립하는 행위이다. 정공은 생전에 가난하고 병든 사람들을 구원하고 여러 가

---

60) 한용운, 『한용운전집』 2(신구문화사, 1980), 59쪽.

지 거룩한 일을 많이 하여 사람들이 '보살이라고도 하고 생불이라고도' 한 인물인데 그녀의 권속들은 모두 그녀를 '공空보살'이라 불렀다 한다. 순영이 환희사에 도착한 날 마침 그곳에서는 정공의 사십구재가 진행되고 있었다. 이 재를 회향함과 동시에 순영은 삭발하고 오계를 받아 공수 좌의 상좌인 선행으로 다시 태어나는데, 이 묘연妙緣은 보는 이들로 하여금 마치 정공이 선행으로 환생한 것과 같은 상상을 불러일으킨다고 묘사된다.

한용운은 법문으로써 「박명」의 대미를 장식한다. 여기서 소설의 어조는 서술체에서 설법체로 전환된다.61) 선행은 자신의 득도得度를 기념하는 법회를 통해 세간에서의 보살행을 인가 받고 이제 출세간의 수행자로서 은사를 이어 보살도의 완성을 추구하게 된다. 안변 석왕사 덕암 스님의 법문은 한용운 자신의 목소리로 이 작품의 주제를 직접적인 화법으로 요약하고 있다.

> 선행수좌는 사람에게 가장 아름다운 순진한 보은의 관념과 불행한 사람을 불행히 여기는 아름다운 덕으로써 자기도 모르게 행한 것이다. 선행수좌는 무슨 종교적 수양이 있다든지 학문적 지식이 있는 것도 아니어서, 교양적으로 행한 것도 아니오 또는 명예를 위한다든지 무슨 보응報應을 바라고서 한 것도 아니다. 다만 타고난 천품으로 행한 것이다.62)

이 법문의 결어는 이 소설이 철저히 불교의 인연법을 배경으로 쓰였음을 보여 준다.

---

61) 한용운의 신문소설은 법문의 고양된 분위기 속에서 대단원을 내린 셈이다. 「박명」을 포교문학으로 보는 근거 가운데 하나가 바로 이 법문체의 결말이다.
62) 한용운, 「박명」, 『한용운전집』 6(신구문화사, 1980), 288쪽.

우리 불교는 이타를 주장하는 고로, 부처님의 대자대비는 사람뿐 아니라 생명이 있는 것이면 무엇이든지 가리지 않고 다 같이 자비를 베푸는 것이다.…… 선행수좌는 불연이 깊은 사람인즉 불교로 들어오는 것이 마땅하고, 지금 와서 보면 진정한 은인은 김대철이보다 공수좌님이라, 그의 상좌가 되는 것이 마땅한 일이로다.[63]

순영의 이야기는 산에서 시작하여 바다와 도시를 거친 후 다시 산중으로 들어가는 구조를 취하고 있다.[64] 이 구조를 한용운의 전기 자료와 비교해 보면, 순영의 형상화에서 한용운이 지향한 모델은 단순히 보시바라밀을 행하는 인욕보살이 아니라 중생계의 고통을 모두 껴안는 관음보살상이었을 가능성도 고려해 봄직하다. 한용운은 「박명」의 서두에서 순영의 고향인 가평의 지리문화적 배경을 소개하는데, 설악산의 봉정암과 오세암 그리고 영세암과 백담사를 그곳 정신사의 줄기로 보고 이 절들을 차례로 언급한다. 그런데 이 장소들 가운데 오세암과 백담사는 승려로서의 한용운에게 아주 특별한 의미를 지닌 곳이다. 백담사는 한용운이 오랜 기간 주석하며 그의 대명사나 다름없는 「님의 침묵」을 지은 곳으로 유명하다. 오세암은 매월당梅月堂 김시습金時習이 불교에 귀의한 곳일 뿐만 아니라 한용운이 깨우침을 얻은 후 오도송을 읊은 곳이다. 그런데 한용운은 오세암에서의 오도 후 관음보살의 현현顯顯을 경험하였다고 한다. 작가의 이러한 특별한 체험을 고려할 때, 소설의 서두에 언급된 설악

---

63) 한용운, 「박명」, 『한용운전집』 6(신구문화사, 1980), 289~290쪽.
64) "한용운에게 산은 자기성찰과 깨달음의 도량이고 도시는 그 깨달음을 실천하는 공간으로, 이 두 공간은 변증법적으로 상호 길항하면서 그의 정신사를 성장시켜 주었다"는 고명수의 견해는 「박명」의 공간구조를 이해하는 데 많은 도움을 준다.(고명수, 「만해 불교의 이념과 그 현대적 의미」, 『의상만해연구』 1[의상만해연구원, 2002], 229쪽)

산의 절들은 순영이 나서 자란 고장이 관음보살의 성지임을 암시한다.[65] 순영이 산을 떠나 도시에서 보살도를 실천하고 다시 산으로 돌아왔을 때 이 산은 예전의 그 산이 아니다. 이 서사구조는 '산은 산이요, 물은 물이로다'라는 선가의 유명한 경구와 상통한다.[66]

이 장에서 살펴본 조지훈과 백석의 시 두 편과 한용운의 소설은 비구니에 대한 근대문학기의 다양한 시각들을 보여 준다. 물론 이들이 일본 불교의 위협 아래 놓인 조선 불교계에서 비구니들이 어떤 위치에 있었으며 그들이 어떻게 그 험난한 시기를 헤쳐 나갔는지는 다루지 않는다. 이들의 시와 소설에 나타난 여승의 이미지는 근대성의 첨예한 상징이던 '신여성'의 모습과 여러 면에서 비교된다. 이들의 작품에 나타난 여승은 개방적이고 동적인 근대문화의 반대급부로서 은둔과 정적인 전통적 가치관을 구현한 인물들이다. 전근대 한국 사회에서 여승은 국외자의 위치에 있었다는 사실을 고려하면 이들이 전통을 상징하는 인물로 조명 받는 것은 대단한 아이러니가 아닐 수 없다.

그러나 이보다 더욱 놀라운 역사의 반전은 「박명」에서 급진적 페미니즘을 표방하는 신여성들의 실제 모델이 되었던 김일엽이나 나혜석이 종국에는 불교에 입문했다는 사실이다. 특히 김일엽은 출가하여 걸출한 선승으로서 생을 마쳤는데, 이는 전통과 근대 또는 수구와 개혁이라는 대립구조와 그로 인한 개인적, 사회적 갈등을 극복할 수 있는 궁극의 길을 출가수행에서 찾았음을 의미한다. 일엽은 '귀의불歸依佛'이 곧 '귀의

---

65) 순영과 관음보살을 연결시킬 수 있는 또 하나의 근거는 그녀의 생에서 차지하는 바다의 중요성이다. 관음과 바다의 긴밀한 관계에 대해서는 앞에서 설명하였다.
66) 이 구절은 성철 스님의 법문을 통해 널리 알려졌지만, 그 기원은 중국 당대의 黃檗 스님의 어록에 실린 '山是山水是水'로 추정된다.

자체歸依自體'라 했다.67) 나아가 '자아', '나', '창조성', '본정신', '불성', '진리', '본마음' 등은 모두 다 같은 뜻이라 했다. 그녀가 신여성으로서의 삶을 추구한 것과 후일 출가를 감행한 것도 모두 '대자유인'이 되고자 했던 강한 염원에서 나온 것이므로 그 근원적인 동기는 다르지 않다. 그녀는 불교에서 근대성의 담론이 해결해주지 못한 성차별의 문제를 극복하고 자아를 실현할 수 있는 궁극적인 길을 발견했다. 따라서 일엽의 출가는 '불교적 사고 양식이 결코 근대성에 반대되는 구시대의 유물이 아니라 근대성의 한계를 극복할 수 있는 철학적 근거를 제공'할 수 있음을 보여 준다.68)

    그러나 일엽은 특수한 경우이다. 우리는 대체로 근대문화 확산기에도 비구니에 대한 사회적 관념은 전근대와 구조적으로 큰 차이가 없다는 점에 유의할 필요가 있다. 전근대 봉건사회에서 비구니들이 유교적 부덕을 갖춘 양반 여성의 타자로 정의되었던 것과 마찬가지로 근대사회에서도 비구니는 서구적 가치를 추구하는 새로운 여성상의 반대급부로 설정되고 있다. 다시 말해 여성의 출가를 그 자체로서 독립적인 가치를 지닌 삶의 방식으로 보지 않는 것이다. 이러한 인식론적, 존재론적 맹점이 비구니에 대한 주류 사회의 관점에 숨어 있다. 사회질서의 변혁에도 불구하고 출가수행자는 근본적으로 주류 사회의 대안적 존재로서만 규정된다. 비구니 정체성의 핵심에 놓인 이 문제는 현대문학기에 이르러서도 그 양태만 달리할 뿐 지속적으로 반복된다.

---

67) 김일엽, 『실성인의 회상-일명 어느 수도인의 회상』(수덕사, 1960), 6~7쪽.
68) 박진영, 「김일엽: 한국불교와 근대성의 또 하나의 만남」, 『동아시아의 불교 전통에서 본 한국 비구니의 수행과 삶』(한마음선원, 2004), 150쪽.

5장 승과 속의 귀일점을 찾아서: 현대문학과 비구니의 정체성

근대를 거치면서 한국 사회에서 여성의 위치는 눈에 띄게 향상되었고, 이는 종교계의 뿌리 깊은 성차별의 관습도 개선될 수 있는 고무적인 분위기를 조성하였다. 현대문학과 비구니의 관계는 여성의 능력과 역할에 대한 사회 전반의 인식변화와 함께 정화운동과 같이 불교계가 겪은 특수한 변화의 맥락 속에서 이해되어야 한다. 일제강점기의 잔재를 청산하기 위해 시작된 정화운동은 현대 한국 승가의 정체성을 확립하고 근본적인 체제를 정비하는 계기가 되었다. 이는 조선조를 거치는 동안 붕괴된 불교계의 수행전통과 승려의 교육제도 및 종무행정체계를 재수립하는 과정이었다.

제도적인 측면에서만 보자면 현대사회에서 비구니들의 위치와 역할은 조선시대에는 상상할 수조차 없을 정도로 진전되었다. 무엇보다도 비구니를 위한 전문 강원과 선방이 설립되었다.[1] 비구니들의 활동영역도

---

1) 비구니 전문 강원의 효시는 여러 곳에서 찾을 수 있으나 1918년 통도사 옥련암에서 최초의 태동을 찾을 수 있다. 최초의 비구니선원은 수덕사 견성암으로 1916년에 개설되었다. 근대의 비구니강원과 선원의 설립에 대해서는 수경, 「한국 비구니강원 발달사」, 『한국비구니의 수행과 삶』(예문서원, 2007); 해주, 「한국 근현대 비구니의

넓어지고 다양해졌다. 2003년에는 비구니가 조계종단의 고위 행정직에도 진출함으로써 한국 불교사에 큰 획을 긋게 되었다.[2] 이러한 일련의 가시적인 변화는 승단 내에서 비구니들이 차지하는 수적인 입지뿐만 아니라 이들이 지닌 잠재적 능력에 대한 교계의 인식이 긍정적으로 전환되고 있음을 입증하는 것이다.

비구니의 지위가 상징적으로나 실질적으로 꾸준히 개선되어온 것은 무엇보다도 역사적 편견과 관습의 벽을 극복하려는 비구니들의 부단한 노력이 낳은 결과이다. 수행자로서 모범이 된 근세의 비구니선승들에 대해서는 이제야 조금씩 세상에 드러나기 시작하였다.[3] 널리 알려지지는 않았으나 비구니들은 정화운동에도 조직적으로 참여하는 정치적 역량을 보여 주었으며,[4] 일부의 비구니들은 비구와 대처 간의 복잡한 갈등 속에서 수행의 터전을 지키기 위해 불교사에 유례없는 여성 출가자들만의 독립 종단인 대한불교보문종大韓佛敎普門宗을 세우기도 하였다.[5] 비구니들은 또한 6·25로 인해 생겨난 전쟁고아를 돌보는 데에도 앞장섰다.[6]

수행」, 『한국비구니의 수행과 삶』(예문서원, 2007) 참조.
2) 2003년 비구니 卓然이 조계종 총무원의 문화부장에 임명되었다.
3) 비록 짧은 행장기 모음집에 불과하나 하춘생의 『깨달음의 꽃』(여래, 2001) 두 권은 처음으로 근세의 비구니선승들에 대한 정보를 한곳에 결집시켰다는 점에서 큰 의의가 있다. 한국비구니연구소가 발간한 『비구니수행담록』(뜨란, 2007) 세 권은 그동안 세간에 잘 알려지지 않았던 비구니들의 수행과 삶의 궤적을 담고 있다.
4) 정화운동에서 비구니의 역할에 대해서는 황인규, 「근현대 비구니와 불교정화운동」, 『불교정화운동의 재조명』(대한불교조계종 교육원 불학연구소, 2007), 267~308쪽 참조.
5) '대한불교보문종'은 1972년 恩榮 스님과 그의 스승인 亘旺 스님에 의해 설립되었다. 보문종의 창종 배경과 역사에 대해서는 안덕암, 『보암 대사 송은영 스님 일대기』(대한불교보문종, 1984); Yi Hyangsoon, "Pomunjong and Hanmaŭm Sŏnwŏn: New Monastic Paths in Contemporary Korea", *Socially Engaged Buddhist Women*, ed. Karma Lekshe Tsomo(Delhi: Indian Book Centre, 2006), pp.229~235 참조.
6) 萬善은 '고아들의 대모'라 불리었다. 만선의 간략한 행장기는 하춘생, 『깨달음의

절집에서 버려진 아이들을 맡아 기르는 일은 서구적 개념의 사회복지 제도가 한국 사회에 정착되기 훨씬 이전부터 존재하였던 불가의 대사회 봉사기능으로서 비구니들은 헌신적으로 이 전통을 지켜 온 당사자들이다. 한마디로 오백 년의 억불 정책과 곧 이은 식민통치 그리고 민족상잔을 겪으면서 한국의 비구니들은 격변하는 정치적, 사회적 환경에서 시대에 뒤지지 않고 스스로의 정체성과 수행전통을 지키기 위해 눈물겨운 노력을 하였다.

이러한 변화의 와중에 근현대를 통틀어 문학계에서 비구니와 관련하여 가장 크게 세인의 시선을 끈 사건은 아무래도 '신여성' 김원주의 출가일 것이다. 김원주는 근대 최초의 여성 작가이자 여성 운동가로서 '일엽―葉'이라는 법명으로 수덕사 견성암에 주석하였다.7) 그녀는 출가 후 오랫동안 절필하였고, 또한 긴 침묵을 깨고 발표하기 시작한 글들의 성격도 순수한 문학적 상상력의 산물만은 아니었다. 그러나 일엽은 현대 한국 사회에서 비구니 문승이라는 존재에 대해 대중적 관심을 불러일으킨 장본인이다.

비구니들의 글이 활자화되어 일반 독자층에 유포되기 시작한 것은 아주 최근의 일이다. 이 글들은 대부분 포교의 일환이거나 아니면 수행자로서 귀감이 된 비구니들의 행장기를 남기려는 목적에서 쓰였지만 순수 창작물도 없지 않다. 포교문이 아닌 글로서 비구니 작가들이 선호하는 장르는 시와 수필이다.8) 드물기는 하지만 요즈음에는 비구니의 자서

꽃』 권2(여래, 2001), 229~240쪽; 한국비구니연구소, 『한국비구니수행담록』 상권, 154~157쪽 참조.
7) 김원주는 김명순, 나혜석과 함께 근대문학 최초의 여성 작가이다. '일엽'은 원래 법명이 아니고 김원주가 출가전 문인이었을 때 춘원 이광수가 지어준 필명이다.
8) 대표적인 경우로는 『가슴으로 사는 사람들』, 『달을 보는 섬』, 『또 다른 이름되어』,

전도 시중에 나오기 시작하였다.9) 비구니 시인이나 수필가의 등단은 오늘날에 있어 더는 특이한 일이 아니다. 이는 굳이 비구니에게만 국한된 현상은 아니고 창작품을 발표하는 비구들의 수는 비구니의 경우보다 더욱 가시적으로 늘어 가는 추세이다. 가장 대표적인 경우가 수필가로서 폭넓은 독자층을 확보하고 있는 법정法頂이다.

선가에서는 아직도 글쓰기를 금기시하는 경향이 있지만 이러한 인식도 목적과 상황에 따라 융통성 있게 바뀔 수 있다. 아직 문단의 전문적인 평가나 세간의 주목을 받는 문승의 수는 많지 않지만, 이들의 활동은 산중불교를 탈피하여 도심불교로, 또한 기복불교를 지양하고 수행불교로 성격이 바뀌어 가고 있는 현대 한국 불교계의 변모와 무관하지 않다. 출가와 수행의 일상을 잔잔하게 풀어내는 승려들의 시나 산문은 일반인들의 접근이 불가능한 승가의 내부를 열어 보임으로써 특수한 종교집단에 대한 외부인들의 신비감과 오해를 불식시키는 데 기여하는 바가 크다. 또한 승려작가들은 도시화와 산업화 중심의 서구적 근대성에 대한 대안적 담론을 모색하는 이들에게 탈근대적 가치관을 제시함으로써 현대 한국 사회에 새로운 정신문화를 정립하는 데 한 몫을 담당하기도 한다.10)

한편 현대문학에서 비구니를 소재로 다룬 작품들의 경우 그 수가

『그대 그대 자신으로』 등의 시집과 수필집 『사람의 향기』와 『아직도 그곳엔 희망이 있더라』를 낸 淨雲과 『미루나무와 새』, 『하얀 달도 외로워라』, 『달과 비구니』, 『수를 놓는 가을햇살』, 『별밭에 앉아서』, 『눈을 뜨는 별무리』 등을 낸 시조시인 一蓮을 들 수 있다.

9) 비구니의 구술 자서전으로 妙嚴의 『회색 고무신』(시공사, 2002)이 있고 비구니가 직접 저술한 자서전으로 普覺의 『스님, 바랑 속에 무엇이 들어있습니까?』(효림, 2005)가 있다. 또한 대담 형식의 자서전으로 妙嚴의 『향성-묘엄스님 출가유행록』(봉녕승가대학, 2008)과 光雨의 『부처님 법대로 살아라』(조계종출판사, 2008)가 있다.

10) 한 예로 법정의 수필집 『무소유』는 제목 자체만으로도 물질의 축적과 소유에 대한 현대인의 잘못된 사고방식을 돌이켜 보게 한다.

많지는 않지만 질에 있어서는 전대문학에 비해 작가의 시각이 다양화되고 주제의식도 심화되는 경향을 보인다. 비구니는 정한숙의 「금어」에서와 같이 실존적 고뇌를 종교예술로 승화시켜 나가는 장인으로 그려지거나 남지심의 구도소설 『우담바라』나 한승원의 『아제아제 바라아제』에서와 같이 세속적 번뇌를 초극하고 자비정신을 실천하는 이상적 수행자로 제시되는가 하면, 윤대녕의 「소는 여관으로 들어온다 가끔」에서처럼 병든 양모로 인해 사미니계만 받고 환속하지만 출세간에 대한 미련으로 갈등에 빠지는 여인으로 그려지기도 한다. 이문구의 「다갈라 불망비」는 갓 수계한 젊은 비구니가 절에 머무르던 하숙생과 사랑에 빠져 환속하는 내용을 담고 있다. 여승과 애욕의 뗄 수 없는 관계는 고전으로부터 현대문학에 이르기까지 폭넓게 나타나는 가장 대중적인 소재이다. 상업적 통속소설 속에서의 여승은 말초신경을 자극하는 선정적 상상의 대상물로서 고전소설의 요승을 현대에 옮겨 놓은 모습이다.[11]

이러한 뿌리 깊은 부정적 이미지에도 불구하고, 비구니에 대한 현대 소설가들의 접근방식에서는 다음과 같은 획기적인 측면을 볼 수 있다. 첫째, 여성의 출가와 수행의 실상을 승가라는 제도적 장치와 연계시켜 파악하려는 시도이다. 둘째, 수도의 의미를 개인의 해탈보다 사회구제라는 대승적 이상과 연결시키려는 작업이다. 따라서 이 장에서는 이 두 가지 관점을 중심으로 현대 비구니소설의 의의를 찾아보려 한다. 전대의 작가들이 비구니승가를 접근 불가의 성역으로 취급하여 철저한 외부 관찰자의 입장을 견지한 데 반해, 남지심이나 한승원과 같은 현대의 소설가들은 여성의 성불문제를 천착하기 위하여 승가라는 집단의 내부로 들

---

[11] 정현웅의 「대비사의 반야심」이나 「고행」을 예로 들 수 있겠는데, 이 소설들은 여승을 성애에 탐닉하는 요부로 그리고 있다.

어가 수행생활의 구조와 의미를 파헤친다. 이 과정에서 서사내용이 교단과 교계의 은밀한 문제들을 들추어내는 고발문학적 성격을 띠기도 한다.

이 장에서는 정한숙의 「금어」, 박완서의 「환각의 나비」, 한승원의 『아제아제 바라아제』와 남지심의 『우담바라』를 분석한다. 이 네 편의 작품을 통해 우리는 비구니를 둘러싼 현대 문인들의 문학적 상상력과 기법들을 살펴볼 수 있다. 단편소설인 「금어」에서 비구니는 종교예술과 역사성이라는 무거운 주제에 오락성과 현장성을 가미하는 인물이다. 현대사회의 노인문제 및 가족관계의 해체를 소설화한 박완서의 작품에 등장하는 여승은 상실된 전통과 시간성을 다층적으로 상징하는 독특한 역할을 맡고 있다. 한승원과 남지심의 장편소설은 여러 갈래로 전개되는 플롯의 중심에 인생경험과 구도에 대해 서로 다른 시각을 지닌 젊은 비구니들을 설정하고 있다. 이 두 작가가 추구하는 현대사회에서의 출가수행의 의미는 산과 저잣거리라는 공간적 상징을 통해 형상화되고 있다. 한승원과 남지심의 소설은 이 대조적인 공간에서 일어나는 두 수행자의 궤적을 추적함으로써 현대사회에서 지혜와 자비가 지닌 유기적인 관계를 집중적으로 조명하고 있다. 이 장에서는 이들의 작품이 서로 다른 길을 선택하는 여성 수행자를 통해 제시하려는 이상적인 비구니상이 어떤 것인지, 또 그 공통점과 상이점은 무엇인지를 대조, 분석하고자 한다.

「금어」와 비구니 장인

정한숙의 「금어」는 1972년 『지성知性』 창간호에 실렸던 단편소설이다. 이 작품의 주인공 아심은 법납이 이십여 년 된 비구니로 '금어'의 신분을 획득하는 인물이다. 금어란 오랜 세월에 걸쳐 전수된 불교미술에서 달인의 경지에 오른 승려에게 주어지는 칭호로서 전통적으로 남승들의 전유물로 여겨져 왔다. 그러므로 정한숙이 이 작품에서 비구니를 불교미술의 대가로 형상화한 것은 파격적이다. 아심은 탱화라는 특정 분야의 전문가일 뿐만 아니라 크게 보면 예술가의 한 전형이기도 하다. 이 소설에서 작가는 아심을 통해 이상적인 예술가의 자질을 보여 주는데, 거기에는 역사에 대한 성찰력, 예술에 대한 열정과 부단한 노력, 그리고 영혼을 뒤흔들 만한 고뇌의 체험과 그 체험을 승화시킬 수 있는 관조의 능력이 포함되어 있다.

금어가 되기 위한 자격요건 가운데 이 소설이 가장 강조하는 것은 예술가의 역사의식이다. 정한숙은 이 주제를 부각시키기 위해 현재시점에서 아심을 둘러싸고 전개되는 주된 플롯과 약 천삼백 년 전 백제 패망 시 임실을 둘러싸고 벌어지는 보조플롯을 병치하는 입체적 구성을 시도하고 있다. 「금어」는 단편소설이지만 모두 여덟 부분으로 나누어져 있으며, 중간 부분의 네 단락은 서기 680년을 전후로 일어난 임실의 이야기에 할애되어 있다. 시간적으로나 공간적으로 현재와 과거가 똑같은 비율로 반분되어 있는 셈인데, 사건전개는 아심의 회상장면을 통해 점점 먼 과거시점으로 들어갔다가 마지막 두 단락에서 현재시점으로 회귀하는 방식을 취하고 있다.

아심과 임실은 여러 면에서 상응점이 있다. 아심의 본명은 '정희'로 그녀는 해방 다음해 북한에 진주한 소련군을 피해 열아홉 살의 나이로 약혼자 김동성과 함께 월남한 인물이다. 임실은 백제의 미천한 석공으로 열여섯에 나당연합군과의 전투에 참가했다가 3년 후 열아홉이 될 때 패색이 짙은 임존성을 포기하고 고구려로 일시 후퇴하는 지수신 장군의 무리를 따라 백제를 떠난다. 또한 아심과 임실은 각자 훌륭한 스승을 만나 불가에 입문하는 데 1년간의 행자기간을 거친 후 삭발승려가 된다. 그러나 이러한 외적 유사성보다 중요한 것은 둘 다 자신의 내적 고통을 종교예술로 승화시키는 데 성공한 인물이라는 점이다. 임실이 나라를 지키다 장렬한 최후를 맞은 백제의 세 명장, 흑치상지, 사타상여, 지수신뿐만 아니라 수많은 무명 군졸들의 극락왕생을 비는 마음으로 삼존천불상을 새겼듯이, 아심은 국방경비대의 소위로 6·25사변 중 개성 송악산 전투에서 전사한 김동성의 넋을 위로하기 위해 탱화를 조성한다.

아심과 임실의 관계를 통해 정한숙은 현재와 과거는 따로 분리될 수 없으며 역사는 반복되는 것임을 강조한다. 아심은 공주박물관에 소장된 삼존천불상에 얽힌 전설에 감동 받아 자신의 과거사를 회고하게 되고, 급기야는 전쟁터에서 유해도 없이 산화한 약혼자를 기리기 위해 탱화 작업에 손을 댄다. 작가는 이 과정을 통해 역사와 예술의 상호 유기적인 관계를 보여 준다. 역사는 예술을 낳고 그 예술은 다시 역사를 변화시킨다. 그런데 임실의 불상이나 아심의 탱화에 영감을 불러일으킨 인물들이 모두 순국영령이고 또한 그들의 죽음이 한반도의 분단으로 인해 일어난 점을 감안할 때, 이 작품에서 부각되고 있는 역사의식과 불교미술의 관계는 남북으로 대치된 한반도에서 호국불교의 의미를 되새기게 하는 측면이 강하다.12)

금어가 일반 예술가와 다른 점은 그들의 작업이 수행의 성격을 지니기 때문이다. 임실은 '사람이란 죽으면 다 부처가 된다는 생각'을 지니고 있는데,13) 이는 스승에게서 배운 것이 아니라 암자에 기거하며 스스로

---

12) 정한숙은 고구려 화승 담징의 애국심과 법륭사 벽화의 완성을 소재로 한 작품「금당벽화」에서도 이 주제를 다루고 있다.
13) 정한숙,「금어」,『안개거리-정한숙 창작집』(정음사, 1983), 50쪽. 이하 인용문은 이 책에 근거한다.

깨달은 것이다. 그가 만든 여래상들은 크기와 상관없이 모두 살아서 움직이는 것 같은 느낌을 주는데, 이는 조각에 모든 것을 몰입하는 임실의 '정혼이 그 속에 깃들여 있기 때문'이다. 임실의 수행은 살생에 대한 참회를 수반한다. 그는 암자 뒤꼍에서 검법을 연습하던 중 자신이 던진 몽둥이에 다람쥐가 죽는 사건을 경험한 뒤 급격한 심경의 변화를 일으키며 삼존천불상 조각에 나선다. 따라서 수행으로서의 불상의 조각은 전몰 아군의 천도와 적군 살생에 대한 참회라는 이중적 동기에서 비롯되었다고 할 수 있다.

아심의 경우는 조금 다르다. 그녀는 임실의 전설을 듣기 전까지 17년간 참선과 불사로 '판에 박은 듯 규칙적'인 일과를 반복하던 평범한 승려였다. 그러다가 삼존천불상을 계기로 본격적인 수행의 길로 들어선다. 타성적으로 반복하던 참선이나 예불행위와는 달리 강렬한 발심으로 시작한 탱화조성에 그녀는 전심전력 몰두한다. 아심은 자신의 탱화에서 '살아 있는 부처님의 모습'이 잘 구현되지 않을 때마다 박물관의 삼존천불상 앞에서 합장을 하고 삼 년간 혼신을 다한 정진 끝에 마침내 그림의 '가장 어려운 마지막 고비'인 부처님의 눈매를 그릴 수 있게 된다. 탱화작업의 백미인 개안미소가 아심의 수행목표가 된 것이다. 따라서 '대자대비의 부처님이 비로소 눈을 뜨고 중생을 향해 가는 미소를 띠는' 순간이 아심에게는 곧바로 견성의 순간을 의미한다.

탱화의 완성이자 수행의 절정인 아심의 화룡점정은 선승들의 오도송에 해당한다. 예술적 영감은 외부의 부처상으로부터 왔으나 궁극적으로 그녀가 증득한 것은 자신에게 내재한 부처의 모습이다. 따라서 그녀가 붓을 놓고 자신이 완성한 부처상을 향해 배례하는 행위는 중생 안에 존재하는 불성을 깨달은 것에 대한 존경의 표현이다. 불성의 확인을 통한 자타불이의 체험은 아심이 수행자로서 진일보하였음을 뜻한다. 탱화 속의 '여래상은 지금까지 있어 온 부처님의 모습이 아니라 새로운 부처님의 얼굴'이라는 소설의 마지막 문장이 이러한 해석을 가능하게 한다. 이는 자신과 타자, 주관과 객관의 합일 또는 연기를 깨닫는 경험이다.

정한숙은 이 작품의 종교적 주제에 사실성을 부여하기 위해 비구니 일엽을 아심의 은사로 도입한다. 비구니 예술가의 모델로서 실존인물을 이용하는 것이다. 그런데 이 소설에서 일엽은 제자에게 보살의 길을 열어 보임으로써 단순한 예술가로서의 역할모델을 제공하는 것 이상의 기능을 한다.

> 여자란 중이 되어도 여자의 바탕을 잃지 않아야 한다. 부처와 보살은 그런 점에서 다르다. 옛글에 이르기를 여자는 덕성과 용의容儀와 말씨와 재지才智를 갖추어야 한다고 했다. 덕성이란 맑고 절개가 곧아야 하고 마음을 정연히 가다듬어 행동에 법도가 있어야 하는 것이다. 또한 용의란 얼굴 단장을 뜻하는 것이 아니라 몸의 불결함이 없게 하는 것이요, 말씨란 그른 말을 하지 않아야 하고 꼭 해야 할 말을 하되 남의 귀에 거슬리게 해서는 안 된다. 솜씨란 길쌈의 뜻만이 아니라 가족과 친지와 남을 즐겁게 할 줄 알아야 한다는 뜻이다.14)

아심이 늘 가슴에 새기고 있는 이 교훈은 금어의 궁극적인 목표가 단순한 예술적 기교의 완성이 아니라 보살도의 실행임을 가리킨다.

독자는 보살도의 구체적인 내용인 덕성과 용의, 말씨와 재지가 여성적 가치임을 주시할 필요가 있다. 이는 정한숙이 금어라는 인물을 형상화하면서 굳이 비구니를 선택한 근거를 암시하기 때문이다. 이와 관련하

---

14) 정한숙, 「금어」, 『안개거리-정한숙 창작집』(정음사, 1983), 34~35쪽.

여 또 한 가지 흥미로운 점은 아심을 삼존천불상과 금어의 세계로 안내한 인물 역시 여대생이라는 점이다. 이 여학생의 존재는 남자들의 전투로 점철된 임실의 이야기와 보살도의 여성성이 강조되는 아심의 이야기를 효과적으로 대비시키는 동시에 독자의 공감대를 증폭시킬 수 있도록 현재의 이야기에 무게를 실어 준다.

　이 여대생은 승려 예술가로서의 아심의 종교적 측면이 돋보이도록 해 주는 보조인물이다. 일반 미술학도로서 그녀가 지닌 예술에 대한 관점은 수행자로서의 아심의 관점이나 창작 동기와 다를 수밖에 없으며, 작가는 이 차이를 통해 승려의 예술행위는 수행과 불가분의 관계에 있음을 확인시킨다. 이 여대생은 만다라와 탱화에 조예가 깊은 불교미술도로서 그녀의 박식은 법력이 높은 고승도 당할 바가 못 된다고 묘사되고 있다. 하지만 그녀가 불화와 불상의 정교한 미학적 원리에 대해 아무리 박학하다 할지라도, 그것은 수행에서 우러나온 직관과 혜안이 아닌 사량적思量的 지식에 불과하므로 그녀는 결코 금어와 같은 인물이 될 수 없다. 이것이 바로 금어를 단순한 예술가 이상의 존재로 규정하는 이유이다. 정한숙은 금어의 반열에 오르는 아심과 그녀의 은사인 일엽 그리고 아심의 보조인물인 여대생을 통해 보살도의 여성적 특질을 강조하는 한편, 이들 인물의 공통점과 상이점을 통해 보살과 부처, 금어와 예술가의 차이를 보여 주고 있다.

　정한숙은 비구니를 지식인과 대조되는 예술가로 설정하지만 궁극적으로는 이 두 영역을 모두 아우르는 종교성과 정신계의 상징으로 제시한다. 이 발상은 다음에 고찰하는 박완서의 작품에서도 약간 변형된 모습으로 반복된다.

「환각의 나비」에 나타난 여승의 시공간적 상징성

「환각의 나비」는 1995년도 『문학동네』 봄호에 실린 박완서의 단편 소설로 현대 한국 사회에서 점차 심각성을 더해 가는 치매노인의 가출을 소재로 삼은 작품이다. 이 소설은 노인문제와 더불어 또 하나의 미묘한 가족문제를 다루고 있는데, 그것은 효와 사랑이라는 미명으로 포장되는 가족구성원 간의 이기주의와 그로 인해 파생되는 내면적 분열증이다.

「환각의 나비」는 대학교수인 영주와 여승 마금의 대비, 특히 두 사람이 보여 주는 전혀 다른 유형의 모녀관계를 통해 현대사회에서 가족이 갖는 의미와 실상을 파헤치고 있다. 허난설헌 전문가로 박사학위를 받고 강단에 서는 영주가 현대 여성의 사회성을 나타낸다면 학력은 미미하나 신이한 능력을 지닌 마금은 여성의 초시간적 종교성을 상징한다. 소설은 이 두 젊은 여인을 구심점으로 현실성과 신화성을 교차시키며 부모와 자식의 다양한 관계를 펼쳐 보인다.

「환각의 나비」는 4편으로 나누어져 있는데, 1·3편은 마금의 이야기이고 2·4편은 영주의 이야기이다. 서로 무관하게 병행되는 이중적 서사 구조는 소설의 말미에서 영주의 어머니가 마금의 집으로 들어옴으로써 예상치 않은 연결고리를 만나게 된다. 영주와 마금의 상이한 삶이 지닌 상징성은 그들의 주거공간으로 집약되는데, 이 공간은 급변하는 한국 사회의 다양한 측면을 가리키는 환유적 기능을 갖는다. 소설은 마금의 집에 대한 묘사로 시작된다.

그 집에는 느낌이 있었다.
그 느낌은 그 집을 지은 자재나 규모 또는 그 집에 사는 사람이 집 칸수를 어떻게 했느냐에 따라 달라지는 보통 집의 표정 같은 것 하고는 달랐다. 사람으로 치면 성깔이나 교양, 옷차림 따위에 의해 수시로 변할 수 있는 인상 말고 저 깊은 중심에 숨어 있는 불변의 것, 임의로 할 수 없는 것으로부터 풍겨져 나오는 예감 같은 거였다. 그 느낌 때문에 동네 사람들은 그 집에 이끌리기도 하고 그 집 앞을 돌아가기도 했다. 그 집은 동네에서 떨어진 외딴집이었지만 약수터 가는 길목이기도 했고, 전철역으로 통하는 지름길가이기도 했다. 행정구역상으로 그 집이 속한 동네는 서울의 위성도시 중의 하나인 Y시 안에 있었지만 Y시 사람들은 그 동네를 원주민 동네라고 불렀다. 그렇다고 초가집이나 조선 기와집이 남아 있는 건 아니었다. 육십 년대에 유행한 슬라브집들이 수리를 안 해 퇴락한데다가 좁고 더러운 골목길 때문에 실제의 나이보다 훨씬 더 낡고 흉흉해 보일 뿐이었다.[15]

이 외딴집은 독자들에게 묘한 '느낌'을 주는 곳으로, 그 느낌의 정체는 '깊은 중심에 숨어 있는 불변의 것, 임의로 할 수 없는 것으로부터 풍겨져 나오는 예감'이다. 이 집은 사실 여부를 확인할 수 없는 은밀한 소문과 전설의 진원지로, 6·25 때 주인의 부역으로 인해 온가족이 몰살당하고 흉가로 전락한 사연, 그 후 유일한 생존자인 주인의 동생이 나타나 선원禪院 간판을 내걸고 비승비속으로 살다가 그 집에 잔심부름꾼으로 와 있던 어린 마금을 범한 사건, 그리고 마금네가 이 '도사'를 협박하여 집을 뺏은 경위 등이 3편에서 언급된다. 하지만 시간이 정지된 듯한 이 집이 소설의 서두에서 독자에게 주는 기묘한 첫인상은 나중에 마금이 풍기는 애잔하고도 신비한 분위기와 직결된다.

---

[15] 박완서, 「환각의 나비」, 『너무도 쓸쓸한 당신』(창작과 비평사, 1998), 48~49쪽. 이하 소설의 인용문은 이 책에 근거한다.

변두리 동네의 개발 붐에도 외로이 제자리를 지키고 있는 이 퇴락한 집은 근대화에 묻혀 버린 과거를 환기시켜 주는 장소로, 사회의 외형적 변화에도 불구하고 의식의 기저에 남아 있는 선사에 대한 종족의 집단적 기억을 돌이키게 한다. 이와 동시에 이 집은 단절되고 사라져 버린 전통과 현대의 화합 가능성도 제시한다. 이 가능성은 이 집이 생명의 시원과 치유를 상징하는 '약수터'와 현대 물질문화를 대표하는 '전철역'의 중간 지점에 위치하고 있으며 이 양편으로 가기 위해서는 이 집을 거쳐야 한다는 데서 암시된다.

영주는 산업화와 서구화의 상징인 서울의 아파트에 살고 있다. 아파트라는 주거공간은 편리함과 능률, 핵가족과 여성의 사회 진출 등 서구적 중산층문화를 표방하는 현대 한국 사회를 한눈에 보여 주는 지표이다. 그러나 이곳에 살기 위해 날마다 짜증스러운 주차전쟁을 벌여야 하는 영주의 모습을 통해 작가는 이 외래문물의 이질적이고 속물적인 면도 함께 보여 준다.

> 그 시간에 주차할 자리가 마땅찮은 건 어제오늘의 일이 아닌데도 영주는 지겹다는 소리를 연거푸 중얼거리고 나서 어린이 놀이터 쪽으로 핸들을 거칠게 꺾었다. 아파트 뒤쪽은 어린이 놀이터이고 놀이터와 녹지대를 타원형으로 둘러싼 아스팔트 길은 아이들이 자전거나 롤러를 타던 길이어서 원래는 주차금지 구역이었다. 거기까지 주차선을 그어 봤댔자 언 발등에 오줌누기였다. 당장은 좀 숨통이 트이는가 싶더니 며칠이 못 가 도로아미타불이었다.16)

---

16) 박완서, 「환각의 나비」, 『너무도 쓸쓸한 당신』(창작과 비평사, 1998), 51쪽.

2편 서두의 번잡스러운 아파트 주차장 풍경은 1편에 등장하는 외딴 집의 괴괴한 분위기와 사뭇 대비된다. 영주가 사는 둔촌동의 이 아파트 촌은 원주민 동네와 같은 어두운 역사의 무게가 드리우지 않은, 따라서 '뿌리'에 대한 의식이 제거된 현대인의 부유하는 삶을 상징한다. 서울에 거주하지만 지방대학의 교수로서 원거리 출퇴근이 일상화된 영주는 공간이동에 익숙한 현대인의 유목민적 삶의 방식을 체화한 인물이다.[17]

마금과 영주의 집은 시간성과 공간성, 전통과 현대라는 관점에서 구분되지만, 박완서는 이 차이를 굳이 긍정 대 부정의 가치로 재단하지는 않는다. 오히려 그런 단순 이분화를 방지하기 위해 집을 중심으로 펼쳐지는 이 두 여인의 모녀관계에 다중적 아이러니를 부여하고 있다.

영주는 일찍 과부가 된 어머니를 도와 두 동생을 키우고 공부시키는 하숙집 맏딸역할을 톡톡히 해냈다. 그래서 '어머니에게 영주는 딸이라기보다는 동지였다. 함께 일하고 함께 걱정'하는 관계였다. 그녀는 동생들로부터 '아버지처럼 군다는 불평'을 들을 정도로 어머니의 책임과 역할을 분담하는 데 적극적이었다. 영주가 어머니의 고생을 나눈 만큼, 영주의 사회 진출 역시 어머니의 도움 없이는 불가능한 것이었다. 자신의 아들과 딸은 둘 다 '순전히 할머니의 손에서 자랐다.' 직장생활을 하는 많은 기혼녀들이 그러하듯 그녀의 성공은 친정어머니의 희생 위에 이루어진 것이다. 비록 강요된 것은 아니지만, 노모에게 충우와 경아의

---

17) 현대문화의 공간성과 지리적 상상력 및 현대인의 유목민적 생활양식에 대해서는 Dick Pels, "Privileged Nomads: On the Strangeness of Intellectuals and the Intellectuality of Strangers", *Theory, Culture and Society* 16(1999), pp.63~86; Neil Smith and Cindi Katz, "Grounding Metaphor: Towards a Spatialized Politics", *Place and the Politics of Identity*, eds. Michael Keith and Steve Pile(London: Routledge, 1993), pp.67~83; Doreen Massey and Pat Jess, "Introduction", *A Place in the World? Places, Cultures and Globalization*, eds. Doreen Massey and Pat Jess(Oxford: The Open UP, 1995), pp.1~4 참조.

양육을 맡긴 것은 사회 진출이라는 이기적 동기에서 비롯된 것이다. 손주들과 외할머니는 '남 보기에도 여실히 느껴지는 상호 간의 그 완벽한 행복감'으로 뭉쳐져 있어 거기에 엄마로서의 영주는 부재할 뿐이다. 전문직 여성으로서의 성공을 위해 온전한 엄마로서의 책임을 포기한 결과이다.

영주의 사회활동에 친정어머니의 희생이 불가피했다면, 마금의 모녀관계는 정반대의 경우이다. 마금은 엄마의 배금주의에 제물로 바쳐진 딸이다. 영주가 어머니의 희생을 강요한 것이 아니듯, 빈곤에 찌들린 마금네가 일부러 어린 딸을 젊은 '도사'에게 방치한 것은 아니다. 어려서부터 이상한 예지력을 보이던 딸이 불경을 공부해 두면 유용할 것 같다는 나름대로의 현실적인 타산에서 나온 결정이었다. 그러나 소설은 마금네의 탐욕이 딸의 비극적인 상황을 조장하는 계기가 되었음을 강하게 암시한다. 그것은 마금네가 겁탈당한 딸의 절망감을 담보로 흉가를 빼앗고, 나아가 이 사건의 충격으로 인해 더욱 예민해진 딸로 하여금 본격적으로 점집을 차려 돈을 벌게 하는 비정한 행위에서 드러난다. '누이가 무당인 걸 빌미로 놀고 먹으려는 여러 자식들하고 기생하'는 어미에게 마금의 상처는 필요악이 되었을 뿐이다. 작가는 마금네의 이러한 태도를 통해 모성애를 절대적으로 신성시하는 사회의 통념에 의문을 던진다. 그리고 제도화된 효와 가족주의가 개인의 기본적인 인간성과 자유를 억압하는 기제가 될 수 있음을 폭로하고 있다.

여기서 박완서가 제시하는 여승의 성격을 고찰해 볼 필요가 있다. 마금은 정식 비구니가 아니다. 3인칭 전지적 서술자는 그녀의 점집이 어느 날 갑자기 '천개사 포교당'으로 바뀌더니 처녀점쟁이 마금도 '자연스님'이 되었다고 한다. 그리고 이 포교당에는 가끔 천개사에서 노승이 내려와 법문을 한다고 한다. 마금이 어떻게 승려가 되었는지, 노승이 '중도 속한이도 아닌' 옛날 그 '도사'인지는 명확하게 밝히지 않는다. 다만 이 모든 변화가 얄팍한 상술만은 아님이 분명한데, 그것은 마금이 워낙 돈에 무심한데다 그녀가 자연 스님이 된 직후 불교를 공부하는 대학에 진학할 거라는 소문이 돌았다는 데서 알 수 있다.

 그러면 마금의 애매모호한 종교적 정체성이 이 소설의 의미망에 어떤 기여를 하는지 살펴보자. 위에서 지적했듯이 다층적 종교성을 상징하는 마금은 '외딴집'이라는 비유를 통해 현대인들의 기억 속에 가물가물해진, 그러나 분명 한국 사회를 통시적으로 관류하고 있다고 믿어지는 태고의 정신적 기원, 그 순수와 조화의 상태에 대한 현대인의 상상과 희구를 상징하는 인물이다. 그녀가 열네 살에 폭력에 의해 '처녀성'을 잃는 사건은 '순수의 세계'로부터 '경험의 세계'로의 전이, 즉 자연상태에서 초기 문명사회로 바뀌는 과정에 수반되는 혼돈을 가리킨다. 이 고통은 그녀에게 잠재된 초월적 정신능력을 발현시키는 촉매제역할을 한다. 이는 고대사회에 있어서 원시신앙의 출현을 연상시킨다. 나아가 무당인 마금이 승려로 변신한 것은 재래의 무속이 고도의 종교인 불교와 습합되는 과정에 해당된다고 볼 수 있다. 또한 그녀의 신기가 불교적 수행과 교리 공부를 통해 제도권 내에서 순화될 것임을 암시한다. '원주민 동네의 섬'인 마금의 절집은 순탄치 않은 역사의 산증인이다. 가정집에서 흉가로, 흉가에서 선원으로, 선원에서 무당집으로, 무당집에서 포교원으로 변천을 거듭하였다. 작가는 이 역사적 과도기에 나타난, 무격과 승려가 지닌 성격과 역할의 동질성을 마금이라는 인물을 통해 드러내고 있다.

 여승으로서의 마금은 이 소설에서 가족문제를 부각시키는 데 중요한 역할을 한다. 무엇보다도 그녀가 출세간인의 신분이면서도 '집안의 유일한 돈줄'로 잡혀 있다는 것은 가족주의의 굴레를 벗어나지 못하는 개인의 딜레마를 극대화시킨다. 출가승이 자유를 빼앗긴 채 속가 식구들의 '밥줄'로 세간에 묶여 있는 상황은 물욕으로 뭉친 혈연집단의 구속력이 얼마나 억압적이고 질긴가를 극명하게 보여 준다. 그러나 마금은 가족 이기주의의 압력에도 불구하고, 재물과 지위와 명예에 전혀 관심을 두지 않는 맑은 영혼을 소유한 자이다. 그녀는 오로지 '직감 외에 아무것도 믿지 않는' 인물로서, 물질적·현상적 가치에 대한 반대급부를 상징한다. 이러한 속성 때문에 자연 스님으로서의 마금은 교수라는 지위와 사회적 인정을 추구하는 영주나 돈의 노예가 된 마금네의 정신적 오염상태를 비쳐 주는 거울노릇을 한다.

그런데 마금의 이러한 역할은 두 가지의 아이러니한 측면을 지니고 있다. 우선, 영혼의 순수성을 상징하는 그녀가 육체의 순결은 상실했다는 사실이다. 또 한 가지는 그녀가 어릴 때부터 예언을 통해 많은 이들의 걱정과 고통을 덜어 주는 원시적인 의미의 사제역할을 해 왔지만, 정작 자신의 정신적 상처만은 영주어머니를 만날 때까지 치유의 가능성을 찾지 못한다는 점이다. 마금의 타심통을 밑천으로 삼은 마금네는 며느리, 사위까지 풍요롭고 화기애애하게 가족애를 누린다. 이들의 '행복'에 비례하여 마금의 소외감은 점점 깊어진다.

> 무슨 핑계로든 여기 아닌, 어디로 가고 싶었다. 그녀가 막연히 벗어나고 싶은 건 이 고장이 아니라, 여지껏 인연을 맺어 온 사람들인지도 몰랐다. 그녀가 그 나이까지 만난 사람들은 식구건 남이건 하나같이 무슨 수를 써서든지 남의 재물이나 지위를 빼앗고 싶다는 생각밖에 머리에 든 게 없는 사람들이었다. 그걸 일찌감치 간파한 거야말로 그녀가 점을 칠 수 있는 주요한 밑천이었다. 그러나 사람이란 그런 것만은 아닌 것 같았다.

그녀는 아이를 낳아 본 적은 없지만 어머니를 보면 어머니는 저런 것은 아닐 것 같다는 생각이 들곤 했는데 그게 가장 괴로웠다.[18]

이 소설은 가출한 영주의 노모가 마금과 유사 모녀관계를 형성하는 것으로 끝을 맺는다. 다소 비현실적인 설정이긴 하나 텍스트의 갈등구조에 대한 봉합책으로서는 논리적인 귀결이라 할 수 있다. 한쪽은 마음 편한 딸과 살자니 주위의 이목이 무섭고 사회의 인습대로 아들과 살자니 자물쇠로 채워진 방에서 감금된 생활을 해야 하는 노인이다. 다른 한쪽은 어머니와 살지만 모성애가 무엇인지 모르는 불행한 젊은이이다. 이 두 사람 모두에게 혈연으로 맺어진 가족이란 조화보다는 분열, 평화보다는 갈등을 야기하는 집단이다. 이 둘은 사회의 고정관념이나 체면, 명분 등의 제약에서 벗어나 순수한 자연인으로서, 자발적으로 반찬을 만들고 빨래를 개키고 상대방의 이야기에 귀를 기울이는 소박한 일상적 행위를 통해 새로운 인간관계를 구축하고자 한다. 의무와 책임이 아닌, 배려와 온정에서 평온을 찾는 이 대안적인 가족관계는 서로의 아픔을 직감하고 그것을 무조건적으로 감싸 줄 수 있는 연민의 감정, 즉 자비정신에 기반을 둔 가족애가 어떤 것인지 잘 보여 준다.

이들이 사월 초파일에 마금의 절에서 모녀의 인연을 맺는다는 것은 의미심장한 사건이다. 작가는 이 '노인이 도달해서 평화를 찾은 이상향은 아들네가 아니라, 그의 일손과 인정스러운 인품을 귀하게 여겨 주는, 자신 안의 고향 같은 곳'이라고 하였다.[19] 그러나 '그런 이상향을 현실에서는 찾을 수가 없어서 부득이 환상적으로 처리했음'도 밝히고 있다.[20]

---

18) 박완서, 「환각의 나비」, 『너무도 쓸쓸한 당신』(창작과 비평사, 1998), 80쪽.
19) 박완서, 「환각의 나비」, 조남현·이동하·우찬제 편, 『탈냉전시대의 문학 소설선집 1(1990~1995)』(고려원, 1996), 287~288쪽.

소설의 제목인 '환각의 나비'는 호접몽을 꾸는 듯한 영주의 시각을 가리키지만, 이 탈사실주의적 기법은 현실에서의 탈출을 갈망하는 노인과 마금의 입장을 있는 그대로 반영한 것이다.

> 더할 나위 없이 화해로운 분위기가 아지랑이처럼 두 여인 둘레에서 피어오르고 있었다. 몸집에 비해 큰 승복 때문에 그런지 어머니의 조그만 몸은 날개를 접고 쉬고 있는 큰 나비처럼 보였다. 아니 아니 헐렁한 승복 때문만이 아니었다. 살아온 무게나 잔재를 완전히 털어 버린 그 가벼움, 그 자유로움 때문이었다. 여지껏 누가 어머니를 그렇게 자유롭고 행복하게 해 드린 적이 있었을까. 칠십을 훨씬 넘긴 노인이 저렇게 삶의 때가 안 낀 천진덩어리일 수가 있다니.[21]

치매노인이 '천진덩어리'가 되었다는 것은 해체의 시대에 통합을, 상실의 시대에 회복의 가능성을 뜻한다. 이 가능성은 독자들에게 외딴집이 가족의 안주처였던 먼 과거에 대한 향수를 불러일으킨다.

이 작품에서 여승은 불교적 주제를 실현하기보다 근대 이전의 세계를 총체적으로 상징하는 인물이다. 흉가를 안주처로 탈바꿈시킬 수 있는 힘을 지닌 마금은 주술의 능력과 제의 주관의 권위를 가진 무당과 승려의 정체성을 모두 다 지닌 인물로서 마음의 고향을 회복할 수 있는 정신 능력의 소유자이다. 마금은 전설과 신화의 세계를 의미한다. 그러한 마금을 통해 박완서는 잃어버린 이상향에 대한 현대인의 그리움을 함축적으로 형상화하고 있다.

---

20) 박완서, 「환각의 나비」, 조남현·이동하·우찬제 편, 『탈냉전시대의 문학 소설선집 1(1990~1995)』(고려원, 1996), 288쪽.
21) 박완서, 「환각의 나비」, 『너무도 쓸쓸한 당신』(창작과 비평사, 1998), 89쪽.

『아제아제 바라아제』와 『우담바라』 그리고 출가의 의미

『아제아제 바라아제』와 『우담바라』는 사물의 한 면을 집중적으로 조명하는 단편소설 장르와 달리, 플롯이 여러 세대에 걸쳐 펼쳐지는 대하소설적 성격을 띠면서 여성의 출가와 구도의 과정 그리고 그 의미를 넓은 시공간에서 심도 있게 다루고 있다. 한승원과 남지심은 깨달음이라는 동일한 목표를 향하면서도 서로 다른 길을 택하는 대조적인 여승들을 통해 대승불교의 이상인 지혜와 자비의 복합적인 관계를 탐구한다. 『아제아제 바라아제』와 『우담바라』에서 지혜와 자비는 '산'과 '저잣거리'에 비유되고 있다. 따라서 이 두 작품에 나타난 산과 저잣거리라는 두 지형학적 상징의 상호 작용을 파악함으로써 우리는 소설 전반에 깔린 주제의식의 구조를 밝혀 볼 수 있다. 여기에서는 이 두 작품에 나타난 공간적 비유의 다면적인 기능을 고려하여 여승의 만행과 구도의 관계를 집중적으로 고찰한다.

『아제아제 바라아제』와 『우담바라』에 등장하는 사찰은 미셸 푸코(Michel Foucault)가 정의한 '이타異他공간'(heterotopia)에 해당한다. 이타공간이란 대안적 지소로서, 문화권 내에 실재하거나 혹은 존재가능한 모든 지소를 가리키며 도전도 받는 동시에 전도도 되는 일종의 이상향이다. 이 공간은 어느 사회에나 존재하는 특별한 형태의 이상향이다. 이상향(utopia)은 그 정의에 있어 물리적으로 실재하지 않는 공간을 가리키는 반면, 이타공간은 유형물로서 존재하는 공간이다. 그런데 이 이타공간은 고립되어 있으면서도 외부로부터 '침투가 가능한' 지소이다. 어떤 이타공간은 자유로운 접근이 불가능하여 진입을 위해서는 특별한 의식을 요구하기도 한다. 이타공간은 사회역사적 상황에 따라 그 기능이 달라지기도 하지만, 일반적으로는 '환상'적 또는 '보상補償'적 지소의 역할을 행한다.22) 푸코는 사창가와 식민지를 이타공간의 대표적인 예로 제시하고 있다.

『아제아제 바라아제』와 『우담바라』에 나오는 비구니승가는 '보상'과 '환상'의 요소가 겸비된 이타공간이다. 이 두 소설의 주인공들은 승가를 삶의 고통에 허덕이는 여성들을 위해 존재하는 이상적인 성역으로 인지한다. 그러나 이것은 이들이 승가에 발을 들여놓기 이전의 인식이다. 소설이 진행되면서 주인공들은 승가공동체도 세속의 조직과 다름없이 편협하고 권위적이며 위선적인 곳임을 발견하게 된다. 『아제아제 바라아제』의 순녀23)와 『우담바라』의 지효는 출가수행자로 생활하는 가운데 그들이 발심 초기에 지녔던 비구니승가에 대한 낭만적 시각이 극적으로 전환되는 경험을 한다. 두 여승은 비정상적인 가정에서 성장하였고 연애에도 실패하는 등 출가 전의 배경에 닮은 점이 있는데, 둘 다 쓰라린 인생 경험의 여파로 입산한 인물이다. 그러나 출가 후 이들은 또 다시 남자문제에 연루되면서 파계승으로 낙인찍히고 결국 그들이 평화로운 성역으로 기대하고 들어갔던 승가로부터 축출당하고 만다. 한승원과 남지심의 소설은 이들이 자신의 권속들로부터 받는 가혹한 벌을 통해 종교조직의 경직성을 적나라하게 폭로하고 있다.

『아제아제 바라아제』는 순녀와 진성이라는 두 젊은 여승을 중심으로 전개된다. 이 둘은 정반대 유형의 인물로서 출가경위부터 다르다. 진

---

22) Michel Foucault, "Of Other Spaces", *Diacritics: A Review of Contemporary Criticism* 16:1(1986), pp.24~27.
23) 『아제아제 바라아제』의 주인공인 순녀의 법명은 '청화'이다. 그러나 그녀는 출가한 지 얼마 되지 않아 산문출송을 당하기 때문에 소설에서는 '순녀'로 지칭된다. 따라서 이 장에서도 순녀라는 이름을 사용한다.

성에게는 그녀를 따뜻하게 키워 준 부모가 있고, 또 고등학교 상급생으로서 밝은 미래가 보장되어 있었다. 그러나 그녀는 이러한 안락한 삶의 조건을 모두 포기하고 입산하기로 결심한다. 가족들의 강한 반대를 무릅쓰고 발심하게 된 것은 어릴 때 할머니를 따라 찾아갔었던 비구니절에 대한 아름다운 기억 때문이다. 진성이 구도의 길을 선택하면서 세속의 인연을 과감히 끊는 결의를 보이는 것과 대조적으로, 순녀는 출가 후에도 끊임없이 과거를 회상하면서 승가라는 새로운 환경에 적응하는 데 실패한다.

그러나 아이러니하게도 출가 초기의 어려운 적응과정을 충실하게 잘 넘긴 진성조차 어느 정도의 시간이 흐른 뒤에는 불가사의한 승가의 내면적 구조와 정면으로 충돌하게 된다. 이 갈등의 진원지는 그녀의 은사인 은선이다. 진성은 자신의 은사가 승가에 적응하지 못하는 순녀를 각별히 아끼고 있으며, 실은 먼저 제자가 된 진성 자신보다 경쟁자인 순녀를 선호한다는 사실을 발견하면서 심각한 갈등에 빠진다. 그녀의 입장에서는 순녀에 대한 은선의 이해할 수 없는 친절한 태도가 편애로 밖에 보이지 않는다. 하지만 그것이 단순한 편애가 아니라 법맥의 전승이라는 중대한 문제와 연관되어 있기 때문에 이 문제를 드러내 놓고 말할 수 없는 고민에 휩싸인다. 진성은 오랫동안 은선을 수행자의 전형으로 존경해 왔다. 그런 은사가 왜 사도邪道를 걷는 순녀를 가까이 하며 연민을 보이는지 받아들이기 힘들어한다. 결국 그녀는 노여움, 질투심, 환멸감을 이기지 못하고 다른 선지식을 찾아 저잣거리로 나서게 된다.

『아제아제 바라아제』에서 대립적인 관계에 있는 순녀와 진성이 서로 다른 이유이긴 하나 둘 다 속세로 돌아오듯,『우담바라』의 지효와 혜일도 비슷한 경로를 밟는다. 지효는 채탈도첩을 당한 뒤 비승비속의 경계인으로서 온갖 난관을 겪는 반면, 그녀와 대조적인 인물인 혜일은 대학원에서 경전공부를 계속하기 위해 인도로 떠난다. 정진에 대한 열의나 지계의 철저함에 있어서 지효는 혜일을 앞선다. 그럼에도 불구하고 결국 승려로서의 신분을 박탈당하고 산문을 떠나게 되는 것은 지효이다. 이는 자신의 의사를 솔직하게 밝힐 줄 알고 융통성도 있는 순녀가 승가에서 쫓겨나게 되는 한승원의 소설과 반대의 설정처럼 보인다. 표면적으로 따지면 외향적인 순녀와 내성적인 지효가 전혀 다른 성품의 인물임에도 불구하고 승가에서 퇴출되기는 마찬가지이기 때문이다. 그러나 이들의 성격을 자세히 살펴보면 둘 다 순수하고 진지한 영성의 소유자라는 유사점이 금방 드러난다. 두 인물 모두 인간관계 특히 이성관계에서 이기적이거나 계산적이지 못하고 연애감정에 열정적으로 빠지는 낭만적 인간형이다.

『아제아제 바라아제』와 『우담바라』는 만행을 보살도의 필수불가결한 단계로 제시한다. 따라서 수행자가 자비정신을 계발하는 과정에서 겪는 저잣거리의 오욕이 넘치는 경험에 당위성을 부여한다. 『아제아제 바라아제』의 전편을 통해 한승원이 강조하는 주제는, 인간이 피와 살로 만들어진 살아 있는 존재임을 이해하고 공감하지 않는 한 어떠한 수행자도 진정한 깨달음에 이를 수 없으며 따라서 견성성불을 통한 완벽한 해탈도 얻을 수 없다는 것이다. 이 주제를 구현하기 위해 작가는 비구니들을 속세에서 산으로, 산에서 다시 속세의 소용돌이 속으로 재배치함으로써 이들이 세상과 구도에 대해 지닌 인식에 근본적인 변화가 일어나는 과정을 추적한다. 이 소설에서 만행은 산중의 대덕大德을 찾아 수행의 정도를 점검 받는 전통적인 의미의 만행이 아니고 복잡하기 이를 데 없는 인간군상을 직접적으로 체험한다는 의미를 지니며, 또한 지혜와 자비의 유기적 합일을 위한 촉매제로 작용한다. 진리를 찾아 헤매는 진성의 유랑에서 보듯, 한승원이 운수행각을 서사화하는 과정에서 원형으로 삼은 것은 『화엄경』「입법계품」에 나오는 선재동자의 구도여행이다.

한승원과 남지심의 주제의식 자체는 대승불교에서 깨달음이 갖는 궁극적인 의미를 짚어 보려는 숭고한 측면이 있다. 하지만 그 주제를 실현시키는 방식에는 문제가 없지 않다. 두 작품 모두 주인공으로 하여금 참선과 관조의 '정신적' 활동을 지양하고 일시적으로나마 '육체적' 경험의 세계에 머물도록 만든다. 그러나 이 설정에는 큰 문제점이 있다. 주인공들이 속세로 나오지 않을 수 없는 가장 직접적인 원인을 바로 사찰 주변에서 이들을 '훔쳐보는' 남성들의 관음증적 시선에서 찾고 있는 것이다. 『아제아제 바라아제』에서는 현우와 종남을 통해, 『우담바라』에서는 동화와 봉두를 통해 표출되는 이 관음증적 시선은 '성소'를 침범하여 여승들로 하여금 산중의 패쇄적 은신처를 떠나 시장바닥의 개방된 공간으로 나오도록 만든다. 그런데 이 문학적 기제는 온당하지 못한 성적 압력으로 작용한다. 여승의 주변을 맴도는 시선이 지닌 부당한 '힘'은 이러한 시선의 소유자들이 심리적, 육체적으로 장애자라는 점에서 더욱 위협적이다. 현우는 절도범이자 연쇄강간범이다. 대처승의 아들인 종남은 아버지의 비정통적 신분에 대한 자의식으로 인해 기이한 행동을 하는 인물이다.

『우담바라』의 지효를 산문 밖으로 퇴출시키는 원인을 제공하는 남자들은 출가전 그녀의 약혼자였던 동화와 절의 일꾼인 봉두이다. 동화는 고아로서 안마사인 맹인 누나의 뒷바라지로 학업을 마친 인물이다. 그에게는 고아라는 상처와 함께 출가전 현지라는 이름의 대학생이었던 지효와 파혼함으로써 겪었던 고통이 깊이 각인되어 있다. 물론 동화의 진정한 비극은 그가 정신적 지주로 믿고 있던 조각교수 채련의 남편이 그의 누나를 겁탈하는 사건에서 비롯된다. 동화가 심리적 장애인인 반면, 봉두는 비정상적인 외모를 지닌 인물이다. 봉두도 동화와 마찬가지로 결손가정 출신으로 절에서 큰 고아인데, 그의 얼굴은 어릴 때 입은 화상으로 인해 기괴하게 일그러져 있다. 봉두는 망가진 얼굴로 인해 인간이기보다 동물에 가까운 존재라는 인상을 준다.

　대학교수인 동화와 부목인 봉두는 비교가 불가능할 정도로 상이한 인물이지만, 지효라는 젊은 여승은 이 두 남자 모두에게 욕망의 대상으로 존재한다. 그러나 자세히 따져 보면 이들의 욕망은 서로 약간 다른 성격을 띤다. 동화와 지효는 한때 주변의 인정과 축복을 받는 연인 사이였고, 그녀에 대한 봉두의 감정은 상징체계로서의 언어 이전 상태를 가리킨다. 그런데 여기서 이들이 지닌 욕망의 미묘한 차이보다 중요한 것은, 이 두 남자가 지효를 향해 던지는 강박적인 관음증적 시선을 소설의 서술자와 독자가 공유한다는 점이다. 소설의 서술자와 독자들은 동화와 봉두의 욕망이 표출되는 과정에도 공모자로 참여한다. 서술자와 독자 사이에 조직적인 '음모'가 이루어진다는 뜻이다. 지효는 『우담바라』의 광활한 서사무대에서 동화와 봉두, 서술자와 독자들의 집단적인 판타지의 대상으로 움직인다. 동화는 절이라는 이타공간의 외부에, 봉두는 그 공간의 내부에서 독자와 서술자 모두에게 관음증적 호기심을 불러일으키는 매개자역할을 하는 동시에 그 호기심의 해결사 구실도 한다.

　이러한 경향은 두 소설에 등장하는 다른 여승들에게서도 발견된다. 『아제아제 바라아제』와 『우담바라』에서 여승에게 할애된 서사공간의 대부분은 남자와의 스캔들로 채워져 있다. 뒤집어 말해 여승이라는 인물은 욕망의 주체인 남자 인물 없이는 서사공간에 존재할 수 없다는 의미를 내포한다. 학승인 혜일에 대한 남지심의 형상화에서 또 다른 예를 찾아보자. 순녀와 진성, 지효와 혜일 가운데 이성과의 잡음이 없는 유일한 '청정' 비구니 혜일은 소설에서 독자의 주목을 끌 만한 어떤 사건에도 개입되지 않는다. 그녀가 몇 년간 해외에서 유학생활을 한 것도 간단하게 요약 보고될 뿐, 그녀가 인도에서 어떤 공부를 하였는지 학승으로서 교학과 참선의 관계를 어떻게 보는지 또한 낯선 곳에서의 수행을 통해 어떤 경지를 터득하였는지에 대해 서술자는 철저하게 침묵한다. 그녀가 외국에 머무는 동안 서술 공간에서도 사라져 버림으로써 소설의 줄거리에는 공백이 생길 정도이다. 그리고 그녀는 귀국한 뒤에도 건강문제로 인해 교단에 서지 못하게 된다. 따라서 혜일이라는 인물은 교학보다 참선을, 이론보다 실참을 우위에 두는 한국 불교 내지는 작가의 수행관을 드러내기 위해 일시적으로 동원된 도구에 불과하다.

『아제아제 바라아제』와 『우담바라』에서 보듯이 산에서 도시로 내몰린 여승들은 문명에 때묻지 않은 동시에 문명에 취약한 '내지의 미개인'이자 '내국적 식민지인'으로 전락한다. 이들의 삭발한 머리는 도심의 한국인들에게 '이국적' 매력을 풍기는 한편, 그들의 '몸'은 공공연한 전시물로 취급된다. 도시라는 공간으로 나온 여승들은 선험적 순수함을 버리고 경험적 지식을 구하도록 사회로부터 강한 압력을 받는다.24) 물론 이들의 정신적 변화를 성장소설의 시점에서 접근할 수도 있다. 『아제아제

---

24) 여성의 삭발이 지닌 사회적, 심리적, 또한 성적 의미에 대한 광범위한 논의는 Howard Eilberg-Schwartz and Wendy Doniger, eds. *Off with Her Head! The Denial of Women's Identity in Myth, Religion, and Culture*(Berkeley: U of California P, 1995)와 Alf Hiltebeitel and Barbara Miller, *Hair: Its Power and Meaning in Asian Cultures*(Albany: SUNY P, 1998) 참조. 삭발의 중요성에 대한 여승들 자신의 인식에 대해서는 Paula Arai, *Women Living Zen: Japanese Soto Buddhist Nuns*(New York: Oxford UP, 1999), pp.141~142 참조.

바라아제』와 『우담바라』를 비구니 성장소설로 해석하는 데 있어서 은둔과 개방, 순수와 경험의 교환 모티프는 핵심적인 역할을 한다. 한승원과 남지심은 그들의 주인공이 죄와 고통으로 가득 찬 세계를 피하지 말고 적극적으로 대처할 것과 인간이 살아가는 각양각색의 모습을 비난하지 말고 수용하도록 플롯을 구성하고 있다.

두 소설가 모두 중생계의 체험이 수행자의 정신적 성장에 자양분이 된다는 점을 강조한다. 하지만 이 주제를 서사화하는 방식은 상당히 다르다. 『아제아제 바라아제』는 승가가 표방하는 금욕주의의 위선적인 측면을 집중적으로 파헤친다. 작가가 지닌 문제의식의 핵심은 산중불교의 신화를 해체하는 데 있다. 한승원은 산중불교의 매력이자 문제점은 민중이 처한 현실로부터 거리를 두는 데 있다고 지적한다. 이러한 비판은 그의 소설에 등장하는 승려들 가운데 주류 전통으로부터 벗어나 있는 승려들과 종남을 통해 전달된다. 종남은 대처승인 아버지를 적극적으로 두둔한다. 종남의 아버지는 탱화 분야의 금어로서 불교미술의 맥을 이어 오는 데 중대한 공헌을 한 인물이다. 그럼에도 불구하고 비구승들과 주류 사회로부터는 경멸의 시선을 받을 때가 많다. 종남은 산중의 비구승가가 금욕과 독신주의 및 은둔이라는 '이기'적인 소승적 이상을 앞세워 중생구제라는 대승적 이상을 간과하고 있다고 비판한다.

한승원은 산중불교의 허점을 폭로하고 그 대안을 찾기 위해 승려의 만행을 성적 체험과 연계시킨다. '빛과 어둠이 혼재하는' 성적 모티프들은 '핏빛 생명력'으로 소설 전면에 배치되어 있다.[25] 예를 들면, 작가는 은선이 수행자로서 존경을 받는 가장 중요한 이유는 그녀가 '살아 있는

---

25) 한승원, 『아제 아제 바라 아제』(고려원, 1997). 이하 소설의 인용문은 이 책에 근거한다.

인간'이기 때문임을 강조한다. 그런데 은선의 '인간적'인 모습이란 정치 활동에 적극적으로 가담하고 그 후에 찾아온 정신적 공황을 이기지 못해 황음荒淫에 빠져 살던 때를 가리킨다. 작가는 은선의 인간미를 보여 주기 위해 성애에 탐닉했던 그녀의 과거사를 장황할 정도로 플롯에 삽입시켜 놓았다.

철저히 세속적인 여인이었다가 출가한 은선의 극적인 인생전환은 '성녀와 창녀'로 비유되는 진성과 순녀의 파란만장한 만행을 통해 재연된다.26) 순녀는 범죄인, 앰뷸런스 운전기사, 공장노동자, 개사육사, 의사, 화가, 개신교 목사 등 사회 각기 각층의 수많은 남자들에게 몸을 허락한다. 진성이 만행 중 만나는 인간군상도 이에 못지않게 천태만상이다. 이 군상은 순녀의 오빠인 파계승 순철과 색욕을 극복하기 위하여 자신의 성기를 잘라버린 괴승을 포함, 도자기작가, 박애정신을 실천하는 경찰관, 선원船員, 깡패에 이르기까지 다양한 인물들로 구성되어 있다. 이 현란한 인간계는 하나의 소우주로서 순녀와 진성이 속해 있는 예토이자 정토인 셈이다. 작가는 이 중생계에서 인간이 타락할 수 있는 가장 밑바닥에 개고기농장을 위치시키고 있다. 거기에는 '개 같은 사람 사람 같은 개'들이 살아가는 알레고리적인 세계가 숨어 있다. 그런데 오래전에 헤어져 각자 다른 길을 가던 순녀와 진성은 바로 이 개농장에서 운명적으로 재회한다.

한승원의 서술기법은 강렬함을 넘어 과격하고 비현실적인 요소마저 지니고 있다. 무엇보다 비유법이 지나치게 성적 모티프에 의존되어 있어 그것이 알레고리이든 사실주의적이든 선정주의의 위험이 강하게 도사

---

26) 다이애나 폴(Diana Paul)은 여승과 창녀는 둘 다 가족생활과는 거리가 먼 인물이라는 공통점이 있음을 지적한다. 이에 대한 자세한 논의는 Diana Paul, *Women in Buddhism: Images of the Feminine in Mahayana Tradition*(Berkeley: U of California P, 1985), p.79 참조.

리고 있다. 인간성의 체험이라는 명분으로 두 여승이 야만적으로 강간당하는 장면을 설정하는 것은 어느 시각에서 보아도 과잉이다. 남성 혐오주의자로 제시되는 진성은 방탕한 비구승들로부터 밀교의식으로서의 섹스에 대한 가르침을 받고, 순녀는 남자의 기를 빼앗는 요부로서 그녀에게 가까이 접근하는 남자들을 죽음으로 이끄는 흡혈귀와 같은 존재로 묘사된다. 여승의 비인간화 내지는 '동물화'는 여기에서 그치지 않고 이들로 하여금 자주 성폭행을 당하는 상상을 하게 만드는데, 이것이 과연 플롯전개나 여승이라는 인물의 형상화에 꼭 필요하고 적절한 기법인지 의구심을 일으킨다.

한승원의 인물묘사는 선정성 외에도 이항대립의 도식적 사용, 서사 전개에 있어서 비사실적인 우연성과 저급한 멜로드라마적 기법의 남용 등으로 인해 더욱 신빙성을 상실한다. 그가 내세우는 숭고한 대승적 이상은 말초적이고 감상적인 언어에 파묻혀 있다. 작가는 관념적이고 이기적인 산중불교에 대해 뚜렷한 비판의식을 가지고 접근하지만, 실제로 소설의 상당부분을 두 여승의 인간화보다 비인간화과정에 할애할 뿐만 아니라, 여승들의 실존적 체험, 즉 '저잣거리에서의 수행'이 궁극적으로 어떻게 견성성불로 연결되는지도 분명히 밝히지 못한다. 바로 이 취약점 때문에 소설의 결론은 설득력을 상실한다.

소설의 표제인 '아제아제 바라아제'는 '지상적 삶에의 회귀'로 해석되지만, 그 '회귀'의 진정한 의미가 독자의 관음증을 만족시키는 여승들의 서사극으로 전락된 형국이다. 문란한 남자관계로 자궁암에 걸린 순녀는 고등학교 때 사모했던 스승 현종과 내세에서 낭만적으로 해후하기를 염원하며 죽음을 맞고, 진성이 파란만장한 만행 끝에 절로 돌아왔을 때 그녀를 기다리고 있는 것은 남동생의 사망소식과 에이즈로 인한 여동생의 자살 등 비극적인 사건뿐이다. 이러한 결말이 독자에게 남기는 깊은 상실감과 허무감은 소설의 제목이 가리키는 「반야심경」의 핵심적인 가르침인 '색즉시공 공즉시색'을 고양시키기보다 상쇄시키는 결과를 낳을 뿐이다.

한승원이 모성을 취급하는 방식도 크게 다르지 않다. 불교적 관점에서 볼 때 모성은 기본적으로 애착의 한 형태이고 따라서 윤회의 족쇄로 처리된다. 다이애나 폴(Diana Paul)에 따르면, 인도의 초기 대승불교적 전통에서는 어머니가 고苦로 가득찬 생을 지속시키는 존재로 정의된다. 따라서 어머니라는 인물은 핍박과 수난의 피해자가 되고 고통에 빠질 수밖에 없는데 이러한 고통은 자연법의 결과로 간주된다.[27] 한마디로 모성애는 '속박'으로 득도에 '장애'가 될 뿐이므로 모성은 성역이 아니라 세속적 영역에 속한다.[28]

모성에 대한 한승원의 복합적인 시각은 금욕적인 여승의 전형인 진성이 자신에게 잠재된 모성을 극도로 부정하는 자세에 반영되어 있다. 진성은 자신에게서 월경이 사라지는 기적이 일어나게 해달라고 끊임없이 기도한다. 생리현상은 그녀로 하여금 여성의 '열등함'을 주기적으로 환기시킬 뿐만 아니라 실제로 수행에 장애가 되기 때문에 그녀는 여성에게만 나타나는 이 현상을 극도로 혐오한다. 진성이 여성의 생물학적 특성에 대해 거부하는 태도를 취하는 반면, 순녀는 그것을 인간성의 일부

---

27) Diana Paul, *Women in Buddhism: Images of the Feminine in Mahayana Tradition*(Berkeley: U of California P, 1985), p.60.
28) Elizabeth Harris, "The Female in Buddhism", *Buddhist Women across Cultures: Realizations*, ed. Karma Lekshe Tsomo(New York: SUNY P, 1999), pp.53~54. 이러한 부정적인 관점이 모성에 대한 불교의 유일한 관점은 아니다. 『부모은중경』과 같이 부모의 공덕에 대해 효의 개념을 강조하는 경전도 있다. 모성에 대한 긍정적인 해석은 불교가 중국에 전파되면서 강화되었다.

로서 자연스럽게 받아들인다. 불행히도 여성성과 모성에 대해 상대적으로 건강한 인식을 지닌 순녀가 그것을 성적 매력으로 발산시킴으로써 불행과 파멸을 야기한다는 데 이 소설의 아이러니가 있다.

한승원의 작품은 여러 곳에서 어머니로서 순녀가 겪는 고통이 도덕적 타락의 업보임을 암시한다. 순녀는 첫 남편 현우와의 사이에 아들 명덕을 낳는다. 그러나 현우는 순녀 몰래 그 아이를 은선의 절에 맡긴다. 이 아이는 은선에 의해 자식이 없는 독실한 불자 부부에게 입양됨으로써 가정의 틀 속에 들어가지만, 양부모의 갑작스러운 죽음으로 결국은 복지 시설에 보내지고 만다. 탄생의 비밀과 성장과정의 상처는 명덕을 심리적 불구자로 만든다. 명덕은 현우가 순녀를 파계시킴으로써 태어났다. 명덕은 '성스러운' 젊은 여승 청화를 전과자 현우가 범한 데서 온 악업의 열매이고 그가 장애인이 된 것은 그 업연의 당연한 결과이다. 즉 명덕은 현우가 범한 '신성모독'에 대한 형벌이자 맺어져서는 안 될 '승'과 '속'의 결연이 낳은 불행의 요체이다. '불륜의 사악한 열매가 곧 불구아'라는 등식은 다른 여자인물에게도 적용된다. 순녀와 재혼한 한정식의 자식인 애란과 성근은 둘 다 청맹과니이다. 이 아이들의 친모는 가족을 버리고 애인과 달아난 여인이다. 이 아이들이 천형의 장애인인 것도 친모가 비도덕적인 생활을 한 과보라는 결론이 도출된다.

그러나 여기서 작가는 구제의 가능성에 대해 한 가닥 희망적인 메시지를 보내고 있다. 청맹과니의 계모가 된 순녀는 아이러니하게도 이 장애아들을 통해 자비행의 기회를 갖는다. 그녀는 장애아학교를 짓기 위한 모금의 방법으로 죽는 순간까지 부자들에게 자신의 몸을 판다. 자궁암으로 인해 목숨을 잃게 되는 순녀의 말로는 '연꽃29)에 난 불' 때문에 죽었다는 『수능엄경』의 전설적인 여승 '보련향'에 비유된다. 파계승 순녀는 보련향과 같이 통제할 수 없는 욕정에 의해 죽음에 이르는 저주를 받는 셈이다. 그러나 순녀의 극진한 모성애와 헌신적인 보살행은 욕정이 목적이 아니라 선행의 방편이 될 수도 있다는 작가의 메시지를 담고 있다.

순녀의 죽음이 보여 주는 모순이 증명하듯이 『아제아제 바라아제』의 작가는 여성의 구도와 욕망과 모성의 관계에 대해 선명한 결론을 내리지 못한다. '산'과 '저잣거리'의 관계도 모호하게 남을 뿐이다. 줄거리 전개에 탄력성과 긴장감을 제공해 주던 두 지소의 대립적 관계는 소설의 대미에서 산중불교와 대중불교의 메울 수 없는 간극을 재확인시킬 뿐이다. 이 소설은 진성이 '산'으로 회귀하고 순녀는 '저잣거리'에서 죽음을 맞는 것으로 끝난다. 그렇다면 저자는 이 두 여인 가운데 궁극적으로 누구를 이상적인 수행자로 제시하는가? 둘 다인가, 아니면 그 누구도 아닌가? 작가의 주제의식은 다분히 순녀 쪽으로 기울어져 있다. 현명한 독자는 이러한 이분법적 해석을 지양하려 할 것이다. 그러나 텍스트를 구성하는 이항대립적 요소들은 종반부에 가서도 통합되지 않은 양분 상태로 남겨진 채 소설은 종료된다. 이와 함께 '중도中道'의 교훈은 희석되고 만다. 한승원은 소설의 서두에서 석가모니의 말씀을 인용하여 중도의 중요성을 다음과 같이 강조한 바 있다.

> 거문고의 소리를 좋게 할 욕심만을 앞세워 줄을 너무 많이 조이면 끊어지게 되고, 끊어질까 두려워 너무 느슨하게 풀어 놓으면 아름다운 제소리가 나지 않는다. 우리 삶의 구경은 그 양쪽 극과 극 사이의 중간쯤에서 만들어지는 조화 속에 있는 그 어떤 것.[30]

---

29) 이 소설에서 한승원은 금강석과 연꽃을 남성과 여성 성기를 가리키는 상징물로 사용하고 있다.
30) 한승원, 『아제아제 바라아제』 권1(고려원, 1997), 9쪽.

『아제아제 바라아제』에서 중도의 원리는 이론에 그치고 실천으로는 옮겨지지 못한 아쉬움을 남긴다.

순녀와 진성의 치열한 경쟁심이 한승원의 장편소설을 끌고 나가는 원동력인 것과는 달리,『우담바라』의 지효와 혜일은 도반으로서 상보적인 관계를 유지한다. 남지심이 지효와 혜일을 차별화하는 기준은 욕망에 대한 시각이나 은사와의 관계보다도 수행의 방식이다. 혜일은 장래가 촉망되는 학승이지만 건강이 악화되어 교학연구의 길을 접게 된다. 유머감각이 뛰어나고 명랑한 성격의 혜일과 달리 지효는 참선에 몰두하는 내성적 인물인데, 그녀는 승단에서 퇴출당한 뒤에도 줄기차게 수행을 지속한다. 남지심은 지효의 참선 수행과 혜일의 학문 추구를 병치함으로써 독자 스스로 그 장단점을 비교하도록 유도하지만, 작품전개의 초점은 지효의 수행에 맞추어져 있다. 작가의 관심사는 '저잣거리'에서의 지효의 수행이 어떻게 깨달음으로 연결되는지 그리고 그 깨달음이 어떤 방식으로 사회로 회향되는지에 집중되어 있다. 다시 말해 작가는 지효가 지혜와 자비를 통합해 나가는 과정을 서사화하기 위해 채탈도첩의 모티프를 도입한 것이다.

『우담바라』는 비구니 주인공이 반항적인 신문방송학도 현지에서 선승 지효로, 그리고 그 후에는 존경 받는 보살로 변모해 가는 복잡한 과정을 서사화한 작품이다. 이 과정에 여승의 비극적 사랑이라는 대중소설적 모티프를 끌어들였다. 지효가 도시에서 산으로 들어가는 것은 약혼자인 동화의 갑작스러운 결별 선언으로 인해 겪었던 정신적 공황을 치유하기 위해서이다. 남지심은 비구니절을 도피처로, 또 여승을 이루지 못한 사랑의 희생자로 보는 감상적인 시각을 이용하고 있다.[31] 그러나 이러한 대중소설적 모티프를 다루는 데 있어 남지심은 무상無常과 같은 피상적인 감정이입을 배제하려고 노력한 것 같다.

입산 이후 벌어지는 지효의 정신적 만행은 원효의 무애無碍사상을 지향하고 있다. 한승원도 순녀의 방황을 통해 이 사상을 보여 주려 한다. 그러나 한승원의 주인공 순녀는 죽음을 앞두고 자신이 '산'에서도 '저잣거리'에서도 모두 실패하였음을 자인한다. 그녀는 현종에 대한 불타는 욕망으로부터도 자유로워지지 못하고, 출세간에 대한 동경으로부터도 자유로워지지 못한다. 대조적으로 『우담바라』의 지효는 과거로부터의 감정적 부유물浮游物을 성공적으로 승화시키며 백족화상의 지도 아래 수행에 몰두하는 집념을 보인다. 그러므로 마침내 그녀에게 찾아온 평정은 '몸을 더럽히는 용기'와 '변신의 용기'가 융합되어 나타난 결과라 할 수 있다.32) 지효가 동화로 인하여 겪는 감정의 파고는 그녀로 하여금 인간심리에 대한 이해를 넓히면서 수행의 강도를 높여 가는 동기가 된다. 그 결과 백족화상이 산문에서 쫓겨난 지효에게 다시금 출가수행자로 되돌아갈 수 있는 길을 열어 줄 때 그녀는 그 제안에 수반되는 사회적 책임과 의무를 기꺼이 받아들일 수 있게 된다.

여성의 욕망과 모성에 대한 남지심의 관점은 불교의 탈이원적 연기사상에 근거하고 있다. 이 점은 봉두와 지효의 아주 특별한 관계에서 표출된다. 봉두는 혐오스러운 외모에도 불구하고 맑은 인간성을 통해 감동을 일으키는 인물이다. 그는 사찰에 상주하는 성인 남자로서 물리적으로

---

31) 이러한 인식은 일본에도 광범위하게 퍼져 있다. 이에 대해서는 Paula Arai, *Women Living Zen: Japanese Soto Buddhist Nuns*(New York: Oxford UP, 1999) 참조. 로버트 버스웰(Robert Buswell)은 이와 유사한 시각이 한국의 비구승가에도 널리 퍼져있음을 지적하고 있다.(Robert Buswell, *The Zen Monastic Experience: Buddhist Practice in Contemporary Korea*[Princeton: Princeton UP, 1992], p.76)
32) 남지심, 『우담바라』 권2(푸른숲, 2001), 210쪽. 이하 이 소설의 인용문은 이 책에 근거한다.

는 젊은 여승들에게 위협적인 존재일 수 있다. 그러나 그는 정신적으로 천진한 어린아이의 단계에서 벗어나지 않은 상태에 머묾으로써 때 묻지 않은 자성 또는 본래심, 즉 잠재된 불성을 상징한다. 바로 이 순수함 때문에 그는 매일 아침 산속에서 모든 생명체와 교섭하고 교감할 수 있다. 그는 '승도 속도 아니고 사람도 짐승도 아닌' 존재로서 사회화를 거치기 이전 단계의 생명체를 상징한다. 봉두에게 있어 몸과 마음, 아름다움과 추함, 아이와 어른은 피상적인 구분일 뿐 이 모든 대립적 관계는 후일 그가 조성하는 목제 불상을 통해 하나로 융합된다.

    분별심을 일으키지 않는 마음을 상징하는 봉두가 지효를 향해 던지는 애틋한 시선은 단순한 관음증적 호기심 이상의 의미가 담겨 있다. 지효는 봉두에게 잠재된 금어로서의 예술적 재능을 일깨워 주고, 이에 대한 반대급부로 봉두는 자신의 종교예술을 통해 지효의 내면적 고통을 비추는 거울이 되어 준다. 이들의 신비스러운 정신적 연대는 절의 후원자인 이보살이 불상조성을 의뢰하는 사건을 통해 더욱 돈독해진다. 봉두는 오랫동안 그에게 주어진 불상조성의 임무에 손을 대지 못하고 괴로워하는데 그 원인은 지효와 관련되어 있다. 당시 지효는, 미국에서의 유학 생활을 끝내고 물리학 교수가 되어 귀국한 동화와 재회한 뒤 혼돈과 슬픔을 싸여 있었다. 그녀는 동화가 절을 다녀간 뒤 병으로 드러눕는다. 그런 지효를 위해 봉두는 산삼을 캐러 갔다가 뱀에게 물려 한쪽 팔을 잃게 된다. 불교적 관점에서 보면 이러한 사건전개, 즉 봉두의 고통은 사랑과 연민에 의한 동사섭의 경우로 해석할 수 있다. 봉두가 당한 사고의 의미를 직관적으로 파악한 지효는 극적인 처방을 내린다. 깊은 밤 그의 처소를 방문하여 봉두로 하여금 그녀의 온몸을 만져 그 형태를 감지하도록 배려해 주는 사건이 벌어지는 것이다. 이 놀라운 순간을 포착하는 남지심의 언어감각은 매우 뛰어나다. 리얼리즘과 판타지의 경계를 무너뜨리며 비구니 뮤즈가 실제로 옷을 벗는지 아니면 우연히 이 장면을 목격하게 된 늙은 부목의 착시현상인지 판단할 수 없는 묘한 문체를 구사한다.

> 달빛이 환하게 비쳐드는 방 안에 지효 스님이 알몸으로 서 있었다. 부목은 손바닥으로 눈을 비비며 지효 스님을 바라보았다. 승복을 입기는 분명히 입었는데 어쩐 일인지 알몸으로 서 있는 것처럼 보였다. 부목은 다시 손바닥으로 눈을 비비며 지효 스님을 바라보았다. 그러나 알몸으로 보이기는 마찬가지였다.33)

지효의 예상치 못했던 방문으로 봉두의 종교적 영감과 예술적 창조력은 다시 살아나고, 이 사건 후 그는 이보살이 발원한 불상을 성공적으로 조성하게 된다. 그러나 지효가 벌인 이 해괴한 일을 목격한 부목이 이 사건을 발설함으로써 지효와 봉두는 둘 다 절에서 쫓겨난다.

한승원과 마찬가지로 남지심도 모성애를 자비심의 본질로 파악하고 있다. 그러나 남지심은 모성애를 여성의 성적 욕망과 직접 연결시키지 않고, 오히려 모성을 우주법계의 연기緣起를 가능케 하는 생명의 고리로 본다. 예컨대 지효는 일품을 팔아야 하는 가난한 여인을 위해 그녀의 아기를 돌봐주는데 이 아기는 불교적 인연법에 따라 그녀를 찾아온 봉두임을 암시하는 여러 가지의 징후를 보인다. 우선, 이 아기는 봉두처럼 칼로 조각하는 것을 좋아한다. 지효에게는 때때로 아기의 순수하고 예쁜 눈이 봉두의 일그러진 눈과 겹쳐 보이기도 한다. 아기가 지효를 '엄마'라고

---

33) 남지심, 『우담바라』 권2(푸른숲, 2001), 251쪽.

부르는 순간 그녀가 경험하는 환희는 절박한 몸짓을 통해 그와 똑같은 감정을 유발시켰던 봉두를 떠올리게 만든다. 봉두의 엄마로서의 지효의 위치는 마을 사람들이 봉두가 조성한 불상의 얼굴에서 지효의 얼굴을 발견함으로써 그 함의가 뚜렷해진다.

　남지심은 이 소설에서 모성을 분별심이 없는 보편적인 사랑으로 정의한다. 봉두는 불상의 조성자로서 '불모佛母', 즉 '부처의 어머니'와 같은 존재이다. '어머니'로서의 봉두는 한 걸음 더 나아가 양성초월적인 존재인 관음에 비유되고 있다. 한편 지효는 소설의 종반부로 가면서 '엄마'라는 표현과 우주의 원초적인 음인 '옴'의 깊은 관련성을 깨닫는다. 이처럼 『우담바라』의 작가는 모성의 개념이 남녀 젠더와 무관한 것으로 처리하며 이 개념의 폭넓은 의미를 언어 선택이나 인물 형상화를 통해 다각도로 강조하고 있다.

　남지심은 '산'과 '저잣거리'가 갖는 의미론적 긴장관계에 대해서도 한승원과는 다른 방식으로 접근하고 있다. 『아제아제 바라아제』는 천태만상의 인간계를 삽화 양식으로 나열하며 만행의 도정을 추적하는 데 반해, 『우담바라』는 장소를 옮겨 가는 삽화식의 사건보다 만행이 지향하는 궁극적인 목적지에 더 큰 관심을 쏟는다. 지효는 채탈도첩을 당하여 산에서 내려온 후 순녀와 진성이 그러하듯, 중생계의 여러 모습을 두루 경험한다. 그녀는 자신과 연루되어 쫓겨난 봉두를 찾기 위해 여러 곳을 돌아다니는 동안 사회의 변방에 살고 있는 병들고 가난한 사람들을 만나게 된다. 산문출송 후 저잣거리에서의 수행을 통해 지효가 이룬 도의 경지는 교단으로부터 공식적인 인정을 받지 못한다. 그러나 그녀의 스승인 백족화상으로부터는 인가를 받는다. 출세간과 세간에서의 길고 오랜 공부를 마친 지효는 한 걸음 더 나아가 스승의 권유대로 자신이 터득한 지혜를 사회로 회향하기로 결심하고 도심포교당을 마련한다. 채련이 죽을 때까지 화실로 사용하였던 넓은 방을 개조하여 만든 지효의 새 법당은 도심에 위치하고 있지만 나무와 꽃으로 가득 차 있어서 '산'과 '저잣거리'가 이상적으로 조합된 형상을 띤다. 이 도심사찰은 나중에 지효를 모델로 하여 봉두가 조성한 불상을 모시게 되는데, 이 불상은 신통력이 있다고 소문이 나 많은 사람들이 모여든다. 결국 이 불상은 복잡다단한 도시 한가운데에서도 평화를 추구하는 사람이라면 누구나 다가갈 수 있는 '민중의 부처'로 자리 잡는다.

이 도심사찰은 지효가 보살도를 펴는 장소가 된다. 지효는 빈민가 어린이들을 위해 자신의 절에 유아원을 운영한다. 그녀는 아기들에게 둘러싸인 일상을 통해 자연스럽게 어머니로서의 정체성을 획득한다. 부부관계로 인해 '부정不淨'해지지 않고서도 모성을 소유하게 되는 것으로,[34] 이는 부처와 보살은 부모의 성적 결합 없이 단성單性생식에 의해 태어난다는 주장과 부합된다.[35]

---

34) 이는 성모 마리아의 무정잉태 모티프와 같은 의미를 지닌다.
35) Diana Paul, *Women in Buddhism: Images of the Feminine in Mahayana Tradition*(Berkeley: U of California P, 1985), p.63. 마야부인은 석가모니 해산 7일 후 죽는다. 이에 대해 다이애나 폴은 性交로 인해 부정해지는 것을 방지함으로써 마야부인의 성스러움을 보호하려는 의미로 풀이한다. 또한 불교에서 제시하는 이상적인 어머니상이 '처녀'이어야 할 필요는 없으나 '덕과 청정성'은 반드시 갖추어야 한다고 지적한다. 이 주장을 근거로, 『우담바라』에서 채련이 융을 낳은 직후 죽는 상황을 불교의 모성관과 관련시켜 볼 수도 있다. 채련은 결혼생활 내내 남편과 잠자리를 해 본 적이 없다. 채련의 남편 태수는 자신의 비정상적인 가족사에 대해 선천적 결손증을 예언한 점쟁이의 말을 두려워하여 금욕적인 생활을 고집한다. 비록 채련의 금욕이 남편의 강요에 의한 것이기는 하나 일단 그로 인해 그녀의 '청정성'은 유지된다. 남지심은 채련을 지성과 감성을 고루 갖춘 이상적인 여인상으로 그리고 있다. 나아가 백족화상인 담시와 채련의 관계를 원효와 요석공주의 전설적인 관계에 비유하고 있다. 그러므로 융은 원효와 요석공주 사이에 태어났다는 뛰어난 학자 설총에 해당된다.

지효는 모든 아이들의 어머니로 태어난다. 그녀가 풍기는 자비로운 어머니로서의 이미지는 백족화상의 아들인 융의 종교교육을 담당하게 됨으로써 완성된다. 백족화상이 '담시'로 불리던 시절 그는 채련과 열렬한 사랑에 빠지고 그 결과 태어난 아들이 융이다. 융은 채련의 시어머니인 이보살의 손자로 입적되는데, 그는 인문과학과 자연과학의 양 분야에서 출중한 재능을 발휘하며 미래의 인간계에 닥칠 여러 가지 난제를 해결할 부처와 같은 인물로 형상화되어 있다. 융은 채련과 담시로부터 물려받은 영성과 지성을 두루 갖추었다. 그는 대학에서는 동화로부터 물리학을 배우면서 과학적 능력을 계발하는 한편, 지효의 절에 머물면서 그녀의 지도 아래 불성의 탐구에도 힘쓴다. 이러한 전개는 승속의 합일이라는 소설의 주제를 구조적으로 뒷받침한다. 한때 약혼자였던 지효와 동화는 마침내 융을 통해 결연의 꿈을 이룬다. 이루지 못한 사랑으로 고통받던 과거가 융의 대리부모역할을 함으로써 아름답게 마무리 지어지는 것이다.

『아제아제 바라아제』와 『우담바라』는 구도를 위해 온몸을 던지는 여성 수행자들에 대해 찬사를 보내는 동시에 개인적인 깨달음에 자족하여 대승적 이상을 소홀히 하는 기존의 승가체제와 이념을 비판하고 있다. 지혜와 자비가 분리된 상황에 대한 작가의 비판정신은 두 소설에서 공통적으로 강조되고 있는 '회향'의 모티프에 잘 반영되어 있다. '회향'이란 자신이 쌓은 선업을 다른 사람들을 위해 '되돌리는' 것이다.[36] 이 주제를 서사화하는 데 있어 한승원은 여성의 성욕을, 남지심은 모성애를 중심 소재로 삼고 있다.

---

36) Christmas Humphreys, *A Popular Dictionary of Buddhism*(London: Curzon P, 1976).

이 두 소설에서 회향은 주인공과 서사공간의 관계를 통해 강조되는데 궁극적으로 한승원의 작품은 '산'과 '저잣거리'의 연결 가능성에 대해 회의적인 태도를 취하는 반면, 남지심은 이 두 상징적 지소의 가교를 도심불교에서 찾는다. 남지심은 한승원처럼 승가의 독신주의 전통을 해체시키자는 주장을 펴지 않는다. 그러나 개혁의 필요성은 분명히 밝히고 있다. 이에 대한 구체적인 예가 바로 제도권 밖에서도 수행자 정신을 잃지 않고 노력하여 마침내 깨달음의 가능성을 보여 주는 지효와 그녀가 이 경지에 도달하도록 끝까지 신뢰하고 지도하는 백족화상이다. 지효는 도심 포교당을 통해 자신의 깨달음을 사회구제로 전환시킴으로써 수행의 역정에 유종의 미를 거둔다. 이처럼 남지심이 제시하는 승가의 비전은 석가모니 이래 오랜 세월에 걸쳐 실행되어 온 독신공동체의 이상을 버리지 않고서도 변화하는 현대사회에서 보살도를 성취할 수 있다는 신념을 깔고 있다.

남지심이 구태의연한 승가의 문제들에 대해 점진적인 변화를 제안하는 데 반해, 한승원이 생각하는 개혁의 이상은 종남과 급진적 사상을 지닌 그의 친구들을 통해 전달된다. 이들이 내세우는 주장의 이념적 배경은 1980년대의 민중불교 정신이다. 한승원은 참선과 은둔의 산중불교에서 나타나는 위선과 자만에 찬 이기주의를 과감히 비판하며 약자를 위한 불교의 사회참여를 옹호하는데, 그의 참여불교적 입장과 전통적인 승가체제 사이에 타협점을 찾기란 그리 쉽지가 않다.

이 두 작가가 지닌 한국 불교계에 대한 관점의 차이는 비구니의 위상문제를 둘러싸고 극명하게 드러난다. 『아제아제 바라아제』와 『우담바라』는 둘 다 여성의 성불 가능성을 전제로 하고 있다. 그러나 그 가능성은 원로 비구니들이 아니라 원로 비구들의 지도와 점검이라는 틀 안으로 제한되어 있다. 두 작품 모두 불도에서의 이상적인 스승상을 비구니보다 비구에게서 찾고 있다.『아제아제 바라아제』의 은선과『우담바라』의 혜조는 젊은 출가자들에게 용기와 열정을 고취시키기보다 실망과 좌절을 안겨주는 비구니 스승들이다. 차이가 있다면 한승원의 소설은 여성 수행자들의 한계를 지적하는 것으로 그치는 데 반해, 남지심의 소설은 그런 한계를 인정하면서도 지효가 겪는 수행자로서의 정체성의 상실과 회복을 통해 제도개선의 가능성을 열어 놓았다는 점이다. 지효는 산문출송을 당한 뒤 비구들과 함께 백족화상 문하에서 공부를 계속하는데, 지효의 비구 도반들은 그녀가 은사로부터 깨달음을 인가 받자 그에 대한 존경의 표시로 모두 지효를 향해 정중하게 절을 한다. 비구가 퇴출당한 여성 수행자에게 절을 하는 상황은 대단히 파격적이다. 이러한 비전통적이고 비정통적인 장면에서 주류 불교계가 지닌 젠더문제와 함께 기존 제도의 허점에 대한 작가의 도전적인 생각을 엿볼 수 있다.

『아제아제 바라아제』와『우담바라』에 등장하는 여승들의 표상을 개괄하면 두 가지의 큰 특징이 드러난다. 첫째는 여승의 몸에 대한 묘사와 관련된다. 앞 장에서 보았듯 근대문학기의 비구니에 대한 관심은 주로 삭발한 머리에 초점이 맞추어져 있다. 그러나 현대소설에서는 여승에 대한 '시선'이 머리에서 몸 전체로 확산된 형태를 띤다. 이를 신성화되어 있는 여승의 이미지가 인간화되는 과정이자 또한 그 변화를 유도하는 문학적 전략으로 이해할 수 있다. 하지만 여승의 몸에 대한 미학적 접근은 비구니에 대한 관음증적 호기심과 구별하기 어려운 점이 있다.『아제아제 바라아제』는 임권택에 의해 영화로도 제작되었는데, 이는 관음증이 매체 간의 벽을 쉽게 초월하여 다중적으로 활용될 수 있음을 보여준다.[37)]

한승원과 남지심이 그린 비구니의 문학적 초상에서 눈에 띄는 또 하나의 큰 특징은 작품의 공간적 배경이 사찰로부터 도시로 옮겨 간 것이다. 이 변화의 의미는 두 소설을 1930년대의 시 작품들과 비교해 보면 명확하게 드러난다. 비구니의 활동무대가 산중에서 도시로 바뀌는 경향은 점차 고양되어 가는 승려들의 사회참여 의식과 무관하지 않다.[38] 비구니들도 급속하게 속도로 산업화가 이루어진 현대 한국 사회에서 자신들의 공간과 역할을 재정립할 필요성을 느낀다는 뜻이다. 현대사회는 빠른 속도로 그 풍광이 획일화되어 가고 있어서 '산'과 '저잣거리'의 지형학적 상징성은 점차 사라지고 있다. 이 두 지소 사이의 경계선이 소멸해 간다는 것은 비유적으로 말해 자칫 분리되기 쉬운 지혜와 자비의 관계를 재점검할 필요가 있음을 의미한다.

이 장에서 살펴본 네 편의 현대소설은 여러 가지 다른 유형의 비구니 인물들을 제시하고 있다. 이 다양성은 한국 사회 전체가 급속도로 개방되어 가는 과정에서 발생한 것이다. 서구적 가치관의 확산으로 인해 사회의 전 영역이 민주와 평등과 투명성의 이름으로 재편성되면서 그 영향이 보수적이고 배타적인 체제를 유지해 온 승가에도 미치기 시작한

---

37) 임권택의 영화 《아제아제 바라아제》의 관음증적 요소에 대해서는 Yi Hyangsoon, "The Real, Anti-real, and Transcendental in Four Korean Buddhist Films", *Pathways into Korean Language and Culture: Essays in Honor of Young-Key Kim-Renaud*, eds. Sang-Oak Lee and Gregory Iverson(Seoul: Pagijong P, 2003), pp.637~652; David James, "Im Kwon-Taek: Korean National Cinema and Buddhism", *Im Kwon-Taek: The Making of a Korean National Cinema*, eds. David James and Kyung Hyun Kim(Detroit: Wayne State UP, 2002), pp.47~83 참조.

38) 젊은 세대의 승려들이 사회 및 정치적인 문제들을 방관하지 않고 참여하는 태도를 보여 주는 예를 민중불교운동에서 찾는다면, 최근 환경운동을 주도하는 진보적인 승려들은 현대 한국 승가의 사회참여를 보여 주는 또 다른 예라고 하겠다.

것이다. 승가는 세속에 대한 대척적 지소이지만 결코 세상의 변화와 무관한 곳이 아니다. 열린 사회를 지향하는 현대인들은 승가의 담장 안을 들여다보고 싶어 한다. 이들은 한 걸음 더 나아가 신비의 장막에 둘러싸인 비구니들을 그들의 오랜 은둔처였던 산으로부터 모든 것이 낯선 도시의 한복판으로 불러내고자 한다. 이러한 이유로 현대문학 속의 비구니상에는 상호 모순적인 요소가 공존할 수밖에 없다. 한편에서는 비구니를 종교예술의 전승자이자 창조적 주체로 형상화하는 반면, 다른 한편에서는 대중예술의 소재로서 선정적 시선에 무방비로 노출된 무력한 객체로 그리는 것이다. 이처럼 현대소설에 묘사된 비구니승가는 푸코가 설명한 것처럼 이타공간으로서 이상향적인 측면과 반이상향적인 측면을 동시에 보여 준다.

현대문학 속의 비구니상이 이전 시대에 비해 다면화된 것은 고무적이지만 아직도 비구니승가의 현실을 충실하게 반영한다고 보기에는 미흡한 점이 많다. 비구니들의 구도에 대한 열정과 적극적인 포교활동은 한국 불교를 변모시키는 데 많은 공헌을 하였다. 도를 이루고자 하는 이들의 집념은 목숨을 담보로 무문관에 드는 비구니들로부터 시작하여 안거철마다 선방을 빼꼭하게 채우는 수좌들에게서 잘 드러난다.[39] 『우담바라』의 혜일과 같이 교학연구에 매진하는 비구니 학승의 수도 빠른 속도로 증가하고 있으며, 지효와 같이 사회적 약자나 어린이들을 대상으로 한 포교에도 비구니들이 앞장서고 있다. 또한 최근에는 군승으로서의 역할까지 부여 받고 있다. 게다가 정한숙의 아심과 같이 불교예술의 전수

---

39) 비구니선원의 수는 비구의 경우에 비해 턱없이 적다. 이 때문에 비구니선방은 안거철마다 방부를 들이는 비구니들이 몰려 비구선방보다 훨씬 많은 수의 선객을 수용할 수밖에 없다.

자로서 예술 행위를 통해 수행의 전통을 이어가는 비구니들도 주목을 받고 있다. 비구니의 삶도 일반인과 마찬가지로 다면적이고 복합적이므로 단순한 전형화를 거부한다.

　승과 속의 이분화는 효율적인 수행을 위한 방편일 뿐, 이 두 세계에 대한 인식의 이분화를 의미하지는 않는다. 그런데 포스트모더니즘과 정보화시대의 탈경계 현상을 빌미로 승과 속의 구분을 무의미한 구습으로 치부해 버리는 것은 더욱 위험한 발상이다. 급변하는 사회에서 여성 출가자가 어떤 위치에 있어야 하는지, 불교의 현대화와 수행의 대중화라는 명제 앞에 그들의 역할이 무엇인지 치열하게 고뇌하고 토론하는 장을 마련하는 것은 불교계뿐만 아니라 예술인들의 사명이기도 하다. 비록 현대 작가들이 제시하는 비구니상이 시대의 이상과 요청에 완벽하게 부응하지 못하는 점이 있다 하더라도 이들의 작업은 철학과 역사의 중간자적 위치에 있는 문학이 그 고유의 기능을 충실하게 이행하고 있음을 입증하는 것이다. 문학작품에서의 비구니는 이제 소재의 특이성이 아니라 인간 본연의 종교성과 사회성에 대한 보편적 진리를 탐구하는 진지한 소재로서 접근되고 분석되어야 한다.

6장 결어를 대신하여

　이 책은 문학 작품에 나타난 비구니 관련 자료들을 모아 편린이나마 그들의 삶과 수행의 모습을 역사의 흐름 속에서 파악하고 재구성해 보려는 소박한 의도에서 시작되었다. 큰 성과를 기대하기보다는 선행 연구가 거의 전무한 상황을 고려하여 언젠가 해야 할 기초적인 정지작업으로 시도된 것이다. 그러므로 이 책의 내용은 비구니들에 대한 우리들의 궁금증을 해소해 주기보다 오히려 그 궁금증을 심화 또는 증폭시키고 더 많은 질문을 유발하는 효과를 낳으리라 본다.

　비록 제한된 자료이기는 하나 넓은 역사적 관점에서 문학에 나타난 비구니의 이미지와 역할을 분석해 보면, 고전소설에서 보이는 지혜롭고 자애로운 정신적 귀의처로서의 모습이 현대소설로 오면 복잡하고 고뇌하는 구도자의 모습으로 바뀌고 있음을 알 수 있다. 전통시대의 서사문학에 등장하는 비구니 모티프는 텍스트의 공간을 확장하면서 서사구조에 탄력성을 불어 넣는 효과적인 서술도구로 이용되었다. 원조자로서의 비구니는 대체로 그 역할과 기능이 획일화된 인물이다. 하지만 이들은 선한 여인을 산중의 절로 안내하여 악의 무리나 혼란한 사회로부터 보호함으로써 소설 전체의 권선징악적 주제를 실현시키는 데 필수적인 역할을 한다. 비구니는 서사공간에 뚜렷하게 그 존재감을 드러내지 않는다. 그러면서도 그들은 터너의 역이론에서 설명하듯 수행공동체가 사회변동과 민주적 이상을 성취하는 과정에 어떤 공헌을 할 수 있는지 보여주는 인물이다.

그러나 조선시대의 가사에 나타난 비구니들은 실제로 고전소설에서와 같이 신성한 요소를 지닌 인물이 아니라 유교적 욕망이 투사된 타자성을 표출하는 지극히 세속적인 인물이다. 어쩌면 이러한 가사가 쓰였다는 것 자체가 조선조 유한계층의 양반들이 피지배계층 출신의 젊은 여승을 유혹하기가 어려웠다는 사실을 반증하는 것이다. 가사와 민요에 나타난 여승은 여성의 출가를 금지한 주류 사회의 변방에서 어려운 삶을 영위하긴 했으나 꼿꼿한 기상을 굽히지 않았던 조선조 비구니들의 모습을 그대로 보여 준다. 개별적인 출가사유를 무시하고 여승을 조롱과 회유의 대상으로 접근한 유한계층 남성들의 적대적인 시선에도 불구하고 이들은 쉽게 세상과 타협하지 않고 산중에 은둔하여 수행에 몰입하였다. 여승과 관련된 가사작품과 「소경에게 시집간 여자」는 유교 봉건사회의 부당한 제도로 고통 받던 조선의 여인들에게 승가가 대안적 삶의 지소로서 인지되었음을 생생하게 보여 준다. 이들은 억압적인 사회구조에서도 자신의 운명을 스스로 결정하려는 주체성과 행동성을 겸비한 인물들이다.

이 모습은 실제로 조선 중기의 비구니 시승들이 남긴 한시에서도 확인된다. 이들 비구니 문승들은 사대부가 출신이었을 가능성이 높다. 그러므로 가사작품에 등장하는 여승들과는 계급이 달랐을 것이다. 이들의 한시는 당대의 뛰어난 문학 작품 반열에 오를 정도로 인정을 받았다. 따라서 이들의 창작품은 비록 몇 편밖에 전해 오지 않지만, 조선의 비구니에 대해 다른 곳에서는 찾기 어려운 대단히 중요한 시각을 제공한다. 이들의 한시에는 비구니 자신의 정체성뿐만 아니라 승려로서의 공적인 생활 이면에서 경험하는 복잡 미묘한 감정들, 특히 세간과 출세간과 삶이 뒤엉켰을 때에 찾아오는 회한과 고뇌가 깊이 스며 있다.

신문학기에 들어와 비구니의 문학적 표상은 서서히 경험적 현실계의 속성을 띠게 되는데, 고전문학에서 비구니 인물에게 부여되었던 신성은 사라지고 여승은 여주인공을 돕는 원조자의 위치에서 도를 추구하는 수행자로 바뀐다. 그러나 비구니에 대한 문인들의 기본적인 인식은 근대성을 지향하던 개화기 지식인들의 비판적인 입장에서 크게 벗어나지 않는다.

이러한 관점은 1930년대에 이르러 근본적인 변혁을 겪는다. 백석과 조지훈의 시 작품이 보여 주듯 여승은 시대의 아픔이 인각된 인물이자 그 암울한 시대를 초극할 수 있는 예술의 힘을 체화한 인물로 제시된다. 여승의 허구화에 큰 진전이 이루어진 셈인데, 여기에 한용운은 「박명」에서 삭발과 승복이라는 외양이 아닌 보살도의 내면화과정을 통해 출가수행의 진정한 의미를 찾고 있다.

현대 문학에서 비구니는 이전 시대와 비교할 수 없을 만큼 개방된 공간에 위치하고 있다. 비구니 문인의 재등장은 조선조 오백 년간 비구 중심으로 그 맥을 유지해 온 승려문학의 전통을 회복하는 데 기여하였다.[1] 한편 문예 대상으로서의 비구니는 이전 시대와 같은 전형화가 불가

---

[1] 여기서 '승려문학'이라는 표현은 이종찬이 제시한 '불가문학'보다 좀 더 좁은 의미로 쓰였다.(이종찬, 『한국불가시문학사론韓國佛家詩文學史論』[불광출판부, 1993]) 홍기삼은 '불가문학'의 개념에 대해 '불교권에서 생활하고 세계를 인식하는 사람들', 예컨대 '승려들에 의해서 창작된 문학'을 가리킨다고 정의한다.(홍기삼, 「불가의 문학」, 『불교문학의 이해』[민족사, 1997], 182~184쪽)

능할 정도로 다양해졌지만, 아직도 비구니를 성녀와 악녀의 양분된 시각으로 보는 문제가 사라진 것은 아니다. 그러나 전체적으로 볼 때 현대 작가들이 여성의 출가를 보는 시각은 복합적이고 다면적이며, 또한 이들이 비구니 인물을 형상화하는 기법도 세련되어졌다. 현대인들은 더 이상 예전과 같이 단순한 기복적 종교 행위로 절을 찾지는 않는다. 산업화와 서구화의 폐단을 치유할 수 있는 전통적 가치관의 재발견 또는 새로운 문화적 담론을 불교에서 찾고자 한다. 이러한 긍정적인 변화를 반영하듯 현대문학에서 비구니는 참선에 대한 사회적 관심을 효과적으로 수용하고 산중 불교에서 도심 불교로 탈바꿈하고 있는 한국 불교계를 선도하는 인물로 제시되고 있다.

  한국 문학에 나타난 비구니의 초상이 완성되려면 아직 채워야 할 부분이 많다. 그 빈 곳을 메우려면 역사에서 지워진 비구니들의 글과 비구니에 대해 쓴 글들을 발굴하는 데 노력을 쏟아야 한다. 이 과정에서 우리는 구비문학, 일기, 민담, 전설은 물론이고, 겉으로 보기에 하찮고 상관이 없어 보여 '순문학'이나 '정통문학'의 범주에서 벗어나 있는 자료들도 가능한 모두 포함시켜야 한다. 자료의 조사 및 수집과정에서 편견이나 선입견이 배제되어야 함은 물론이다. 이와 동시에 전통적인 비평이론과 방법론에 대한 재고도 병행되어야 한다. 이는 비구니 연구에 반드시 새로운 이론체계가 필요하다는 뜻이 아니다. 기본적인 사실마저도 검증되지 않고 연구미답으로 남아 있는 이 분야에서는 잘 짜인 학제간 연구가 편벽되고 일방적인 접근법보다 훌륭한 결실을 거둘 가능성이 더 높다.

  이 작업의 중요성을 말해 주는 예로서 이 책의 앞부분에 실린 감로탱화를 들 수 있다. 남장사 감로탱(1701)에는 문헌자료 어디에서도 볼 수 없는 조선 비구니승가의 고고하고 아름다운 모습이 그려져 있다. 봉서암 감로탱(1759)은 비구니가 의식승으로서 수륙재에 참여하는 장면을 생동감 있게 포착하고 있다. 또한 여천 홍국사 감로탱(1741)과 백천사 운대암 감로탱(1801)에는 식차마나가 등장한다.[2] 이 불화 두 점은 조선시대에 식차마나가 존재했음을 보여주는 매우 귀한 자료이다. 전근대기에 식차마나 수계 여부를 입증할 수 있는 자료가 없는 상황에서 감로탱에 비구니와 식차마나가 나란히 등장한다는 사실은 조선의 비구니승가가 지독한 억불 정책 아래에서도 여법하게 계맥을 이어왔음을 간접적으로 증언한다. 감로탱화는 관념적 세계가 아닌 현실사회의 모습을 충실하게 반영하는 장르로서 풍속화의 성격이 강하다. 따라서 이 두 작품은 한국 비구니승가의 역사적 정통성을 한층 강화시켜 준다고 해도 과언이 아니다. 국내는 물론 해외에서도 식차마나에 대한 연구가 흔치 않은 것을 감안한다면, 이 불화들이 지닌 자료적 가치는 매우 높다. 이 책에 실린 작품 외에도 비구니가 등장하는 감로탱화가 꽤 된다. 이들을 체계적으로 연구하기 위해서는 각 분야를 아우르는 전문가들의 협동연구가 필수불가결하다.

한국 불교사에는 법명만 알려지고 전기적 자료가 전무한 비구니가 곳곳에 산재해 있다. 이들의 삶의 자취는 민담이나 설화 등 정사 밖의 자료에 남아 있을 때가 많다. 이 책의 앞부분에서 언급했듯이 자운선사 이야기와 같은 자료에서 우리는 전쟁 영웅으로 부각된 전혀 예상 밖의

---

[2] 여천 홍국사 감로탱은 선명하지 않아 식차마나들이 잘 보이지 않지만, 이 감로탱을 연구한 강우방에 따르면 그림의 중단에는 '비구니'가 하단 우측에는 '식차마나'가 그려져 있다.(강우방, 「감로탱의 양식변천과 도상해석」, 『감로탱』[예경, 1995], 357쪽) 이 작품은 근래에 미국을 거쳐 일본으로 반출되었는데 일본인 소장자가 누구인지는 알려져 있지 않다.

비구니상을 접하게 된다. 그러나 임진왜란과 같은 국난의 시기에는 민족적 자부심을 고양시킨 설화만이 아니라, 왜군에 희생된 이태원 운종사 비구니들의 가슴 아픈 전설도 함께 생겨났다.3) 이러한 전설들을 길잡이로 삼아 우리는 전통시대 비구니들의 잃어버린 삶의 자취를 찾아내고 그들의 역사를 회복시켜야 한다.

한국의 비구니들은 국가적으로나 개인적으로 수많은 위기를 맞으면서도 조용히 그러나 슬기롭게 출가승단의 역사를 지켜 왔다. 비구니들이 재가신자와 산중 비구사찰의 연결고리로서 조선 불교의 존속에 막중한 기여를 했음은 이미 밝혀진 바 있다.4) 그러나 비구니들이 단순히 교량역할만 한 것은 아니다. 광해군 시절 예순의 행적에서 확인했듯이 전통 시대의 비구니들은 불굴의 의지로 자신이 처한 시대의 벽을 넘고자 노력했다. 그러나 여성 종교사가 일반적으로 그렇듯이 이들의 삶과 수행의 족적은 역사의 전면에 나타나지 않는다. 모든 사회적 체제가 무너진 1909년 조선 말에도 563명의 비구니가 각지에서 도량을 지키며 여성 출가수행의 전통을 지탱하고 있었다.5) 그때와 지금의 승단을 숫자상으로 비교할 때 비구승의 수는 큰 차이가 없는 반면, 비구니의 수는 거의 9배 내지 10배로 증가했다.6) 불과 한 세기 만에 한국 여성의 잠재력이 이렇게 극적으

---

3) 이 전설은 이태원의 지명이 '異胎院'에서 '梨泰院'으로 바뀐 경위를 설명하고 있다. 이곳에 위치했던 운종사 비구니들이 왜군에게 집단으로 겁탈을 당한 뒤 아기를 낳음으로써 관에서 할 수 없이 이곳에 토막을 짓고 살게 했다는 내용이다.(이경재, 『한양 이야기』[가람기획, 2003], 89~98쪽)
4) 정석종·박병선, 「조선후기 불교정책과 원당(1)-니승의 존재양상을 중심으로」, 『민족문화논총』 18·19(영남대학교 민족문화연구소, 1998), 233~236쪽.
5) 박희승, 『이제, 승려의 입성을 許함이 어떨는지요-시련과 도전의 한국불교근세사』 (들녘, 1999), 265~257쪽.
6) 2006년 대한불교조계종 통계자료집에 의하면 구족계를 받은 비구는 5,120명 비구니는 5,033명이고, 예비승인 사미는 1,852명이고 사미니는 1,289명이다. 이 자료는

로 표출된 예가 그리 흔하지 않을 것이다. 이 '화려한 부활'은 조선이라는 암흑기에도 수행의 불씨를 꺼뜨리지 않기 위해 온갖 노력을 다한 비구니스승들이 존재한 덕분이다. 오늘날 한국 비구니승단의 활기찬 모습에서 우리는 수행자와 전법사로 활약한 고대 한반도 비구니들의 기상과 품위를, 또한 어두움의 시대에도 강인한 자생력을 잃지 않았던 조선 비구니들의 모습을 본다.

    이 책에서는 비구니들에게 드리워진 은둔의 베일이라는 다분히 낭만적인 수사를 벗기고 이들의 살아 있는 모습을 객관적으로 조명해 보고자 했다. 여기서는 문학작품에 초점을 맞추었으나 앞으로 불교와 여성 문제를 전문적으로 연구하는 학자들이 배양되면 비구니승가에 대해 체계적이고 다각적인 접근이 가능할 것이다. 이러한 연구풍토를 조성하기 위해서는 자료의 범위와 성격에 대한 우리들의 시각만이 아니라 비구니 승가의 태도도 바뀌어야 한다. 특히 승가 내에 전수되어 온 일상적인 생활자료의 중요성을 인지하고 이 자료들이 또 다시 기억의 저편으로 사라지기 전에 채록되도록 조직적인 노력을 기울여야 한다. 역사는 기록이다. 기초 자료의 수집과 보존이 없이 전설만으로 역사가 오롯이 살아남기를 기대할 수는 없다. 지금이라도 이러한 자료들에 대해 관심을 기울인다면 머지않아 한반도라는 특수한 역사적 환경 속에서 생겨난 비구니승가가 어떻게 우리 다수의 삶과 연결되어 있는지 자세히 밝혀 줄 훌륭한 연구 업적들이 나오리라 믿는다.

---

http://www.buddhism.or.kr/common/download/statistics/06htm/2-3.htm 참조.

 부 록

송여승가 送女僧歌*

어와 보완지고
저 선사(這禪師) 보완지고
반갑기도 그디 읍고
깃부기도 측량(測量)읍네
여자(女子)의 교용(嬌容)으로
남자복색(男子服色) 무슴 일고
져럿타시 고은 얼골
헌 누비(樓緋)의 쓰인 모양(貌樣)
삼오야(三五夜) 발근 달이
쎄구름의 쓰엿는 듯
납설중(臘雪中) 한매화(寒梅花)가
노송(老松)의 걸엿는 듯
대모단(玳瑁緞) 족도리(族道里)를
어이ㅎ여 마다 ㅎ고
조령목(鳥嶺木) 흰 곡갈을
굴게 겨러 써 잇노
윤주라 너울을는
어이ㅎ여 마다 ㅎ고
전라도(全羅道) 세대 삿갓
잘게 겨러 써 잇노
월화수주(月花水紬) 활옷슬는
무슴 일노 마다 ㅎ고
뵈창(緇)옷 두루막이를
의사(意思) 업시 입엇는고
백방수주(白方水紬) 네폭 바지를

어이ㅎ여 마다 ㅎ고
대동목(大同木) 당(唐) 바지를
모양(模樣) 읍시 입엇는고
육화(六花) 홍상 능라군(綾羅裙)을
무슴 일노 마다 ㅎ고
추포(麤布) 속것 상목(常木)바지를
열읍시 입엇는고
비단당혜(緋緞唐鞋) 어듸 두고
육총초혜(六總草鞋)를 시넌는고
십이운환(十二雲鬟) 어듸 두고
돌수박(水朴)이 되얏는고
옥패금환(玉佩金環) 어듸 두고
백팔염주(百八念珠)를 거럿는고
엽헤 치인 삼승바랑(三升鉢囊)
칠보향랑(七寶香囊) 대신인가
용모(容貌)의 곱고 밉기
치장(治裝)으로 가랴마는
저화용(這花容) 허로(虛老)하기
그 안이 앗가온가
갓득이 고은 양자(樣姿)
반분(半粉)새를 미러닉여
도화(桃花) 갓튼 불근 닙의
연지(臙脂)빗츨 올리고져
십팔주(十八珠) 월기탄(月璣彈)을
져 귀밋헤 걸고지고

---

* 이상보 편저, 『한국 불교가사 전집』(집문당, 1980).

팔자청산八子靑山춘색春色으로
저를 눈섭 짓고지고
구름갓흔 머리
일이년一二年 길너닉여
은죽절銀竹節 금봉채金鳳釵로
압 단장 꿈인 후後에
석웅황石雄黃 진주 투심套心
뒤 허울 닉고지고
홋장삼長衫 삼사폭三四幅에
수품手品도 죠커이와
기억 니은 디긋 이을
언문諺文도 익을시고
가문家門을\ 뭇지마라
만호후萬戶侯의소교녀少嬌女라
대현후大賢后도 그럿커든
위첩위실爲妾爲室 고이ᄒᆞ랴
착ᄒᆞ고 어진 배필配匹
갈히고 다시 골나
글 잘ᄒᆞ고 활 잘 쏘는
양반서방兩班書房 맛기고져
향명香名을 발셔 듯고
흔 번 보기 원願ᄒᆞ드니
명천明天이 뜻슬 안지
귀신鬼神이 감동感動흔지
월하月下의 연분緣分인지
삼생三生의 원수寃讐런지
두미월계斗尾月溪 됴분 길에
남 업시 두리 만나

추파秋波를 보닐 덕의
눈에 가시 되단 말가
광廣나루 함게 건너
밧 장문場門 도라들 졔
그 어이 가는 길이
남북南北으로 난호엿노
호치단순皓齒丹脣반개半開ᄒᆞ고
삼절죽장三節竹杖 즘간 드러
평안平安이 행차行次ᄒᆞ시오
후일後日 다시 보ᄉᆞ이다
말 혁革잡고 바라보니
한限 읍는 정情이로다
아장아슷 것는 거름
가슴의 불리 난다
흔 거름 두 거름의
길이 점점漸漸 머러가니
이 전前의 듯든 말이
어이 그리 재아졋노
춘교春郊의 노는 시는
간장肝腸을 바아는 듯
별로別路에 구름 찌고
이정離程에 안개 ᄌᆞ욱ᄒᆞ다
어린 듯 취醉한 듯
말게 실녀 도라오니
초당야월草堂夜月 젹막寂寞ᄒᆞ듸
헤아림도 만흘시고
한매화寒梅花한 가디를
창젼窓前의 심고겨

벽도화碧桃花 한 가디를
육곡난간六曲欄干에 꼿고디고
숨의눈 만나보나
잠끼면 허사虛事로다
못보아 병病이 되고
못잇져 원수冤讎로다
구곡 심장心臟 만곡수萬斛愁를
당當 홀 데 전혀 읍다
약수弱水 삼천리三千里의
청조靑鳥를 겨우 어더
일폭화전一幅花牋 펼쳐 노코
세세성문細細成文 그려 닉니
훈 좀 준 누의 속의
흐든 실 갓흔지고
행인임발行人臨發 우개봉又開封의
다시 보고 전傳ᄒᆞᄂᆞᆫ 말이
서창西窓의 희지도록
소식消息을 기다리니

답서答書는 말디라도
수덧지나 마소그려
무정無情도 험도홀ᄉ
야속野俗다도 ᄒᆞ리로다
외손편 못울기는
옛말노 드릿느니
짝사랑 외기러기
나 혼즈 ᄲᅮᆫ이로다
선사님禪師任 헤여 보소
닉 안이 가련可憐흔가
우연偶然이 만나보고
무죄無罪이 죽게 되니
이거시 뉘 탓인가
불상不祥토 안이흔가
져근듯 싱각ᄒᆞ여
다시금 헤여 보소
대장부大丈夫 훈 목숨을
살녀 쥬면 엇더헐고

승답사僧答辭*

어와 그 뉘신고
경화호걸京華豪傑 안이신가
니 일흠 언제 듯고
니 얼골 언제 본가
무심無心이 가는 즁을
반기기는 무슴 일고
머리 싹근 즁의 얼골
덜 미운데 어딘완듸
져대도록 눈의 드러
병病이 춤아 나단 말가
어버이 여흰 후後에
설른 마음 둘 듸 읍셔
입산삭발入山削髮 위승爲僧ᄒᆞ여
세념世念을 ᄭᅳᆫ쳐스니
추월춘풍秋月春風 지나가고
옥창玉窓 앵도櫻桃 불거는데
광음光陰을 헬작시맨
삼칠三七이 작년昨年이라
요조숙녀窈窕淑女 안이여든
군자호구君子好逑 어이 되며
도요방년桃夭芳年 느졋거든
표매시摽梅詩를 원願ᄒᆞᆯ손가
세념世念을 ᄭᅳᆫ친 후後의
졍욕情慾을 아됴 잇고
헌 의복衣服 잠ᄌᆞ리를

남의 살맛 모로거든
소년풍도少年風度 고흔 양자
꿈에나 싱각ᄒᆞᆯ가
달바위 저편這便의서
양반兩班보고 결ᄒᆞ기와
살곳디 이편便의서
하직下直ᄒᆞ여 인사人事키는
내 몸이 즁이여니
즁의 행실行實 안이ᄒᆞᆯ가
하로길 동행同行ᄒᆞ여
풍채風采를 흠모欽慕ᄒᆞ니
마음의 품은 정회情懷를
잇고 읍기 뉘가 알가
무단無端ᄒᆞᆫ 일봉서一封書ᄂᆞᆫ
어딘로서 오닷말가
반긔는 듯 ᄯᅥ여 보니
못잇는 정회情懷로다
은근慇懃ᄒᆞᆫ 깁흔 ᄯᅳᆺ시
감사感謝는 ᄒᆞ거이와
즁다려 ᄒᆞ신 말슴
힝여 남 알세라
덧업시 이별離別ᄒᆞ고
불당佛堂으로 도라오니
섭섭ᄒᆞᆫ 이 닉 마음
업다야 ᄒᆞ랴마는

---

* 이상보 편저, 『한국 불교가사 전집』(집문당, 1980).

회서回書를 알위랴고
붓슬 들고 싱각ᄒᆞ니
심신心神이 산란散亂ᄒᆞ여
무슴 말슴 아리올디
아득ᄒᆞᆫ 이 닉 심사心思
살욀 말슴 바이 읍닉
불상不祥트라 ᄒᆞ신 행하行下
애매曖昧ᄒᆞᆫ들 어이 ᄒᆞ리
세연世緣 미진未盡ᄒᆞ여
환속還俗을 ᄒᆞ량이맨
재질才質이 노둔魯鈍ᄒᆞ니
첩妾의 도리道理 어이ᄒᆞ며
미천微賤ᄒᆞᆫ 이 내몸이
미혹迷惑ᄒᆞᆫ 인사人事로셔
셩품性品이 강강强强ᄒᆞ니
남의 시앗슨 실코

날갓튼 인생人生을
싱각도 마르시고
의술醫術을 모르거든
남의 병病을 어이 알고
인명人命이 재천在天커든
내 어이 살녀내리
천금千金갓흔 귀貴한 몸을
부딜 읍시 상傷치 말고
공명功名에 ᄯᅳᆺ슬 두어
쇽졀 읍시 이즈시고
불관不關ᄒᆞᆫ 즁의 몸을
더러이 아옵시고
영화榮華로 지내다가
홍안분면紅顔粉面 고흔 임을
다시 어듸 구求ᄒᆞ셔셔
천셰千歲나 누리소셔

재송여승가再送女僧歌*

선사님禪師任 ᄒ신 말솜
말솜마다 올컨마는
그 말솜 그만 두고
매 말솜 드러보소
화용花容이 암암暗暗ᄒ니
그립긴들 안이ᄒ며
그딕 일홈 알건마는
번화繁華ᄒ여 못이르네
머리를 깍가쓴들
고흔 태도態度 어듸 가며
남자복색男子服色 ᄒ여쓴들
얼골좃ᄎ 변變홀손가
우연偶然이 만나보고
결노 성병成病되니
일신一身이 황홀恍惚ᄒ여
만사萬事가 무심無心이라
아마도 이 내 일은
내라도 내 몰누라
어버이 여흰 사름
다 즁이 되랴이면
조선朝鮮이라 팔도八道 사름
나물 이 몃치나 될고
아미타불阿彌陀佛 관세음보살
천만번千萬番 외오면셔
죽비竹篦와 경자磬子를

무수無數이 두다린들
글로서 붓쳐 되며
죽은 부모父母 사라올가
고스리 삽쥭나물
맛시 좃타 흘려이와
염통산덕 양(胖) 복기와
어늬 것시 나을손가
모밀ᄌ내 비단ᄭ을
종요롭다 ᄒ거이와
원앙침鴛鴦枕 호접몽蝴蝶夢이
어네 거시 나홀손가
그 얼골 그 행실行實로
시부모媤父母 못괴이며
행실行實을 닥가ᄂᆡ면
마노라 싀올손가
인간人間에 고흔 게딥
너ᄲᅮ이라 ᄒ랴마는
져마다 복福이 읍서
내 눈의 다 들손가
앗가온 져화용這花容이
헛도이 늘것세라
한매화寒梅花 옴겨다가
창전窓前의 심우고져
초양왕楚襄王 무산녀巫山女도
조운모우朝雲暮雨 되여 잇고

---

* 이상보 편저, 『한국 불교가사 전집』(집문당, 1980).

은하수銀河水 직녀성織女星도
견우牽牛를 만나거든
선사禪師님 무슴 일노
져대도록 미미홀스
삼간초옥三間草屋 적막寂寞흔데
고처孤處이 혼자 안져
세상世上을 아조 잇고
염불念佛만 공부工夫타가
즈네 인생人生 죽어디면
늣기리 뉘 잇스리
사공沙工쳐럼 혼즈 안쳐
홍독기로 턱을 괴와
치통에 입관入棺ᄒ여
더운 불의 ᄎᆞ지 될 데
적막공산寂寞空山 구즌 비에
우는 귓것 즈네로세
내 말슴 올히 녁겨
전前 마음 도로 혜면
부귀富貴도 홀 거시요
백년百年을 해로偕老ᄒ리
금슬琴瑟이 화합和合ᄒ여

자손子孫이 만당滿堂ᄒ면
헌 머리의 이 쇠인 듯
닷는 놈 긔는 놈의
영화榮華로이 누리다가
사후死後를 도라보면
자손子孫이 선선詵詵ᄒ여
금수錦繡로 염습斂襲ᄒ여
유소보장流蘇寶帳에
백부시마百夫緦麻가 들넬 적에
그 안이 즐거온가
인간人間의 조흔 일이
이밧게 또 잇는가
아마도 이 내 병病은
살어날 길 견혀 읍다
ᄎᆞ라리 다 썰치고
범나븨 되여 나셔
선사禪師님 간 대마다
싸라가며 안디리라
살인자殺人者ㅣ 사死라 ᄒ니
죽으면 네 알리라

부 록 269

여승재답사 女僧再答辭*

장안호걸長安豪傑 분분紛紛흔데
강포强暴흔 욕辱 면ㅎ고져
부모父母 사랑 하직下直ㅎ고
비단화복緋緞華服 홀이치고
산중山中에 깁히 드러
불전佛前의 분향焚香ㅎ고
왼팔에 연비ㅎ고
혈성血誠으로 맹서盟誓ㅎ며
외로이 깁히 잠겨
남녀정욕男女情慾 신쳣드니
우연偶然흔 흔 출입出入의
군자君子 서간書簡 밧자오니
여자女子의 구든 절기
변變치 마즈 ㅎ엿더니
만폭사연滿幅事緣 살펴 보니
춘설간장春雪肝臟 온젼홀가
열 번 찍어 구든 나무
고금古今에 읍다드니
내 아음 열이라도
츠마 방색防塞 어려워라
삭발削髮ㅎ즈 계교홀 제
철석간장鐵石肝臟 구지 먹고
세월歲月을 지쵹ㅎ여
백발白髮을 바랏더니
광음光陰이 더듸든디

봄빗치 지리支離턴디
군자소견君子所見 다르든디
바린 몸 눈의 걸녀
청조소식靑鳥消息 한두 번에
평생공부平生工夫 훗터딘다
춘정春情이 무심無心ㅎ여
깁히 든 잠 잴노 씬다
인간자미人間滋味 신친 후後에
불도佛道만 숭상崇尙터니
백설홍안白雪紅顔 뉘 아드냐
춘풍春風이 것듯 부러
삼색도화三色桃花 피는 곳에
봄나븨 논일면셔
가지柯枝마다 안질 젹과
공산낙엽空山落葉 훗터딜 때
원앙鴛鴦 밉다 ㅎ고
싹근 머리 한恨ㅎ오니
여차심사如此心思 수습收拾ㅎ여
다시금 싱각이라
장부丈夫의 허튼 말슴이
가온디 써러디니
주변周變이 어렵도다
니 비록 회심回心ㅎ나
모든 이목耳目 어이ㅎ리
견권지정繾綣之情이 이러ㅎ니

---

* 이상보 편저, 『한국 불교가사 전집』(집문당, 1980).

사양辭讓키도 어렵도다
운모병풍雲母屛風 둘너치고
건즐巾櫛을 밧들난즉
낭군郎君의 천금일신千金一身
병병드다 칭탁稱托ᄒᆞ면
아모리 뉘웃친들
넉시나 구경ᄒᆞᆯ가
쳡妾의 행실行實 전혀 밋고
의슐醫術을 먼져 빅와
낭군郎君의 깁히 든 병病
불사약不死藥을 나오랴던
당감토唐甘土 어드랴고
월외전月外廛애 출입出入읍고
견막이 큰 적고리赤古里
어ᄂᆡ 시정市井 외상外上줄가
닷는 말 것는 종을
협문挾門밧게 세웟다가

월황혼月黃昏 겨워갈 제
가나오나 안이ᄒᆞᆯ가
여차도리如此道理 방자放恣하나
이 다 낭군郎君 위爲ᄒᆞ미라
이 말이 누설漏洩ᄒᆞ면
넉시라도 붓그리리라
극락세계極樂世界 다시 나서
재상녀宰相女로 나쵸더면
침선針線 방적紡績 내 소임을
남의 손을 안이 빌며
백년화락百年和樂 ᄉᆡ로우문
낭군郎君의게 달녀스니
은덕恩德을 드리오소
지극至極히 사랑ᄒᆞ면
백골白骨이 진토ㅣ 될디라도
평생平生을 섬기리라

청춘과부가 靑春寡婦歌*

천지 인간 만물 중에
무상할손 이 내 사정
못할러라 못할러라
공방살림 못할려라
얼것스나 거멋스나
부부밖에 또 잇는가
견우 직녀성도
두리 서로 마조 섯고
용천검 태아검도
두리 서로 짝이 되고
날짐승 길버러지도
다 각각 짝이 잇것만
전생차생 무슨 죄로
우리 두리 부부 되여
거믄 머리 백발 되고
희든 몸이 황금 되고
자손만당 영화 보고
백년해로 사잣더니
하느님도 무정하고
가운이 불행하며
조물이 시기하고
귀신조차 사정없다
말 잘하고 인물 조코
활 잘쏘고 키 훨신 큰
다정한 정리낭군

무슨 나이 그리 만하
청산고혼 되단 말가
삼생연분 아닐런가
사주팔짜 그러한가
기위 부부 되엿거든
죽지 말고 사랏거나
그리 죽자 할작시면
만나지나 마랏거나
부질없는 이 내 심사
어느 누가 위로하리
심회로다 심회로다
하해가치 기픈 수심
태산가치 노픈 심회
상사로다 상사로다
상사하든 우리 낭군
어이 그리 못오든가
와병에 인사절하니
병이 드러 못오는가
약수 삼천리가
둘러 못오든가
만리 장성이
가리와 못오든가
춘수 만사택하니
물이 기퍼 못오든가
하운이 다기봉하니

---

* 이상보 편저, 『한국 불교가사 전집』(집문당, 1980).

산이 노파 못오든가
물이 깊거든 배를 타고
뫼이 높거든 기어 넘지
추월이 양명휘 뜰 제
달을 띄어 오시려나
등령에 수고송한데
백설 날려 못오시나
동창에 도든 달이
서창에 지거든 오려는가
병풍에 그린 황세
사경일점에 날새라고
꼬꼬 울거든 오시려나
금강산 상상봉이
평지 되여 물미러
배 둥둥 뜨거든 오려는가
어이 그리 못오든가
무삼 일로 못오든가
가슴 속에 불이 나니
생초목이 다 타간다
눈물이 비가 되여
붙는 불을 끄렷마는
한숨이 바람 되어
점점부터
구곡간장 써근 물이
눈으로 소사날 제
구년지수 되엿구나
한강지수 되엿구나
척척사랑 영리별은

두 말 없는 내 일이야
구중청산 기픈 골에
잠자느라 못오든가
자내 일정 못오거든
이 내 몸 다려가소
선천후천 생긴 후에
날 가튼 이 또 잇는가
부모동생 업섯스니
미들 곳이 바이 없다
애고애고 이 내 일이야
눌로 하야 이러할고
근원 버힐 칼이 없고
근심 업슬 약이 없다
사랏슬 제 하든 거동
눈에 삼삼 어려 잇고
주거갈 제 히든 말씀
귀에 쟁쟁 박혀 잇네
보고지고 보고지고
임의 얼골 보고지고
듯고지고 듯고지고
임의소래 듯고지고
원수로다 원수로다
천하사람 만컷마는
연소하신 우리 임을
무슨 죄로 다려가서
철석간장 다 노기노
차마 서러 못살레라
안젓스나 누엇스나

왼갓 회포 절로 난다
수삼년만 더 사라도
유복자나 잇슬 것을
사촌동생 친동서는
내 동갑에 손자 보고
김대장의 며놀아기
내 동갑에 사위 보네
날 가튼 인생 보소
자식 업시 과부 되여
이렁저렁 지내다가
이 내 몸 주거갈 제
어느 자식 앞에 안저
엄마엄마 슬피 울고
과부 중에 청춘과부
금수에도 못비할례
아니 죽고 살라 한들
임 생각이 절로 난다
애고 답답 내 팔짜야
가소롭다 가소롭다
청산녹수 원앙새야
교태마라 보기 실타
교태하는 네 거동은
내 차마 못보겠다
노고지리 노피 뜨고
채양바자 쟁쟁 울 제
해는 어이 더디 가노
한숨 쉬기 병이 되고
오동금정 떠러지니

밤은 어이 그리 긴고
우름 울기 병이 되네
이날 가고 저날 가고
육백 네날 다 지낸들
우슴 우슬 날이 없고
눈물 마를 날이 없네
어화 내일 이야
신세 곰곰 생각하니
하든 일도 하기 실코
누어 곰곰 생각하니
업든 병이 절로 난다
머리 깎고 중이 되여
염불공부나 하여 볼가
백팔염주 목에 걸고
보살신당 되여 볼가
그리저리 다 못하면
여취여광 하리로다
천사만사 생각허니
마음 둘 데 바이 없어
방정마진 내 팔짜야
팔짜 중에 불상하다
십칠세 겨우 되여
과부될 줄 어이 알리
사십 과부 되엿스면
한탄하올 내 아니다
집안 거동 도라보니
처량하고 처량하다
내외 분합 물림퇴에

선자춘여 굽도리도
네 팔짜도 가이 없고
능희 도벽 조흔 방도
내 사주도 망칙하다
신단이불 구화판뇨
쌍봉 그린 쌍벼개도
네 사주도 칙량 없다
동래외반 조흔 반상
경황업시 언저 노코
갑게 수리 성석함도
정신업시 노하 두고
남수하주 석자수건
생각업시 거러 두고
이것 저것 생각하니
이 내 심사 칙량없다
부용가튼 이 내 얼골
외꽃 가치 되엿구나
전동 가튼 고운 허리
거미줄이 되엿구나
앞집 동무 뒷집 동무
저런 팔짜 어떠한가
분벽사창 조흔 방에
이리 궁굴 저리 궁굴
아들딸을 가려 나코
부부 함께 즐기는고
이 내 팔짜 드러보소
이십 안에 과부 되여
추월춘풍 조흔 시절

눈물로 다 보낸다
다른 이별 실타 한들
영리별 가틀소냐
안자 곰곰 생각하니
생불여시 뿐이로다
누어 곰곰 헤아리니
임의 소래 정녕 난다
반겨 듯고 나서 보니
임은 오지 아니하고
추월삼경 기픈 밤에
짝을 일코 울고 가는
외기러기 소래로다
소상으로 향하느냐
동정으로 가려느냐
너도 심히 무정하다
소식 한 번 못전하네
어이 그리 무정하냐
주근 목숨 설다 한들
날가치 서를소냐
비나이다 비나이다
하느님께 비나이다
인제 주거 고혼 되여
만나보게 하옵소서
피눈물 반죽되니
아황여영 서름이오
우산에 지는 해는
제경공의 서름이오
빈야산 바위 틈에

저의 모친 이별하든
숙낭자의 서름이오
눈물로 하직하고
호지로 드러가든
왕소군의 서름이오
부모동생 왜정하든
이암부인 서름이라
서른 사람 만타 한들
이 내 서름 당할소냐
애고 답답 내 팔짜야
한심코도 가이 없다
월명 성희하고
오작이 난비로다
부모동생 중한 연분
천지에도 없것마는
낭군 그려 서른 마음
차마 잊지 못할레라
견우성 직녀성도
일년일도 그리다가
칠월칠석 만나보니
그 아니 조흘손가
우리 낭군 어이하야
조흔 연분 그리는고
앞남산 조흔 밭을
어느 낭군 가라 주며
동창하 비즌 술을
눌루 하야 맛을 뵈리
옥면을 잠간 드러

장원의 투향점은
나를 조차 이러난다
어화 이 일이야
청려장 손에 드러
반공에 노피 떠서
천하를 구버보니
눈앞에 구주로다
백운을 둘러 타고
오로봉 차자가서
불사약을 어더 먹고
이리저리 다니다가
홀연히 깨여보니
남가일몽 뿐이로디
명명하신 하느님은
이 내 서름 아르시고
천궁에 다려다가
상제전에 사죄하고
세상 인연 다시 매저
백년해로 시켜주오
정천명월 호호하야
이 내 서름 이르시고
월궁에 다려다가
섬대에나 의지하야
상제전 헌공하고
후생길을 다까 보세
신명하신 후토부인
이 내 인생 다려다가
십왕전 사죄하고

우리 낭군 만나보세
광대한 천지간에
날 가튼 이 또 잇는가
신께서 보낸 편지
본 듯 만 듯 손에 들고
가슴 우에 언젓더니
편지가 중치 아니하나
가슴이 답답하다
슬프고 가소롭다
춘몽일시 분명하다
이 꿈아 또 오너라
지금 편지 다시보자
아서라 훨훨 다 바리고
유실구경 하고 보자
죽장망혜 드르가니
산은 첩첩 천봉되여
만학에 버려 잇고
물은 출렁 구비되여
폭포창과 홀럿는데
행심을경 빗긴 길로
가만가만 드르가니
꽃밭에 잠든 나비
아조 펄펄 나라난다
좌우로 도라보니
온갓 짐승 다 모엿다
이 골 저 골 닷는 것은
열없는 노루로다
방정마즌 망월토끼

수풀 속에 내닷는다
또 한 편을 바라보니
온갖 새 다 울더라
백로백구 홍안들은
도화유수 너머가고
앵무공작 봉황들은
백운청산 너머가고
화중두견 유상앵은
곳곳마다 봄소래라
비금주수 각색 짐승
춘흥 겨워 교태하고
슬프다 촉국새는
이 산 가도 귀촉도요
저 산 가도 귀촉도라
귀촉도 슬피 우네
보보점점 드르가니
산수도 절승하고
녹죽 창송은
청암절벽 더퍼 잇고
종성이 들리거늘
절인가 자세 알고
사문에 다다르니
난데없는 중 하나히
백팔염주 목에 걸고
육환장 손에 들고
언연히 나오더니
합장재배 뭇는 말이
부인 오기 뜻밖이오

이 곳 어찌 오시느뇨
남승인가 자세 보니
여승일시 분명하다
그제야 반겨하야
대강 문안 한 연후에
승을 따라 드러가니
광채도 찬란하고
경개도 절승하야
별유천지 여기로다
불전에 배례하고
불당에 참례하니
제승 모다 즐겨하네
노승이 뭇는 말이
그대 전사 아르시오
염용대답 하는 말이
소첩 팔짜 박명하야
가군을 영별하고

수회에 골몰하와
전사를 모르노라
그 노승 하는 말이
전생에 부인께서
이 절 법승 되엿슬 때
부처님께 득죄하야
인간에 내치시매
청룡사 부처님이
불상히 여기시사
이리로 인도하엿스니
청춘에 죄바듬은
조금도 슬허마오
어화 내 일이야
이제야 알리로다
이것 저것 다 바리고
불문에 귀의하야
후생길이나 다까볼까 하노라

신가젼 申哥傳*

어와 사람들아
한남딕 마주라가
세상 업순 지동녀로
지질도 조컨이와
월궁의 항아런가
도다오난 반달인가
유저흔둥 민쳡하다
과부의 외쭐노셔
동고금 달사리의
쭐의 나희 십오셰니
딕딕로 쳥환거족
조션팔도 억만댱안
삼공육경 저공주졔
말잘하는 문긱들과
안팟즈로 단니며셔
닉 본딕 아녀직라
쳔금안 보기밧기오
닉문벌 일치말고
글용하고 활즐쏘고
샹통쳔문 하달지리
죠션이 좁다흔들
사회만 골나시면
닉집이 유족하니
여류셰월 무졍하여
아닉말슴 들어보소

유복무남 동녀쭐을 두고
금옥갓치 길러닉여
인물이 유명하다
요지의 왕뫼런가
유덕한둥 자팀롭고

가초가초 가라쳤다
못흘일 젼혀업다
가랑을 구하리라
하믈며 네인물의
어딕안니 막힐손가
좌우로 통혼할졔
눈치있는 방물할미
감언의사 디어닌들
의심인돌 업술손가
지공주도 나는슬타
쭐과갓흔 신션사회
말잘하고 글시명필
온갓한 션풍도츈
현마아니 어들손가
쥭어도 눈을감고
혼슈격졍 바히업다
쭐의 나희 십육셰라
딕사룰 못졍하니
익통방골 고주놈이

---

*박요순, 「가사 '신가젼'고」, 『숭전어문학』6(숭전대학교, 1977).

지물을 헙비ᄒ여
말즐ᄒᄂᆫ 믹파들이
만슈산의 구름못듯
온가지로 ᄭᅴ이면서
빅단으로 선이난양
ᄂᆡᄆᆞᆷ 흡족ᄒ니
ᄃᆡᄉᆞ를 완졍ᄒ니
신낭집의 ᄉᆔ단ᄌᆞ
즁ᄆᆡ아비 옥신각신
오간다락 치다라셔
각ᄉᆡᆨ비단 ᄂᆡ여노코
초록공단 한이불의
남대단 듕차렵의
보라 대단 야른ᄎᆞ렵
ᄌᆞ지쳔의 초록쳔의
명주누비 무명누비
왜로당초 가즌화
보기조흔 구봉침은
쌍쌍ᄒᆞᆫ 원앙침은
온갓비단 ᄌᆞ지보와
이리싸고 저리동여
금침이 가ᄌᆞ시니
비단옷시 쥴쥴이니
왜로당초 쥭쥭이니
의복이 가ᄌᆞ시니
날빗갓튼 셕우화라
수부귀 다남ᄌᆞ를
파란노은 여쟝도ᄂᆞᆫ

빗고은 ᄌᆞ셔향은
보빅로은 야광쥬며
오ᄉᆡᆨ당ᄉᆞ실노 ᄉᆡᆨᄉᆡᆨ이로
줄줄이 섯거ᄎᆞ니
향취가 진동ᄒ니
기락진들 비면홀가
쥬야로 죄민ᄒ다
이소문 즘간듯고
좌우로 통혼할제
날마다 뫼야들제
쳥산서 안기못듯
ᄉᆞ외일 부ᄌᆞᄌᆞ랑
눈의맛고 귀예든다
결단코 허락하ᄌᆞ
즐겁기 그지업다
신부집의 틱일단자
ᄂᆡ일 모릭 혼인일다
혼슈를 졍검ᄒᄂᆞ
금침부터 마련ᄒᆞ여
다홍딕단 깃슬달고
다홍유문 깃슬달고
송금단 깃슬달고
고양나니 양쳔 이불
홋이불도 가ᄌᆞ잇고
포뇨딕 빗치츨ᄂᆞᆫᄒ다
빅낭능 잇츨싯고
나이무명 잇츨싯쳐
가즌치ᄉᆡᆨ 일문보로

넌즈시 더저노코
의복이 오죽홀가
명쥬무명 측냥업다
모시세초 오죽할가
노리긴들 아니쥴가
호박밀화 황홀ᄒ고
옥으로 ᄉ겨츠고
쌍지우기 격이되고
산호세가 출난하다
보기조흔 삼쳔쥐라
가즌미돕 범의미돕
휘여지고 느러졋다
코궁이 쓸알이다
순금쳔은 밀화호박
진옥오동 진쥬등물
광치가 거륵ᄒ다
즙물인들 아니줄가
즈기함농 반다지며
삼충드리 들미장과
예도놀제 돈노코
이것주고 져것주고
충청도 오합고리
즈기박은 통녕소반
열두졉시 가즌반샹
싱옹남빗 쳥동화로
한님풍월 식일간지
경ᄃᆡ스입 가즈잇고
피쥭농의 가득ᄒ고

왜합속의 가득하고
금은 보ᄇᆡ 가득ᄒ고
이간다락 묘ᄒᆞ세간
즙물이 가즈시니
조건흔 ᄉ나희종
술못먹난 긔쇠놈과
수를 완졍ᄒ고
고왕츠지 완졍ᄒ고
아ᄒᆡ 동놈 나귀경마
영이홀제 계집죵은
바나질의 졈덕이요
다르미의 유졈이요
동ᄌᆞ한님 상단이요
견갈 일수 명월이요
츙노츙비 가즈시니
가을타작 오빅셕은
쓸 빅짐 삼빅셕인
공물문긔 삼쳔양은
쥬셕돈 일쳔양은
닉도리 다ᄒ엿다
안팟츠로 너른쓸의
구름치일 놉히치고
일등쟝인 디어ᄂᆞ니
패물이 가즈시니
왜화긔며 당화긔며
능화구 왜진이며
쓰기조흔 젼목두지
가망상 솟놋등의며

부록 281

졀나도 피죽샹ᄌ
신낭신부 슌금간져
동뇌쥬발 실굽다리
요강타구 퇴아바리
화류필동 왜벼로집
여겨쳐경 부산거울
인도가외 골모바늘
명주무명 당ᄉ실은
삼간다락 각색농의

쓸쥬ᄌ고 유의ᄒ니
남노여복 아니줄가
뜰줄쓰ᄂ 들쇠놈과
교군일수 완득이ᄂ
신실흔 복득이난

되마구 증충복이라
일줄ᄒᄂ 박덕이요
다드미 분덕이요
샐ᄂ서답 금젹이요
반빗한님 영민로다
아ᄒ종 여섯쌍이라
젼답분별 마ᄌᄒᄌ
과동양식 넉넉ᄒ고
과하양식 풍족ᄒ다
식찬갑시 넉넉ᄒ고
세간밋쳔 되오리라
우리ᄉ회 어셔보ᄌ

비게라 돌미고
눈섭휘쟝 둘너시며
원친쳑 다졍ᄒ니
즌치돈 삼쳔양
동문화문 화방셕을
고죽샹젼 난쳥의
밧마당의 빅셜ᄒ고
도리쎡 간쥭실과
고빅셔치 싀평풍
유리병 호박병의
거모흔 쏙지잔의
유모슈모 열두한님
긔구도 거룩ᄒ다
즉하 밧비불너
모단 식공단
쥬흥가즌말의
엉메룰 열두놈은
갑ᄉ초롱 쌍쌍되다
신부방 둘러보니
구리드리 션ᄌ층의
완ᄌ당지 교장문은
샹농그린 빗겹고비
겹겹이도 쌀고
산호필통 왜벼로
비단이불 열두벌은
오날은 납쳐밧고
삼경이 못되여셔
화광이 츙쳔ᄒ고

팔자조흔 순덕아비
구인범고 유덕한종
복스러온 예단한미
왜칠ᄒ여 농솜씨
황금갓탄 거복쇠의
판셔ᄃᆡ 어마님
여러번 사양말고
쳥당지 다홍ᄃᆡ단
쳥홍ᄉ로 넌즛ᄆᆡ여
물빗도 싱신ᄒ고
남인덜 업슬손가
부족념녀 젼여업다
빈틈업시 페쳐깔고
물고은 모라병풍
독좌샹옥 동ᄌᆞ와
탕젹을 갓초노코
보기조케 둘러치고
감열주 너어노코
쳥홍ᄉ 느려노코
녹긔홍샹 나주한님
거리못빗 칠다교리
덩과구를 의논ᄒᆞ식
바람왜
금젼지가 격이로다
거문복 식신건이요
ᄒ시 빅로다
싞조롭고 긔이ᄒ다
네귀의 풍경달고

빅션지로 발나노코
홍담 빅담 화문셕은
계ᄉ다리 옷거리의
지오동 화로 빅통ᄃᆡ의
반ᄌᆞ까지 다핫도다
ᄂᆡ일은 초례ᄒ다
밧겻치 요란허니
ᄉ초롱이 샹샹일다
함진모양 언건하다
쟝옷입혀 셰워노코
함을바다 놉히드니
슌금장식 찰ᄂᆞᄒ고
열쇠쪼도 찰난ᄒ다
아들만코 희로ᄒ니
어서밧비 여러보오
홍당지 남공단을
비단보 금젼지의
보던중 쳐엄이라
우리딸이 유복ᄒ니
이밤 어셔 가면
오날은 어이하여
내마암 질겁기가
이리저리 조민터니
날이 하마 느져시니
곰뷔곰뷔 셰번만의
일신의 입은의복
집치갓튼 빅달마의
당이 안니 늇조서리

사이 사이 수초들의
제모티 방초갓튼
팔즈거름 긔괴ᄒ다
위의도 거록ᄒ다
신부집의 다다르니
젼난쳥의 젼늠ᄒ고
한님틱 ᄒ는말이
골나어든 닉수회가
쥬셔국을 먹엇는가
쟝승부터 본가
나무신 뒤축인가
길아릭 돌부쳬가
쇠꼿치로 쑤시는가
손벽치고 다보니
주먹얼 놉히들어
이닉몸 몬져쥭어
일신을 부듸치며
일가친쳑
늘그니는 눈물코물
신부보고 신낭보니
홍졍이라 물너누며
구경군은 빗치업고
경업슨 혼닌니요
고주신낭 푸딕겹의
아츔도 화증난다
앗갑다 닉쏠이
어이아니 그러ᄒ리
닉수회 보련마는

밤조초 지로ᄒ고
비할디 젼여업다
동녁히 발가온다
쳥좌 거리 보닉여라
신낭위의 ᄇ라보니
호사도 능난ᄒ다
슌금안쟝 지어타고
시빈서고
안부거동 ᄇᄅ보니
기려기 엽희씌고
심이의 쌔친시빈

안팟그로 구경일나
초례쳥의 들어가니
어닉거시 신낭이니
저딕도록 괴악ᄒ고
누루기는 무슴일고
어닉저리 크며
턱아리도 반반ᄒ다
억게는 웃실ᄒ다
소리조츠 식되고나
한심ᄒ고 통분ᄒ다
가슴을 두다리며
겨런쏠 보지말자
믹를 안고 잣바지니
다라들러 말이면서
저무니난 우슴빗치
신부팔즈 불샹ᄒ다

업친물을 담을손가
안팟빈긱 헤어지니
빗업순 준치로다
조반이 무어시니
다시곰 쓸을보니
아불샹타 닉쏠이
이가슴이 뮈여지고
신부거동 잠간보니
표연이 도라안주
흐르나니 눈물이오
압못보난 소경인체
누구를 흔탄ᄒ리
그러구러 밤이되니
유모 슈모 주리층들
비단이불 펴던지고
문틈으로 여어보니
글주 숫커시라
홍총불 도도노코
옥갓흔 신부손목
식은숨 가소롭다
압뒤 빈혀 비죽절과
고이벗겨 압희노코
초록공단 겻막이며
빅방 수쥬 너른바지
속속드리 껴입은것
못삼긴것 잘삼긴체
산영기 되엿던지
시앗시 되엿던지

달바출 가라던가
저혼주 이룰쓴들
고부러진 방아로다
비지짬 베흘이다
신부가 나오거늘
한슘지고 ᄒ난말이
이갓치 고은거동
젼싱의 무슴죈고
한님딕이 이날부터
아모것도 경이업셔
소경드려 경도일고
빅약이 무효ᄒ고
임종시의 ᄒ난말이
제집으로 보닉여라
간장이 녹난고나
칠보로 꾸민속의
얼굴이 초초하여
말못ᄒ난 벙어린체
닉손으로 쌤을치고

양반도리 아니홀가
신부를 껴부드러
밧그로 밧비나와
고주신랑 거동보소
좀좀 나아안주
소스랑갓흔 손으로
넌즈시 쥐여 보고

진주투심 족두리를
다홍디단 핫치마와
보라디단 속저구리
빅스쥬 고장바지
츠례로 벗겨노코
무정흔것 유정흔체
휘두로 바라본다
일신을 쇠집는다
헐덕임도 헐덕인다
즁쇠업손 민돌이요
밤새도록 이만쓰고
첫돌기 홰홰우니
샹하노쥬 마즈다가
하날님도 무심ᄒ다
브리고 브려드라

병이깁허 위중ᄒ니
왼지아니 황황ᄒ다
의원드려 약도ᄒ다
병이 점점 시급ᄒ다
고자신랑 밧비좃ᄎ
념치업난 놈이로다
젼싱의 원수런가
고즁힝세 긴이ᄒ지
내쳔의 지원극통
이들을소 니팔즈야
ᄉ회본제 삼일만의
신부팔즈 더욱설어

예월을 기드려셔
셰월이 훌훌ᄒ여
ᄌ수ᄒ여 죽ᄌᄒ니
다졍흔 시비들이
죽을도리 젼혀업다
셰상이 괴로오니
우리 어문이
셰상 인싱
즌인한 니팔즈는
부친얼굴 못뵈옵고
십뉵세 넌즛되여
우리즈여 싱손후의
니나히 십구세라
죽ᄒᄌ니 홀수업니
가장즙물 다파라셔
이말을 긋치면서
셕목이라도 감동ᄒ너라
져물기를 기드려셔
업더지며 곱더지며
녀승이 마즈드려
무슴일노 와계신고
눈물이 압흘막고
젼후일도 셜운ᄉ셜
모든중이 말을듯고
일쟝을 힐ᄂᆫ후
후환이 업스오니
아기씨 고은얼굴
ᄌ져가 되난이다

날갓흔 셜운인싱
후환인들 잇슬손가
졔몸이 츠거든

어니ᄒ여 끼쳐는고
쥬야로 원흔다가
세상을 ᄇ려시니
지극히 익통ᄒ고
션산의 안장ᄒ고
삼연을 마츤후의
길너닌 유모ᄒ고
밤낫즈로 지희ᄒ니
이목숨 진긔젼은
츨ᄒ리 승이되시
닉말슴 드러보소
삼종지의 잇건마난
칠속의 유복녀로
계유계유 길러닉여
이ᄂ몸 맛츠시니
삼연을 맛츠오니
사라셔 쓸듸업고
오날은 결단ᄒ여
졀의가 승이되시
익곡통곡 소릭

유모ᄒ고 흔가지로
앙강골 츠즈가니
빈졔ᄒ고 뭇는말이

즈시즈시 일오소셔
목이메여 하난말이
낫낫치 이라니
눈물이 쏘다진다
노승이 하난말이
삭발ᄒ고 중의모양
불샹ᄒ고 익싁ᄒ다
션ᄉ님 그말말소
그 무엇이 앗가오며
밧비밧비 싹그소셔
노승님계 비난이다
몽슈 셰슈 흔후의
반달갓치 드난칼노
머리를 만져보고
모단 갓한 이닉머리가
동셔남북 ᄉ빅ᄒ고
흔숨으로 벗을삼아
션싱의계 공슈하고
쳔흔나이 구십이라
무인이월 쵸ᄉ일의
치농의 입관ᄒ여
슬프고 슬프도다
셰상 즈최 아조업시
모드신 부인닉
뉴슌ᄒ기 본심이니
빅연 경조ᄒ오소셔
팔둑을 부루것고
빈틈업시 까가시니

눈물이 만연ᄒ여
돌슈박이 되단말가
눈물노 세월삼고
승둥이 웅둥이라
주나씨나 아미타불
일조이 병이드러

이니몸 슘신혀지니
더운불의 츤지 되니

인싱이갓ᄒ니
사치를 슝샹말고
열ᄉ의 품을가져

소경에게 시집간 여자 (道康瞽家婦詞)*　　　　　　정약용

드는 길에 도꼬마리 캐고　　　　　　　入門采綠葹
나는 길에 강리 풀 본다.　　　　　　　出門見江蘺
곱고 고운 작약꽃이　　　　　　　　　娟娟芍藥花
진흙탕에 떨어졌구나.　　　　　　　　零落在塗泥

어떤 여자 얼굴이 꽃 같은데　　　　　有女顔如花(玉)
어디로 가는지 갈림길에서 울고 있네.　伊誰泣路歧
머리엔 송낙을 쓰고　　　　　　　　　頭上黃蒻笠
허리엔 가사를 두르고　　　　　　　　腰帶木綿絲
목에는 백팔염주를 걸었으니　　　　　脰間百八珠
율무로 만든 마니(摩尼)로다.　　　　　薏苡當摩尼
붉은 입술 어렴풋 드러나　　　　　　　微微露朱唇
파르란 눈썹 은은히 감추고　　　　　　隱隱藏翠眉
살쩍은 깎이어 매끈하니　　　　　　　蟬鬢削已平
다시는 연지기름 쓸 곳이 없구나.　　　不復施膏脂
울먹이며 말을 하지 못하고　　　　　　吞聲不能語
뚝뚝 두 눈에 눈물이 방울진다.　　　　琅琅雙淚垂
종놈 둘이 뒤를 따라오며　　　　　　　二厮隨其後
매를 들고 으르렁　　　　　　　　　　咆哮執長笞
재촉하여 관가로 끌고 가는데　　　　　催行赴縣門
걸음걸음 슬픔이요 한숨이더라.　　　　一步一悲嘻

"어느 마을 여자인가?　　　　　　　　問汝何村女
아버지는 누구시며　　　　　　　　　女爺云是誰
나이 지금 몇인고?　　　　　　　　　年復幾何歲

---

*『창작과 비평』 16:4(1988).

무슨 일에 잡혀가게 되었는가?"　　　　　　　　　云何速訟爲

그 여자 고개를 숙인 채 대답을 못하는데　　　　女俛不能答
옆에 가던 어미가 대신 말하더라.　　　　　　　阿母替致詞

"저 아이 본래 강진 사람이온데　　　　　　　　本是道康人
어려서부터 읍내서 살았지요.　　　　　　　　　生少在城中
지금 나이 열여덟살인데　　　　　　　　　　　　兒年一十八
정말 팔자도 기구합니다.　　　　　　　　　　　八字良奇窮
시집이라고 간 것이 판수네라　　　　　　　　　嫁作瞽家人
소경은 성질까지 고약하여　　　　　　　　　　　瞽者復頑凶
우리 아이가 삭발하고 중이 된 것은　　　　　　兒哀削其髮
곧 그 굴레를 벗어나기 위함이지요.　　　　　　乃爲瞽所縱
소경은 관가와 결탁하여 고발하니　　　　　　　締構申縣官
붙잡으러 나오길 바람보다 빠릅디다."　　　　　官捕疾於風

"저 여자 옥 같은 자태　　　　　　　　　　　　問汝顏如玉
한창 피어난 꽃이거늘　　　　　　　　　　　　　韶華正丰茸
성중의 사천 호 넘는 가운데　　　　　　　　　　城中四千戶
준수한 신랑감 어찌 없을까보냐　　　　　　　　俊逸多佳郞
푸른 규삼 떨쳐 입고 백마 탄 젊은이들　　　　　白馬靑袷衫
좋은 활에 자주빛 고삐를 잡고　　　　　　　　　雕弓紫綵韁
두 눈이 초롱초롱 샛별 같아서　　　　　　　　　兩眼明長庚
낱낱이 또렷또렷 빛나더라.　　　　　　　　　　箇箇如東方
어찌 이런 무리를 버려두고　　　　　　　　　　云胡舍此曹
하필 눈먼 이에게 시집갔더란 말인고?　　　　　而苦嫁與瞽
소경은 아니 몇이며　　　　　　　　　　　　　　瞽者年幾何
혹시 먼저 장가든 일 없었더랬소?"　　　　　　倘有他可取

소경은 이미 나이가 높아　　　　　　　　　　瞽替年已高
칠칠이 사십구 마흔아홉이라오.　　　　　　　七七四十九
전에 벌써 두 번 초례를 치러　　　　　　　　前已再成醮
내 아이는 이제 세 번째 여자라.　　　　　　　兒乃第三婦
초취에서 두 딸을 낳고　　　　　　　　　　　前婦産二女
재취에서 아들 하나를 얻어　　　　　　　　　後婦擧一男
사내자식도 이미 다 큰 아이요　　　　　　　　男年已成童
작은 딸이 지금 스물 셋이랍디다.　　　　　　少女今卄三
차라리 구렁에 빠져 죽을지언정　　　　　　　寧當棄溝壑
누가 이런 소경에게 시집 보낼 리 있으리까.　　豈令瞽委禽
저 아인 부모를 잘못 만난 탓이니　　　　　　兒不遇父母
우리 영감이 본래 주정뱅이거든요.　　　　　　翁性唯(猶)嗜酖
아름다운 꿩이 개 입에 들어간 격이라　　　　文雉受狗口(噬)
한탄한들 이제 무슨 소용 있으리요.　　　　　恨恨那能堪
중매쟁인 돈을 많이 먹고서　　　　　　　　　媒人喫錢多
말을 공교히 꾸며 하는데,　　　　　　　　　巧詐飾言談

"판수님은 부자요 어진지라　　　　　　　　　言瞽富且仁
혜택이 마을에 미치고　　　　　　　　　　　惠澤被閭閻
문전에 십 경頃의 좋은 논　　　　　　　　　門前十頃田
기름져서 한 이랑에 돈이 한 냥이요　　　　　沃沃畝一金
곡간에 팔백 꿰미 돈　　　　　　　　　　　庫中八百緡
뒤주 속에 자물쇠로 봉해두었으니　　　　　　鐵鎖嚴封緘
그 논은 영감께 축수로 바칠 게고　　　　　　田當爲翁壽
그 돈은 영감께 쓰라고 드리리다.　　　　　　錢當使翁酣
영감은 집 없다 근심 마오　　　　　　　　　翁無患無家
복벽複壁에 처마 연댄 기와집이 당신 거요.　　複壁連重檐
영감은 옷 없다 근심 마오　　　　　　　　　翁無患無衣

보름새 고운 베에 명주 비단 쌓일 테고　　　　　細布堆綃縑
영감은 탈 말 없다 근심 마오　　　　　　　　　翁無患無騎
호마에다 딸리는 말을 둘 테고　　　　　　　　　北馬步驍驒
영감은 늙어 병들 걱정 마오　　　　　　　　　　翁老勿憂病
판수 집엔 인삼이 썩어나지요　　　　　　　　　　瞽家多人蓡
온갖 물화 냇물처럼 밀려오리다."　　　　　　　　物物如川至

중매쟁이 말마다 꿀인 양 달콤하니　　　　　　　言言如蜜甘
영감 귀는 어찌도 그리 여리고　　　　　　　　　翁耳一何軟
영감 마음은 어찌도 그리 어리석은지　　　　　　翁性(腸)一何憨
그래 그래 좋다고 승낙하고　　　　　　　　　　　爾爾許媒人
싱글벙글 집으로 돌아와서는　　　　　　　　　　施施還家門
기쁜 빛이 눈썹 사이에 넘쳐　　　　　　　　　　喜氣溢眉宇
뒤죽박죽 늘어놓고 지껄여대길,　　　　　　　　散漫多雜言

"인생은 다 한때가 있거니　　　　　　　　　　　人生有一時
딸아이 마침 당혼이 되었구랴.　　　　　　　　　阿女今當婚
읍내 서문에 좋은 낭재가 있으니,　　　　　　　　城西有佳郎
인물이 준수한데다 문장도 잘하고　　　　　　　　俊逸頗能文
나이는 이제 서른을 넘겨　　　　　　　　　　　　年甫踰三十
수염이 한창 보기 좋은 터수에　　　　　　　　　鬚鬢鬖始新
가산도 넉넉하여 일생 먹고 살기 걱정없고　　　家貲足一生
값진 보화 또한 그득그득하다네　　　　　　　　　臟蓄多奇珍
이 사람 홀아비로 배필이 아직 없고　　　　　　　新鰥未有偶
여지껏 자식도 두지 못했다는군.　　　　　　　　復無兒女存

다만 좀 안 된 건 한짝 눈이 짜긋하나　　　　　所嗟眇一目
얼굴은 한창 젊은 사람이라네.　　　　　　　　　顔色乃嬋媛

나는 이제 몸도 늙고 여생이 막막하여	吾老無長計
우리 식구들 기한을 걱정해야 할 판인데	十口憂飢寒
다행으로 이런 사위나 얻게 되면	幸復得此婿
종신 간고를 모르고 살겠지.	畢世無艱難
우리 영감 할멈 편히 봉양을 받으면	翁媼坐受養
마치 태산에 기댄 듯 좀 든든하겠나.	依倚若泰山
얼른 옷감을 꺼내서 마름질하소	便可裁衣裳
다시 여러 말 할 것 없네."	不須有紛紜
어언 듯 납채하는 날이 되어 그날 밤	納采在今夕
안팎을 쓸고 닦고 함진애비 맞았다오	洒掃迎使人
각종 채단이 네댓 필이요	雜綵四五疋
예폐로 담은 돈이 서른 냥이더라.	禮幣三十緡
아침나절엔 송화빛 노란 저고릴 짓고	朝成松花襦
저녁나절엔 꼭두서니 빨간 치마를 지었다네.	暮成茜紅裙
동면 장터서 삿자리 사고	東市買枕簟
서면 장터서 은비녀 사고	西市買釵釧
감색 요에 부용을 수놓고	紺褥芙蓉繡
취월색 이불에 원앙 무늬로다.	翠被鴛鴦紋
패옥은 석 점 다섯 줄인데	雜佩三五行
나비 문양에 고기비늘처럼 연이었네.	蝶翅連魚鱗
대사 치는 날이 어느새 다가와서	良(吉)辰亦已屆
목욕 새로 하고 신부단장 곱게 하였구나.	洗浴治新粧
날씨도 마침 맑게 개어	其日天氣晴
차일 사이로 바람이 살랑거리는데	帳幕風微颺
온 동네 사람 모두들 구경와서	四鄰皆來觀

새 신랑 언제 오나 고개 들어 바라본다.　　　　　　遙遙眄新郞

백마에 푸른 장니를 붙이고　　　　　　　　　　　白馬靑障泥
두 줄 고삐 늘이어 일곱 발이 넘네.　　　　　　　　交彎七丈長
기럭아범 말총모자 썼는데　　　　　　　　　　　鴈夫紫騣帽
갓끈에 호박빛 무르녹고　　　　　　　　　　　　雕纓琥珀光
홍사 초롱에 푸른 불빛　　　　　　　　　　　　紅紗碧燭籠
쌍쌍이 줄을 지어 나아오네　　　　　　　　　　　兩兩自成行
말 한 필에 족두리 쓰고 따르는 이　　　　　　　　冪羅從一騎
이름하여 구내랑이라　　　　　　　　　　　　　云是舊嬭娘
신랑 행차 동구로 들어오는데　　　　　　　　　　行行至里閭
구경꾼들 갑자기 놀라 술렁이네.　　　　　　　　觀者猝駭惶

신랑이라 생긴 모습 얼굴빛은 숯덩이요　　　　　　顔皃黑如炭
험상궂기 어디다 견줄손가?　　　　　　　　　　險惡不可當
턱주가리 입살에는 등나무 줄기 얼기설기　　　　　藤葛交頤脣
콧자리는 웬일인지 움푹이 파였구나.　　　　　　　窪窅滿鼻傍(方)
멀찍이서 봐도 분명코 눈이 먼 사람이라　　　　　遙(還)看是瞽人
흰창이 두 눈동자를 덮었구나.　　　　　　　　　白膜蒙兩眶
나이도 오륙십은 됨직하여　　　　　　　　　　　年可五六十
하얀 수염 서릿발이 날리듯　　　　　　　　　　皓鬚如飛霜
동리 사람들 눈이 휘둥그레 서로 둘러보는데　　　里人瞠相顧
가까운 손들은 낙심해서 도로 마루에 오르고　　　親賓還上堂
여러 이모 차마 못 봐 달아나 숨더라.　　　　　　諸姨走且匿
어머니 눈물을 펑펑 쏟으며,　　　　　　　　　阿母涕滂滂

"아이구 아이구 내 새끼!　　　　　　　　　　　嗟嗟我兒子
무슨 죄로 이런다냐, 무슨 재앙으로 이런다냐?"　　何罪復何殃

영감이 와서 이치를 들어 타이른다.　　　　　　　翁來說義理

"이미 그르친 일 성급히 굴지 마오.　　　　　　已誤勿卹勵
어쨌거나 초례라도 치러서　　　　　　　　　　但得挋醮牢
모양이 꼴사납게 하지 말아야지.　　　　　　　無俾禮貌傷
나도 역시 남의 속임을 당했으니　　　　　　　我自受人欺
임자는 나를 보고 원망할 것 없네.　　　　　　卿無我怨望
아무개는 젊은 사내에게 시집갔어도　　　　　阿某嫁少年
서방이 덜컥 죽어 청상과부 되었다네.　　　　還聞作靑孀
사람의 기수란 하늘이 정해 준 걸　　　　　　命數有天定
화복의 엇갈림 그 누가 알 수 있나."　　　　　倚伏誰能詳

뉘엿뉘엿 서산에 해는 져서　　　　　　　　　露露日將暮
등불 촛불 속절없이 밝고 밝아　　　　　　　燈燭走煌煌
눈물을 닦고 신부를 부축해서　　　　　　　　拭淚挈新婦
안 떨어지는 걸음 옮겨 화촉동방에 들여보냈구나.　細步入洞房
신방에서 소곤소곤하는 소린 들리질 않고　　不聞耳語聲
한바탕 요동치는 소리뿐일러라.　　　　　　　但聞鬨一場
새벽닭 울자 신부 나오는데　　　　　　　　　鷄鳴新婦出
눈물이 제 어미 치마를 흠뻑 적시었다오.　　洒涕沾我裳
다시는 눈물바람 하지 마라 하고 타이르길,　戒之勿復然

"네 명이 기박한 걸 어찌하랴.　　　　　　　無那汝命薄
어쨌거나 네 낭군 정성껏 모시고　　　　　　勤心奉箕箒
함부로 망령된 짓해선 안 되느니라."　　　　勿復有妄作

딸아이를 시집이라고 보내긴 하였으되　　　送兒之夫家
속마음은 두고두고 쓰라렸다오.　　　　　　心懷久悽惄

부록　295

그리고 두석 달이 채 못 되어	未至二三月
아이가 서문거리서 걸어오는데	兒還自西郭
옷이 몸에 헐렁한 꼬락서니	衣帶忽已緩
그 곱던 살결 다 여위어 수척해 보이었소.	肌(肥)膚盡瘦削

"네게 무슨 그리 서러운 일 있었길래	問汝何所悲
너를 모질게도 녹고 삭게 하였다냐?	而自受銷鑠
아그배도 씹다보면 단맛이 돌거니	苦梨嚼亦恬
어찌 살다보면 즐거운 일도 없겠느냐!"	豈全少歡樂

딸아이 눈물 머금고 대답하되,	阿兒含淚答
"저는 참으로 명도가 사납나봐요.	兒誠命道惡
그 사람은 눈을 들어 보기만 해도 혼이 벌써 내닫는데	擧眼魂已飛
어떻게 의탁할 생각이 들겠나요.	何以念依託
아무리 마음을 돌리자 해도	縱欲回心意
탄환에 한번 놀랜 참새 같은걸요.	常如怵彈雀
제 본디 점치는 건 죽어라 싫어하잖나요.	生憎問卜人
때때로 무슨 일만 났다 하면	時來怪事發
급급히 산통을 흔들어대며	急急搖籤筒
외우는 소리 귀에 시끌시끌	誦呪聲聒聒

곽박이요 이순풍씨	郭璞李淳風
소강절선생 원천강씨	邵子袁天綱

소리소리 구역질이 날 판인데	聲聲逆人意(耳)
어찌 속인들 상하지 않으리요.	那得心不傷

병신인신은 일곱이요	丙辛寅申七

무계진술은 다섯이라.   戊癸辰戌五

외워대는 이 소리 참고 듣자면   此聲益怪異
송곳으로 창자를 마구 찌르는 듯합니다.   錐鑽交腸肚

그는 또 성질이 재물에 어찌나 인색한지   性復吝惜財
곡식 한 홉 가지고도 화를 버럭 내고   升龠生嫌怒
게다가 두 딸의 고자질 솜씨 얼마나 공교한지   二女工讒慝
고약한 품이 늑대 같고 호랑이 같아   猾險若豺虎
밤낮으로 백줴 없는 말 지어내어   日夜造浮言
살살 꼬아바쳐 눈먼 아비 충동이는데   謠諑激狂聾

내가 장롱에 고운 베 훔쳐내다   言兒竊細布(帛)
몰래 몰래 제 아비에게 갖다준다   密密遺阿父
내가 뒤주의 양식을 퍼내다가   言兒竊米粻
몰래 몰래 제 언니에게 갖다준다   密密付阿姊
내가 돈궤의 엽전을 훔쳐내다   言兒竊錢刀
삼시 세 때 떡이야 엿이야 사설랑   三時買餠餌
꾸역꾸역 혼자서 먹어치우고   頓頓(頻頻)獨自呑
동생에겐 꼴도 보이지 않는다 이러지요.   不以遺兒子

어린 아들놈 역시 거짓말이 난당이라   兒哥亦回邪
이리저리 헐뜯기를 시작하는데   綢繆起訾毁

내가 제 머리 빗겨줄 적에   謂言櫛髮時
빗으로 찔러서 뒤통수에 상처를 냈다네   觸刺傷其腦
맛있는 열구자탕은 새에미 혼자 먹고   鯖鱠母自啖
아버지 상엔 문드러지고 상한 것만 놓는다오.   爺食惟敗薨

이 아이 하는 말이 날로 날로 심해지니	兒言日以深
소경의 노여움도 날로 날로 더한다오.	瞽怒日以盛
처음에는 그래도 야단만 치고 말더니	始猶譙訶止
점차 말이 창날처럼 느껴져요.	漸覺言鋒勁
전에는 방망이를 던지는 정도더니	前呪擲砧杵
요즘은 가래자루로 두들겨 패요.	近復撞鍫枋
저는 이제 마음을 정했으니	兒今計已定
다시는 여자의 도리를 돌보지 않으렵니다.	無復顧女行
진작부터 깊은 물에 몸을 던지자 했으나	久欲投淸池
성질이 모질지 못해 어려워요.	寸腸苦未硬
들으니 보림사 북쪽 골짝에	傳聞寶林北
조용한 승방이 있답니다.	窈窕有僧房
저는 그리 가기로 작정을 했으니	兒今計已決
제 발길을 막으려 마옵소서."	勿復生阻搪
어미는 목메어 울며 말하길,	阿母失聲哭
"어찌 그런 생각을 낸단 말이냐.	作計何不良
구름처럼 피어오른 너의 검은 머릿결	油油此髮髮
어찌 차마 싹뚝 잘라버리겠으며	何忍着剃刀
어여쁜 너의 불그레한 얼굴로	娥娥我此紅顔
어찌 차마 검은 장삼 입겠느냐.	何忍如緇袍
지금 바야흐로 꽃같은 시절인데	歲月方如花
중이 되어 절로 간다니 당키나 한 말이냐?	胡爲空門逃
너의 집이 본디 한미한지라	汝家本寒微
지체 높다는 말 아직 듣지 못하였구나.	未聞門閥高

298 비구니와 한국 문학

다른 사람 골라서 시집을 가면야	便可適他人
저 원수를 다시 만날 리 있겠느냐.	此讎寧再遭
인생은 전광석화처럼 빠르고	人生如石火
시비는 저 뜬구름 같으니라."	是非如浮雲

딸아이 이 말에 얼른 귀를 막으며,	阿兒急塞耳
"저는 지금 듣고 있지 못하겠어요.	謂言不忍聞
어머니 그런 말씀을 다 하시다니	天只不諒人
이로부터 떠나가오니 어머니 언제 다시 뵈올지"	恩情從此分

아이는 옷깃을 여미고 하릴없이 일어나	蹌蹌躡衣去
터덜터덜 소경의 집으로 돌아갔지요.	蠢蠢還瞽門
아이가 다녀간 지 며칠이 지나	阿兒去數日
소경이 급히 와서 수선스레 말하기를	瞽來話紛紛

"아침에 일어나보니 금침이 비었는데	朝起見空衾
신부는 어디 갔는지 찾아도 잡히지 않소.	新婦尋不得
친정어머니와 의논이 있었을 터요	諒與母有謀
도망친 것도 아니요 숨은 것도 아니라	非走又非匿
연약한 다리로 멀리는 못 갔을 테고	弱脚不遠步
새처럼 날개가 달려 날기를 할까	焉能有羽翼
분명 딴 사람에게 간 것이라.	分明適他人
내 점괘는 원래 틀림이 없지.	我筮原不忒
내 지금 관가에 가서 아뢸 테니	吾今去申官
제 어찌 마음대로 할까보냐."	豈得任胸臆

"허허 그 무슨 어처구니 없는 말이요?	嘻嘻此何言
내 꿈에도 생각지 못한 일을	夢寐所未測

자네가 오죽이나 인정없이 굴었길래 　　　爾自薄恩情
우리 아이 밤낮으로 모진 구박 못 견뎌 　　日夜有驅逼
노상 하소연하길 죽고나 싶다더니 　　　　渠常懷自戕
정녕 연못에 가 빠진 것이지 　　　　　　果然必赴池
임자가 우리 아일 죽게 한 것이니 　　　　君旣令兒死
내 지금 관가에 먼저 고하리라.” 　　　　吾今先告之

소경 역시 아무 말 하지 못하고 　　　　　瞽亦不能答
다만 이르기를 일이 매우 이상하다 하더라. 　但道事可疑
소경이 다녀가고 겨우 며칠이 지나 　　　　瞽去僅數日
낯모르는 여승이 찾아와서 말하는데 　　　有一女僧來

“하루는 한 젊은 새댁이 　　　　　　　　云有　少婦
우리 암자에 홀로 찾아왔더라오. 　　　　獨行到僧房
방장스님께 꿇어앉아 인사를 드리고 나서　長跪禮房長
눈물을 뿌리며 딱한 사정 호소하되 　　　揮涕敷肝腸
‘저는 본래 가난한 집 딸로 태어나 　　　　我本貧家女
일찍 시집을 갔다가 불행히도 　　　　　　不幸早迎郞
금방 신랑이 죽고 시어머님도 돌아가시고 　郞死姑亦殞
친정 부모님마저 계시지 않으니 　　　　　又無爺與孃
일신을 의지할 곳이 천지간에 없습니다. 　一身靡所賴
저는 부처님께나 귀의하려 하옵니다.’ 　　惟有託空門

제 손으로 칼집의 칼을 뽑아서 　　　　　自拔鞘中刀
싹뚝싹뚝 잘라서 까까머리 만드니 　　　剪剪已成髡
갑작스런 일이라 말리지도 못하고 　　　倉卒莫能救
마침내 더불어 사형사제師兄師弟 되었지요　遂與爲弟昆
법명은 묘정妙靜이라 부르고 　　　　　　法名是妙靜

연비燃臂를 하고 수계도 하였지요.	燃臂受戒言
벌써 반야심경을 외웠고	已習般若經
공양할 때마다 염불을 한답니다.	每飯念世尊
이제야 비로소 사실을 고백하고	今始吐情實
강진 읍내 동촌에 자기 집이 있다면서	說住城東村
나더러 어머님께 소식을 전해달라 하고	遣我報阿母
겸하여 이 치마 저고리를 싸줍디다."	兼付此衣裙
붉은 치마 초록 저고리에	紅裙與綠襦
얼룩얼룩 온통 눈물자국이 분명하며	龍鍾皆淚痕
전에 그 패옥 석 점 다섯 줄이	雜佩三五行
신혼 때와 다름없이 선명한데	鮮妍若新婚
하나하나 어머님 앞에 벌여놓으니	種種陳母前
반혼한 듯 마음이 허전하고 미어졌다오.	慚慚如返魂
그 어미 일어나 가슴을 두들기며	阿母起搥胸
옷가지를 끌어안고 소경의 집으로 달려가서	抱衣之瞽家
"우리 아인 지금 중이 되었단다	阿兒今作僧
판수네 판수네 이 일을 어찌하려나	瞽瞽將奈何
우리 아인 아무 허물이 없건만	兒實無罪愆
모질게도 구박하고 매질해서 이리 되었지.	逼迫兼箠撾
싹뚝 잘려진 이 한 줌의 머리칼	髢髢一掬鬢
바로 우리 아이의 구름결 같던 머리라네.	是兒如雲髮
판수네 판수네 이 일을 어찌하려나	瞽瞽將奈何
차라리 나를 당장 죽여나 주오."	何不直我殺
소경은 일어나 관가로 달려가서	瞽起走縣門
제멋대로 꾸며 만든 소장을 올리니	訴牒恣搆捏

원님의 판결하는 말 우뢰처럼 엄하여	判詞嚴如雷
건장한 사령을 풀어 보냈더라.	織織(臂)發健卒
캄캄한 밤중에 암자로 들이닥쳐	黑夜打山門
장삼 입은 몸을 끌어내서	麻衣被曳抨
앞에 몰아 동헌 앞에 당도하니	前驅到縣閤
원님의 노여움은 어찌나 대단턴고.	官怒猶扐扐
"여자의 행실 왜 그리 편협하고 비뚤어졌는고?	女行何褊斜
남편을 헌 버선짝처럼 팽개치다니	棄夫如弊襪
지금부턴 다시 머리를 기르고,	自今長髮毛
부부간에 금슬이 좋게 지내어라."	復與調琴瑟
그 호령이 사자의 고함처럼 울리는데	號令獅子吼
한마딘들 제 뜻을 아뢸 수 있었겠소.	一言那得發
시집이라고 다시 돌아가 방안에 들어서니	還家復入房
소경의 기세 자못 펄펄하더라.	瞽氣煩舌發
한밤중에 또 몰래 빠져나와	中宵又逃身
도망질을 쳐서 험준한 산마루 넘고 넘어	趙程凌嶙峴
다다른 곳이 개천사라는 절이라	行至開天寺
이 절에서 십여 일 묵었을 때	留滯十餘日
소경 집에서 수소문하여 거기까지 찾아왔더라오.	瞽家尋到此
우리 아이 단지 속에 자라처럼 꼼짝없이 붙잡혀	捕兒如甕鱉
시방 다시 끌려서 관가로 가는 길이라	被驅又入縣
저 아이 죽일지 살릴지 모를 일이라오.	不知殺與活
사람들 담을 쌓고 둘러서 듣다가	聽者如堵牆
너나없이 혀를 차고 두런두런	啁啁復咄咄

애처롭구나, 저 아리따운 여자	哀哉彼姝子
어쩌다가 늙은 소경의 짝이 되었는가.	夫豈瞽之匹
아비와 자식 간에 서로 속이다니	骨肉忍相詐
돈이다 곡식이다 이게 다 무어길래	錢糧是何物
이욕이 사람의 슬기를 어둡게 하여	利欲令智昏
은정 사랑 모두 끊을 수 있단말가.	恩愛乃能割
딱하다 너희 집 아버지	嗟嗟汝家翁
그 죄는 날마다 매를 맞아도 싸겠지.	厥罪合日撻
혹시나 상한 고기는 먹을지언정	腐魚尙可啗
늙은 소경 남편으로 누가 좋아하리	瞽夫誰能眤
차라리 청산에 들어가	豈若靑山中
부처님 모시고 살고 싶지 않으랴.	閒自守甁鉢
여자의 마음씀은 외곬이니	女子皆褊心
한번 세운 뜻 누가 능히 빼앗으랴	立志誰能奪
줄곧 시달림을 받고 보면	一向被困瞀
제 스스로 목숨을 끊게 되지 않을까	安知不自滅

애처롭구나, 저 아리따운 여자	哀哉彼姝子
너나없이 두런두런 혀를 차고.	喞喞復咄咄

담바고전 淡婆姑傳[1]

임사덕

담바고는 남만의 비구니인데, 세상 사람들은 그의 본향을 알지 못하였다. 혹자는 "진시황제 때에 방사인 서불이 바다에 들어가 불사약을 구하였는데, 담바고가 동녀의 몸으로 홀로 영약을 얻어서 비밀스럽게 감추어 서불에게 주지 않고 남만으로 도망쳐 들어가서 복용을 하고 마침내 신령한 방술을 얻었다. 그리고는 환술을 부려 몸을 감추고 초목 사이에 숨어 살았다"라고 하였다.

남만의 풍속은 불교를 신봉하였다. 담바고는 스스로 약을 감추고 궂은일을 업으로 삼아 마침내 몸을 버리기로 서원을 세웠다. 그의 성품은 매우 독하여 몸이 끊어지고 피부가 타들어가도 끝내 아끼거나 연모하지 않았다. 그는 사문의 담박한 가르침을 익혀 자호를 지었는데, 법명을 담淡이라고 하였다. 남만 사람들이 존중하여 그를 담바고라 하였다. 마침내 삼매의 불로 자신을 태우는 법을 체득하였다. 그 법은 한 줄기 광명의 불로, 백천억의 청묘한 기운을 뿜어내어 사람들의 코나 입이나 구멍 속으로 흩어져 들어가 사람들의 마음속에 있는 갖가지 더러운 것을 쓸어 없애 주었다. 그 방술을 처음 들으면 참혹하여 아찔한 것 같았지만, 광채의 기운을 변화시켜 사람들의 골수에 들어가도록 하면서도 스스로 자각하지 못하게 하였다. 그러므로 사람들이 오랫동안 함께하면서 좋아하지 않음이 없었다. 담바고는 업을 마치자 중생들에게 베풀어서 인도하는 것을 핵심을 삼았는데, 사람들의 어짊과 어리석음과 귀천을 모두 가리지 않고 만나면 기쁘게 맞이하여 주머니와 전대를 다 털어주면서 아끼는 것이 없었다. 세상의 왕공과 귀공자들이 주육에 빠져서 항상 연회에 모이면 음식과 반찬들이 어지럽게 낭자하였다. 그런데 술자리가 끝나고 차를 마시고 나면 문득 담바고를 불렀다.

---

1) 『노촌집』 권4, 『한국문집총간』 206(민족문화추진회, 1998). 동국대학교 역경원 박상준 옮김.

담바고가 즉시에 나갔는데, 가서는 곧바로 청정하게 앉아서 하루 종일 화로를 마주대하여 재를 헤치곤 할 뿐이었다. 그러면 사람들이 모두 정신이 깨어나서 마음이 상쾌해지는 것이 마치 이슬의 기운을 들이킨 것과 같았다. 그가 사람을 감동시키는 영묘함이 이와 같았으므로 큰선비로서 평소에 비구를 좋아하지 않던 이들도 담바고를 매우 좋아하였다. 담바고가 심성을 열어 주고 신명을 통하게 하는데 가장 훌륭하게 도와주었기 때문에 그들이 취取한 것이다.

어떤 이가 장난삼아 담바고에게 물었다. "당신의 향취2)는 무엇과 같습니까?" 담바고가 말하였다. "요사한 향기는 냄새나고 더럽습니다. 달고 신 것은 쉽게 없어지고 시고 자극적인 것은 독이 많으니, 향취는 진정한 도가 아닙니다. 내가 어찌 향취를 일삼겠습니까? 내가 말하는 정신은 향취가 변화하는 곳에서 생기고, 불을 장작이 다 타버린 곳에서 전하는데 먼지가 날리고 물질이 없어지면 끝내 허공으로 돌아가는 것입니다." 사람들이 명언으로 여겼다. 담바고가 시적을 보이자 자색 기운이 그 방에 오랫동안 머물다가 물방울이 맺혔는데 거무스레한 것이 마치 옻칠 색과 같았다. 사람들이 이것을 영액靈液으로 여겼다. 혹 여러 가지 부스럼에 바르면 곧바로 치료되어 그 무리들이 매우 신이하게 여겼다. 그 무리들이 매우 번성하여 따로 총림의 한 지파를 이루었는데 모두 담바고라고 불렀다. 그러나 그 도는 타국에 전해지지 않았다.

명나라 만력연간에 이르러 남만의 배에 의탁해서 나오는 것이 있었는데, 지금 중국에도 곳곳에 있다. 그것이 남방의 신령스럽고 기이한 도이기 때문에 어떤 이는 남령南靈이라고 부른다.

---

2) 臭味: 냄새.

우리집에 황온黃媼이라는 이가 있었는데 담바고와 매우 사이가 좋아 나도 이로 인해 친하게 되었다. 비록 그와 향취를 초월한 곳에서 서로 계합했다고 말해야 되겠지만 거칠게나마 전기를 쓰고 또 다음과 같이 찬贊한다.

내가 능엄경을 읽다가 향엄동자가 나온 대목을 보았더니, 동자가 고요한 향기에서 법을 얻고 게송으로 "비구들이 침수향을 사르는 것을 보니 향기가 고요하게 코 속으로 들어오는데, 연기도 아니고 불도 아니고 나무도 아니고 허공도 아니며, 가도 가는 곳이 없고 와도 오는 곳이 없습니다"라고 말하였다.

도는 진실로 도모하지 않아도 서로 비슷해지는 것일까. 어쩌면 그리도 담바고의 청묘함이 이 능엄경의 종지와 부합하는 것일까. 담바고의 도는 매우 혹독한 것을 훌륭한 것으로 여겼다. 이로 인해 담박함을 법문으로 삼고 향취를 찌꺼기로 여기며 공적함을 본색으로 삼았다. 그러므로 몸을 시든 나뭇잎처럼 만들 수가 있고 마음을 불꺼진 재처럼 할 수 있었던 것이다. 허망한 몸은 때때로 허깨비와 같은 것이니 여여하게 이것을 깨닫는다면 있다가도 없어져버리는 것이다. 그렇다면 진정한 기운은 항상 흩어지지만 항상 흩어지지 않는 것이다. 세상에서 담바고를 좋아하지 않는 이들은 간혹 요사하다고 여기는데, 옳지 않다. 그런데 담바고를 너무 심하게 좋아하여 마치 병들고 목마르고 배고픈 이들처럼 담바고를 따르는 이들이 있는데 이와 같은 무리들은 이단異端이 귀의한 곳에 유입된 자들에 가까운 무리들이라고 할 것이다.

淡婆姑傳　　　　　　　　　　　　　　　　　　林象德

淡婆姑. 南蠻比丘尼也. 世莫知其本. 或曰. 秦始皇帝時. 方士徐市入海求不死藥. 婆以童女徒. 獨得靈藥. 秘之不與市. 逃入蠻中服食. 遂得神靈之術. 幻身匿形. 隱於草木云. 蠻俗信佛. 婆自以有匿藥惡業. 遂捨身結願. 性酷烈. 截體蘸肌 了不愛戀. 積習沙門淡泊之敎. 因自號其法名曰淡. 蠻人尊之. 遂呼爲淡婆姑. 竟得三昧火自燒. 法. 其法以一條光明火. 放百千億靑少氣. 散入人鼻口竅穴. 消去人心中種種穢惡. 其術始聞. 若慘苦瞑眩. 而能變現其光氣. 使人熏入骨髓. 而不自覺知. 故人久而無不悅之. 婆業旣以施尊衆生爲心. 凡人之賢愚貴賤. 皆不擇. 遇之懽然 相挨. 傾囊垂橐. 無所惜也. 世有王公貴介. 沈酣酒肉. 每宴集飮食肴羞狼藉. 然及酒罷茶訖. 輒邀婆. 婆乃造. 造輒淸坐. 終日對爐. 撥灰而已. 然人皆神醒. 心爽如吸沆瀣. 其感人靈妙如此. 雖大儒莊士素不喜比丘者. 往往酷愛. 婆蓋其開心性通神明. 最有助. 故取之. 或戱問婆曰. 婆臭味. 當與誰似. 婆曰. 香妖葷穢. 甘酸易壞. 辛棘多毒. 臭味者. 非道之眞也. 吾豈以臭味爲者哉. 吾所謂神生於臭化. 火傳於薪盡. 塵飛色滅. 卒歸欸空者也. 人以爲名言. 婆旣示寂. 有紫氣棲其房. 久而林結. 黝黑如漆. 人以爲靈夜. 或傳韻炱磨癌. 能立療. 其徒異之. 種類甚繁. 別爲叢林一支. 皆稱淡婆姑. 然其道猶不傳他國. 至明萬歷中 往往托蠻舶出來. 今中國亦處處有之. 以其南方靈異之道. 故或謂之南靈云. 余家有黃媼者. 甚與婆喜. 故余亦因以觀善. 雖謂之相契於臭味之外者可也. 粗爲傳. 且贊曰.

我誦楞嚴之經. 觀香嚴童子. 以香寂得法. 其偈曰. 見諸比丘燒沈水香. 香氣寂然來入鼻中. 非烟非火. 非木非空. 去無所著. 來無所從. 道固有不謀而相類者耶. 何婆之若殉如於斯旨耶. 婆之道以酷烈爲善. 因淡泊爲法門. 臭味爲糟粕 空寂爲本色. 故形可使槁葉. 而心可使死灰者. 其妄身之有時而玄也. 如如了了. 若存若滅者. 卽其眞氣之常散. 而常不散也. 世之不喜婆者. 或以妖邪比之非也. 然亦有愛婆太甚. 如病渴饑. 若此者. 抑或近於流入異端之歸也哉.

참고문헌

<고전 자료>
『公私見聞錄』.
『공사견문록』, 세종대왕 기념사업회, 1983.
『광해군일기』.
『(국역) 광해군일기』, 민족문화추진회, 1993.
『(국역) 연려실기술』 5, 민족문화추진회, 1986.
『老村集』, 『한국문집총간』 206, 민족문화추진회, 1998.
『大東詩選』, 단국대학교 동양학연구소, 1982.
『文淵閣四庫全書』, 臺灣商務印書館, 1983.
「三國佛法傳通緣起」, 『國譯一切經 和漢撰述部 史傳部 18』, 大東出版社, 1938.
『선조실록』.
『성종실록』.
『숙종실록』.
『新訂增補國史大系 第 二十八卷 政事要略』, 吉川弘文館, 1935.
『於于野談』.
『燃藜室記述』.
『元亨釋書』, 『國譯一切經 和漢撰述部 史傳部 19』, 大東出版社, 1980.
「元興寺伽藍緣起幷流記資財帳」, 『大日本佛敎全書』 118책, 『寺誌叢書』 2, 불서간행회, 1978.
『維摩詰所說經』 大正藏 14.
『인조실록』.
『全唐詩』, 중화서국, 1960.
『增補海東詩選』, 회동서관, 1925.
『芝峯類說』.
『震彙續攷』, 단국대학교 동양학연구소, 1979.
『夾註菩提心集』 전3책, 하권.
『混定編錄』.
『효종실록』.

<단행본>

고영학, 『개화기 소설의 구조 연구』, 청운, 2001.
광 우, 『부처님 법대로 살아라』, 조계종출판사, 2008.
국학진흥연구사업추진위원회 편, 『장서각고소설해제』, 한국정신문화연구원, 1999.
권녕철, 『규방가사-신변탄식류』, 효성여대 출판부, 1985.
김경집, 『한국불교 개혁론 연구』, 불교진각종 종학연구실, 2001.
김교봉·설성경, 『근대전환기 소설연구』, 국학자료원, 1991.
김기동, 『한국고전소설연구』, 교학연구사, 1981.
김만중, 『사씨남정기』, 명지대출판부, 1980.
김미란, 『한국소설의 변신 논리』, 태학사, 1998.
김미애, 『한용운 소설 연구』, 효성여대 석사학위 논문, 1991.
김연숙, 『고소설의 여성주의적 연구』, 국학자료원, 2002.
김영옥, 『자귀나무에 분홍꽃 피면-비구니 스님 행장기』, 오래된미래, 2007.
김영태, 『백제불교사상연구』, 동국대학교출판부, 1985.
김월운, 『봉선사본말사약지(奉先寺本末寺略誌)』, 봉선사, 1977.
김일엽, 『실성인의 회상-일명 어느 수도인의 회상』, 수덕사, 1960.
김재용 편, 『백석전집』, 실천문학, 1997.
김종길·정한모·인권환·박노준 외, 『조지훈연구』, 고려대학교 출판부, 1978.
김주곤, 『한국불교가사연구』, 집문당, 1994.
남지심, 『우담바라』, 푸른숲, 2001.
동국대학교 한국학연구소 편, 『(활자본) 고전소설전집』, 아세아문화사, 1976.
목 원, 『삼각산 청룡사 사지』, 청룡사, 1962.
묘 엄, 『회색 고무신』, 시공사, 2002.
_____, 『향성香聲-묘엄스님 출가유행록』, 봉녕승가대학, 2008.
박희승, 『이제, 승려의 입성을 許함이 어떨는지요-시련과 도전의 한국불교근세사』, 들녘, 1999.
범 하, 『조선시대 감로탱 특별전: 감로』 전2권, 통도사성보박물관, 2005.
보 각, 『스님, 바랑 속에 무엇이 들어있습니까?』, 효림, 2005.
서영숙, 『시집살이노래연구』, 박이정, 1996.

순천승주향토지편찬위원회, 『순천승주향토지』, 순천문화원, 1975.
안덕암, 『보암 대사 송은영 스님 일대기』, 대한불교보문종, 1984.
양혜란, 『조선조 기봉류 소설 연구』, 이회문화사, 1995.
연안이씨전국대종회, 『연안이씨 이야기』, 가승미디어, 2003.
오다 스스무(小田晉), 김장호 옮김, 『동양의 광기』, 다빈치, 2002.
운허용하 편역, 『여인성불』, 불광출판부, 1991.
유몽인, 신익철 옮김, 『나 홀로 가는 길』, 태학사, 2002.
이경재, 『한양 이야기』, 가람기획, 2003.
이규용 편, 『증보해동시선』, 회동회관, 1925.
이능화, 『조선여속고』, 영신아카데미 한국학연구소, 1977.
이상보 편저, 『한국 불교가사 전집』, 집문당, 1980.
_____, 『18세기 가사전집』, 민속원, 1991.
이수광, 남만성 옮김, 『지봉유설』 하권, 을유문화사, 1994.
이용남, 『이해조와 그의 작품세계 — 신소설의 갈등양상연구』, 동성사, 1986.
이이화, 『역사 속의 한국불교』, 역사비평사, 2002.
이인직, 『치악산』, 정음사, 1975.
이종찬, 『한국불가시문학사론』, 불광출판부, 1993.
이지관, 『가산불교대사림』, 가산불교문화연구원.
_____, 『한국불교계율전통: 한국불교계법의 자주적 전승』, 가산불교문화연구원, 2005.
이해조, 「화세계」, 『신소설·번안(역)소설』 5, 아세아문화사, 1978.
_____, 「화의 혈」, 『신소설·번안(역)소설』 8, 아세아문화사, 1978.
이혜순 외, 『한국 고전 여성작가 연구』, 태학사, 1999.
전광용, 『신소설 연구』, 새문사, 1986.
정병헌·이유경, 『한국의 여성영웅소설』, 태학사, 2000.
조연현, 『한국현대문학사』, 성문각, 1969.
조동일, 『신소설의 문학사적 성격』, 서울대학교출판부, 1973.
조선문학창작사 고전문학실 편, 『한국고전소설해제집』, 보고사, 1997.
조지훈, 『조지훈전집』, 나남출판, 1996.

조희웅 편, 『고전소설 줄거리 집성』, 전2권, 집문당, 2002.
청룡사지편찬실, 『청룡사지』, 청룡사, 1972.
하춘생, 『깨달음의 꽃-한국불교를 빛낸 근세 비구니』, 전2권, 여래, 2001.
한국비구니연구소, 『한국비구니수행담록』, 전3권, 뜨란, 2007.
한국정신문화연구원, 『한국민족문화대백과사전』.
한승원, 『아제 아제 바라 아제』, 고려원, 1997.
한용운, 『한용운전집』, 신구문화사, 1980.
한우근, 『유교정치와 불교』, 일조각, 1993.
한정섭 편저, 『불교설화대사전』, 이화문화사, 1991.
헨드릭 하멜, 김태진 옮김, 『하멜표류기』, 서해문집, 2003.
홍기삼, 『불교문학의 이해』, 민족사, 1997.
황패강, 『한국서사문학연구』, 단국대 출판부, 1972.

Alf Hiltebeitel and Barbara Miller, *Hair: Its Power and Meaning in Asian Cultures*, Albany: SUNY P, 1998.
Christmas Humphreys, *A Popular Dictionary of Buddhism*, 2nd ed. London: Curzon P, 1976.
Diana Paul, *Women in Buddhism: Images of the Feminine in Mahayana Tradition*, Berkeley: U of California P, 1985.
E. M. Forster, *Aspects of the Novel*, New York: Harcourt, Brace and Company, 1927.
Howard Eilberg-Schwartz and Wendy Doniger, eds. *Off with Her Head! The Denial of Women's Identity in Myth, Religion, and Culture*, Berkeley: U of California P, 1995.
Karma Lekshe Tsomo, *Buddhist Women across Cultures: Realizations*, Albany: SUNY P, 1999.
Kathryn Tsai, *The Lives of the Nuns: Biographies of Chinese Buddhist Nuns from the Fourth to Sixth Centuries*, Honolulu: U of Hawaii P, 1994.
Nelson Foster and Jack Shoemaker, eds. *The Roaring Stream: A New Zen Reader*, Hopewell: Ecco P, 1996.
Paula Arai, *Women Living Zen: Japanese Soto Buddhist Nuns*, New York: Oxford UP, 1999.
Richard Slotkin, *Regeneration through Violence: The Mythology of the American Frontier, 1600~1860*, Middletown: Wesleyan UP, 1973.

Robert Buswell, *The Zen Monastic Experience: Buddhist Practice in Contemporary Korea*, Princeton: Princeton UP, 1992.

Victor Turner, *Dramas, Fields, and Metaphors: Symbolic Action in Human Society*, Ithaca: Cornell UP, 1974.

_____, *From Ritual to Theatre: The Human Seriousness of Play*, New York: Performing Arts Journal Publications, 1982.

Vladímir Propp, *Morphology of the Folktale*, trans. Laurence Scott, 2nd ed. Austin: U of Texas P, 1968.

<논문>

강우방, 「감로탱의 양식변천과 도상해석」, 『감로탱』, 예경, 1995.
고명수, 「만해 불교의 이념과 그 현대적 의미」, 『의상만해연구』 1, 의상만해연구원, 2002.
고형진, 「백석시 연구」, 『백석』, 새미, 1996.
구인환, 「만해의 소설고」, 『한국문학연구』 3, 동국대학교 한국문학연구소, 1980.
권영민, 「이해조의 소설관에 대하여」, 『관악어문연구』 3, 서울대 국어국문학과, 1986.
김광식, 「불교의 근대성과 한용운의 대중불교」, 『한국불교학』 50, 한국불교학회, 2008.
김광용, 「이해조 소설 연구」, 『국문학 연구자료 비교논저』, 거산출판사, 2000.
김남기, 「『대동시선』 해제」, 『대동시선』, 서울대학교 규장각, 2001.
김동리, 「조지훈의 선감각」, 『조지훈연구』, 고려대출판부, 1978.
김명인, 「백석시고」, 『백석』, 새미, 1996.
김상일, 「역대 시선집 소재 승려시 연구」, 『불교문학과 불교언어』, 이회문화사, 2002.
김영미, 「고려시대 비구니의 생활과 사회적 지위」, 『한국문화연구』 1, 이화여대 한국문화연구소, 2002.
_____, 「고려시대 여성의 출가」, 『이화사학연구』 25·26, 이화사학연구소, 1999.
김영태, 「백제의 니중수계와 니승직 관계-일본사료와 신라 및 남조의 사례중심」, 『한국문화와 원불교사상』, 원광대학교, 1985.

_____, 「신라의 여성출가와 니승직 고찰-도유나랑 아니를 중심으로」, 『명성스님 고희기념 불교학논문집』, 운문승가대학 출판부, 2000.

김용범, 「만해 한용운의 소설 「흑풍」 연구-포교문학 또는 고전소설의 기법적 측면에서」, 『한양어문연구』 8, 한양대학교 어문연구회, 1990.

김용직, 「시와 선비의 미학」, 『조지훈』, 새미, 2003.

김용태, 「조지훈의 선관과 시」, 『조지훈연구』, 고려대출판부, 1978.

김우창, 「한용운의 소설」, 『문학과 지성』 5, 1974.

김윤식, 「心情의 폐쇄와 확산의 파탄」, 『조지훈연구』, 고려대출판부, 1978.

김은자, 「생명의 시학-백석시에 나타난 동물상징을 중심으로」, 『백석』, 새미, 1996.

김응철, 「정업원과 사승방의 역사로 본 한국의 비구니 승가」, 『전통과 현대』 7, 1999.

김잉석, 「불타와 불교문학(完)」, 『동국사상』 6, 동국대, 1971.

김종서, 「옛사람들의 담배에 대한 애증」, 『문헌과 해석』 18, 2002 봄.

김춘수, 「지훈시의 형태-온건한 안식」, 『조지훈연구』, 고려대출판부, 1978.

김해성, 「선적 시관고」, 『조지훈연구』, 고려대출판부, 1978.

김 현, 「여성주의의 승리-한국신문학 초기의 상징주의에 관하여」, 『현대문학』 178, 1969.

김홍규, 「님의 소재와 진정한 역사-만해시의 중관론적 역사의식과 유마적 이념」, 『창작과 비평』 14:2, 1979.

문혜원·황현산·고미숙, 「소월과 만해 시에 나타난 여성화자의 문제」, 『파라21』, 2003.

박두진, 「조지훈의 시세계」, 『조지훈연구』, 고려대출판부, 1978.

박명희, 「고소설의 여성중심적 시각 연구」, 이화여대 박사학위 논문, 1990.

박민선, 「고려시대 여성의 생활과 불교」, 『최숙경교수 정년기념사학논총』, 이화여대, 2000.

박완서, 「환각의 나비」, 조남현·이동하·우찬제 편, 『탈냉전시대의 문학 소설선집 1(1990~1995)』, 고려원, 1996.

_____, 「환각의 나비」, 『너무도 쓸쓸한 당신』, 창작과 비평사, 1998.

박요순, 「가사 '신가전'고」, 『숭전어문학』 6, 숭전대학교, 1977.

_____, 「여승가사고」, 『한남어문학』 16, 한남대학교, 1990.
박진영, 「김일엽: 한국불교와 근대성의 또 하나의 만남」, 『동아시아의 불교 전통에서 본 한국 비구니의 수행과 삶』, 한마음선원, 2004.
박포리, 「『불교대전』의 편제와 만해 한용운의 불교관」, 『의상만해연구』 1, 의상만해연구원, 2002.
백 철, 「시인 한용운의 소설」, 『한용운전집』 5, 신구문화사, 1980.
서경수, 「만해의 불교유신론」, 『한용운 사상연구 2집』, 민족사, 1981.
서영숙, 「'신가전'의 서술방식과 작가의식」, 『어문연구』 33, 어문연구학회, 2000.
서익환, 「조지훈연구 – '승무'의 이미지 분석」, 『국어국문학』 89, 국어국문학회, 1995.
송민호, 「이해조소설의 미적 성격」, 『신문학과 시대의식』, 새문사, 1981.
송 혁, 「만해의 불교사상과 시세계」, 『한국불교문학연구(하)』, 동국대학교출판부, 1988.
송현호, 「만해의 소설과 탈식민주의」, 『국어국문학』 111, 국어국문학회, 1994.
수 경, 「한국 비구니강원 발달사」, 『한국 비구니의 수행과 삶』, 예문서원, 2007.
신익철, 「광해군 시절 여승 이예순(李禮順)의 일생」, 『문헌과 해석』 29, 2004 겨울.
양만우, 「이조 비빈 숭불 소고」, 『논문집』 12, 전주교육대학, 1967.
양문규, 「1910년대 말~1920년대 초 현실비판 소설에 관한 연구」, 『1930년대 문학연구』, 평민사, 1993.
오탁번, 「지훈시의 의미와 이해」, 『조지훈연구』, 고려대출판부, 1978.
유원재, 「『주서』 백제전 연구」, 『백제연구』 19, 충남대학교 백제연구소, 1988.
이기운, 「조선시대 왕실의 비구니원 설치와 신행」, 『역사학보』 178, 역사학회, 2003.
이명재, 「만해문학의 여성편향고」, 『아카데미논총』 5, 1977.
_____, 「만해소설고」, 『국어국문학』 70, 국어국문학회, 1976.
이세열, 「직지와 비구니 묘덕에 관한 연구」, 『중원문화논총』 4, 충북대 중원문화연구소, 2000.
이순구, 「조선초기 여성의 신앙생활」, 『역사학보』 150, 역사학회, 1996.
이양학, 「담배의 사회사 – 조선후기에서 일제시기까지」, 『역사비평』 12, 역사문제연구소, 1991.

이은순, 「조선시대 성리학 정착과 여성의 신앙활동」, 『사학연구』 54, 한국사학회, 1997.
이인경, 「홍계월전 연구-갈등양상을 중심으로」, 『관악어문연구』 17, 서울대 국문과, 1992.
이향순, 「조선시대 비구니의 삶과 수행」, 『한국 비구니의 수행과 삶』, 예문서원, 2007.
인권환, 「한용운 소설연구의 문제점과 그 방향」, 『한용운사상연구』 2, 만해사상연구회, 1981.
임형택, 「다산시의 현실주의에 대한 재인식-'소경에게 시집간 여자'를 읽고」, 『창작과 비평』 16:4, 1988.
장문평, 「지훈의 좌절」, 『조지훈연구』, 고려대출판부, 1978.
전대웅, 「'신여성'과 그 문제점」, 『여성문제연구』 5·6, 한국여성문제연구소, 1976.
정석종·박병선, 「조선후기 불교정책과 원당(1)-니승의 존재양상을 중심으로」, 『민족문화논총』 18·19, 영남대학교 민족문화연구소, 1998.
정성본, 「보살도의 삶과 물과 같이 사는 지혜」, 『청암지』 45, 청암승가대학, 2005.
정약용, 「소경에게 시집간 여자-道康瞽家婦詞」, 『창작과 비평』 16:4, 1988.
정한숙, 「금어」, 『안개거리-정한숙 창작집』, 정음사, 1983.
조동일, 「한용운의 문학사상」, 『한국문학사상사시론』, 지식산업사, 1978.
조은·윤택림, 「일제하 '신여성'과 가부장제-근대성과 여성성에 대한 식민담론의 재조명」, 『광복 50주년 기념논문집』 8, 1995.
최두석, 「백석의 시세계와 창작방법」, 『백석』, 새미, 1996.
한점돌, 「한용운소설에 나타난 '사랑'의 양상과 그 의미」, 『국어교육』 99, 국어교육학회, 1999.
해 주, 「한국 근현대 비구니의 수행」, 『한국 비구니의 수행과 삶』, 예문서원, 2007.
허흥식, 「조선의 정유(定有)와 고려의 진혜(眞慧)-두 시대 여대사(女大師)의 비교」, 『정신문화연구』 27:4, 한국학중앙연구원, 2004.
황인규, 「근현대 비구니와 불교정화운동」, 『불교정화운동의 재조명』, 대한불교조계종 교육원 불학연구소, 2007.

David James, "Im Kwon-Taek: Korean National Cinema and Buddhism", *Im Kwon-Taek: The Making of a Korean National Cinema*, eds. David James and Kyung Hyun Kim, Detroit: Wayne State UP, 2002.

Doreen Massey and Pat Jess, "Introduction", *A Place in the World? Places, Cultures and Globalization*, eds. Doreen Massey and Pat Jess, Oxford: The Open UP, 1995.

Elizabeth Harris, "The Female in Buddhism", *Buddhist Women across Cultures: Realizations*, ed. Karma Lekshe Tsomo, New York: SUNY P, 1999.

Hirakawa Akira, "The History of Buddhist Nuns in Japan", *Buddhist-Christian Studies* 12, 1992.

Kathryn Tsai, "The Chinese Buddhist Monastic Order for Women: The First Two Centuries", *Historical Reflections/Réflexions Historiques* 8:3, 1981.

Michel Foucault, "Of Other Spaces", *Diacritics: A Review of Contemporary Criticism* 16:1, 1986

Neil Smith and Cindi Katz, "Grounding Metaphor: Towards a Spatialized Politics", *Place and the Politics of Identity*, eds. Michael Keith and Steve Pile, London: Routledge, 1993.

Paul Groner, "Vicissitudes in the Ordination of Japanese 'Nuns' during the Eighth through the Tenth Centuries", *Engendering Faith: Women and Buddhism in Premodern Japan*, ed. Barbara Ruch, Ann Arbor: U of Michigan Center for Japanese Studies, 2002.

Pels Dick, "Privileged Nomads: On the Strangeness of Intellectuals and the Intellectuality of Strangers", *Theory, Culture and Society* 16, 1999.

Yi Hyangsoon, "The Real, Anti-real, and Transcendental in Four Korean Buddhist Films", *Pathways into Korean Language and Culture: Essays in Honor of Young-Key Kim-Renaud*, eds. Sang-Oak Lee and Gregory Iverson, Seoul: Pagijong P, 2003.

_____, "Pomunjong and Hanmaŭm Sŏnwŏn: New Monastic Paths in Contemporary Korea", *Out of the Shadows: Socially Engaged Buddhist Women*, ed. Karma Lekshe Tsomo, Delhi: Indian Book Centre, 2006.

Yoshii Hideo, "The Influence of Baekje on Ancient Japan", *The International Journal of Korean Art and Archaeology* 1, 2007.

<기타>

「법보신문」, 1997년 8월 6일, 430호 7면.

http://www.buddhism.or.kr/common/download/statistics/06htm/2-3.htm.

예문서원의 책들

원전총서
박세당의 노자 (新註道德經) 박세당 지음, 김학목 옮김, 312쪽, 13,000원
율곡 이이의 노자 (醇言) 이이 지음, 김학목 옮김, 152쪽, 8,000원
홍석주의 노자 (訂老) 홍석주 지음, 김학목 옮김, 320쪽, 14,000원
북계자의 (北溪字義) 陳淳 지음, 김충열 감수, 김영민 옮김, 295쪽, 12,000원
주자가례 (朱子家禮) 朱熹 지음, 임민혁 옮김, 496쪽, 20,000원
서경잡기 (西京雜記) 劉歆 지음, 葛洪 엮음, 김장환 옮김, 416쪽, 18,000원
고사전 (高士傳) 皇甫謐 지음, 김장환 옮김, 368쪽, 16,000원
열선전 (列仙傳) 劉向 지음, 김장환 옮김, 392쪽, 15,000원
열녀전 (列女傳) 劉向 지음, 이숙인 옮김, 447쪽, 16,000원
선가귀감 (禪家龜鑑) 청허휴정 지음, 박재양·배규범 옮김, 584쪽, 23,000원
공자성적도 (孔子聖蹟圖) 김기주·황지원·이기훈 역주, 254쪽, 10,000원
공자세가·중니제자열전 (孔子世家·仲尼弟子列傳) 司馬遷 지음, 김기주·황지원·이기훈 역주, 224쪽, 12,000원
천지서상지 (天地瑞祥志) 김용천·최현화 역주, 384쪽, 20,000원
도덕지귀 (道德指歸) 徐命庸 지음, 조민환·장원목·김경수 역주, 544쪽, 27,000원

성리총서
범주로 보는 주자학 (朱子の哲學) 오하마 아키라 지음, 이형성 옮김, 546쪽, 17,000원
송명성리학 (宋明理學) 陳來 지음, 안재호 옮김, 590쪽, 17,000원
주희의 철학 (朱熹哲學硏究) 陳來 지음, 이종란 외 옮김, 544쪽, 22,000원
양명 철학 (有無之境—王陽明哲學的精神) 陳來 지음, 전병욱 옮김, 752쪽, 30,000원
주자와 기 그리고 몸 (朱子と氣と身體) 미우라 구니오 지음, 이승연 옮김, 416쪽, 20,000원
정명도의 철학 (程明道思想研究) 張德麟 지음, 박상리·이경남·정성희 옮김, 272쪽, 15,000원
주희의 자연철학 김영식 지음, 576쪽, 29,000원
송명유학사상사 (宋明時代儒學思想の研究) 구스모토 마사쓰구(楠本正繼) 지음, 김병화·이혜경 옮김, 602쪽, 30,000원
북송도학사 (道學の形成) 쓰치다 겐지로(土田健次郞) 지음, 성현창 옮김, 640쪽, 3,2000원
성리학의 개념들 (理學範疇系統) 蒙培元 지음, 홍원식·황지원·이기훈·이상호 옮김, 880쪽, 45,000원

불교(카르마)총서
파란눈 스님의 한국 선 수행기 Robert E. Buswell·Jr. 지음, 김종명 옮김, 376쪽, 10,000원
학파로 보는 인도 사상 S. C. Chatterjee·D. M. Datta 지음, 김형준 옮김, 424쪽, 13,000원
불교와 유교 — 성리학, 유교의 옷을 입은 불교 아라키 겐고 지음, 심경호 옮김, 526쪽, 18,000원
유식무경, 유식 불교에서의 인식과 존재 한자경 지음, 208쪽, 7,000원
박성배 교수의 불교철학강의: 깨침과 깨달음 박성배 지음, 윤원철 옮김, 313쪽, 9,800원
불교 철학의 전개, 인도에서 한국까지 한자경 지음, 252쪽, 9,000원
인물로 보는 한국의 불교사상 한국불교원전연구회 지음, 388쪽, 20,000원
한국 비구니의 수행과 삶 전국비구니회 엮음, 400쪽, 18,000원
은정희 교수의 대승기신론 강의 은정희 지음, 184쪽, 10,000원

노장총서
도가를 찾아가는 과학자들 — 현대신도가의 사상과 세계 (當代新道家) 董光璧 지음, 이석명 옮김, 184쪽, 5,800원
유학자들이 보는 노장 철학 조민환 지음, 407쪽, 12,000원
노자에서 데리다까지 — 도가 철학과 서양 철학의 만남 한국도가철학회 엮음, 440쪽, 15,000원
이강수 교수의 노장철학이해 이강수 지음, 462쪽, 23,000원
不二 사상으로 읽는 노자 — 서양철학자의 노자 읽기 이찬훈 지음, 304쪽, 12,000원
김항배 교수의 노자철학 이해 김항배 지음, 280쪽, 15,000원

강의총서
김충열교수의 노자강의 김충열 지음, 434쪽, 20,000원
김충열교수의 중용대학강의 김충열 지음, 448쪽, 23,000원

퇴계원전총서
고경중마방 (古鏡重磨方) — 퇴계 선생의 마음공부 이황 편저, 박상주 역해, 204쪽, 12,000원
활인심방 (活人心方) — 퇴계 선생의 마음으로 하는 몸공부 이황 편저, 이윤희 역해, 308쪽, 16,000원

한국철학총서

조선 유학의 학파들 한국사상사연구회 편저, 688쪽, 24,000원
실학의 철학 한국사상사연구회 편저, 576쪽, 17,000원
윤사순 교수의 한국유학사상론 윤사순 지음, 528쪽, 15,000원
한국유학사 1 김충열 지음, 372쪽, 15,000원
퇴계의 생애와 학문 이상은 지음, 248쪽, 7,800원
율곡학의 선구와 후예 황의동 지음, 480쪽, 16,000원
다카하시 도루의 조선유학사 — 일제 황국사관의 빛과 그림자 다카하시 도루 지음, 이형성 편역, 416쪽, 15,000원
퇴계 이황, 예 있고 뒤를 열어 고금을 꿰뚫으셨소 — 어느 서양철학자의 퇴계연구 30년 신귀현 지음, 328쪽, 12,000원
조선유학의 개념들 한국사상사연구회 지음, 648쪽, 26,000원
성리학자 기대승, 프로이트를 만나다 김용신 지음, 188쪽, 7,000원
유교개혁사상과 이병헌 금장태 지음, 336쪽, 17,000원
남명학파와 영남우도의 사림 박병련 외 지음, 464쪽, 23,000원
쉽게 읽는 퇴계의 성학십도 최제목 지음, 152쪽, 7,000원
홍대용의 실학과 18세기 북학사상 김문용 지음, 288쪽, 12,000원
남명 조식의 학문과 선비정신 김충열 지음, 512쪽, 26,000원
명재 윤증의 학문연원과 가학 충남대학교 유학연구소 편, 320쪽, 17,000원
조선유학의 주역사상 금장태 지음, 320쪽, 16,000원
율곡학과 한국유학 충남대학교 유학연구소 편, 464쪽, 23,000원
한국유학의 악론 금장태 지음, 240쪽, 13,000원

연구총서

논쟁으로 보는 중국철학 중국철학연구회 지음, 352쪽, 8,000원
김충열 교수의 중국철학사 1 — 중국철학의 원류 김충열 지음, 360쪽, 9,000원
논쟁으로 보는 한국철학 한국철학사상연구회 지음, 326쪽, 10,000원
반논어(論新探) 趙紀彬 지음, 조남호·신정근 옮김, 768쪽, 25,000원
논쟁으로 보는 불교철학 이효걸·김형준 외 지음, 320쪽, 10,000원
중국철학과 인식의 문제(中國古代哲學問題發展史) 方立天 지음, 이기훈 옮김, 208쪽, 6,000원
문제로 보는 중국철학 — 우주, 본체의 문제(中國古代哲學問題發展史) 方立天 지음, 이기훈·황지원 옮김, 232쪽, 6,800원
중국철학과 인성의 문제(中國古代哲學問題發展史) 方立天 지음, 박경환 옮김, 191쪽, 6,800원
중국철학과 지행의 문제(中國古代哲學問題發展史) 方立天 지음, 김학재 옮김, 208쪽, 7,200원
현대의 위기 동양 철학의 모색 중국철학회 지음, 340쪽, 10,000원
역사 속의 중국철학 중국철학회 지음, 448쪽, 15,000원
일곱 주제로 만나는 동서비교철학(中西哲學比較面面觀) 陳衛平 편저, 고재욱·김철운·유성선 옮김, 320쪽, 11,000원
중국철학의 이단자들 중국철학회 지음, 240쪽, 8,200원
공자의 철학(孔孟荀哲學) 蔡仁厚 지음, 천병돈 옮김, 240쪽, 8,500원
맹자의 철학(孔孟荀哲學) 蔡仁厚 지음, 천병돈 옮김, 224쪽, 8,000원
순자의 철학(孔孟荀哲學) 蔡仁厚 지음, 천병돈 옮김, 272쪽, 10,000원
서양문학에 비친 동양의 사상 한림대학교 인문학연구소 엮음, 360쪽, 12,000원
유학은 어떻게 현실과 만났는가 — 선진 유학과 한대 경학 박원재 지음, 218쪽, 7,500원
유교와 현대의 대화 황의동 지음, 236쪽, 7,500원
동아시아의 사상 오이환 지음, 200쪽, 7,000원
역사 속에 살아있는 중국 사상(中國歷史に生きる思想) 시게자와 도시로 지음, 이혜경 옮김, 272쪽, 10,000원
덕치, 인치, 법치 — 노자, 공자, 한비자의 정치 사상 신동준 지음, 488쪽, 20,000원
육경과 공자 인학 남상호 지음, 312쪽, 15,000원
리의 철학(中國哲學範疇精髓叢書 — 理) 張立文 주편, 안유경 옮김, 524쪽, 25,000원
기의 철학(中國哲學範疇精髓叢書 — 氣) 張立文 주편, 김교빈 외 옮김, 572쪽, 27,000원
동양 천문사상, 하늘의 역사 김일권 지음, 480쪽, 24,000원
동양 천문사상, 인간의 역사 김일권 지음, 544쪽, 27,000원
공부론 임수무 외 지음, 544쪽, 27,000원

역학총서

주역철학사(周易研究史) 廖名春·康學偉·梁韋弦 지음, 심경호 옮김, 944쪽, 30,000원
주역, 유가의 사상인가 도가의 사상인가(易傳與道家思想) 陳鼓應 지음, 최진석·김갑수·이석명 옮김, 366쪽, 10,000원
송재국 교수의 주역 풀이 송재국 지음, 380쪽, 10,000원

일본사상총서

일본 신도사(神道史) 무라오카 츠네츠구 지음, 박규태 옮김, 312쪽, 10,000원
도쿠가와 시대의 철학사상(德川思想小史) 미나모토 료엔 지음, 박규태·이용수 옮김, 260쪽, 8,500원
일본인은 왜 종교가 없다고 말하는가(日本人はなぜ 無宗教のか) 아마 도시마로 지음, 정형 옮김, 208쪽, 6,500원
일본사상이야기40(日本がわかる思想入門) 나가오 다케시 지음, 박규태 옮김, 312쪽, 9,500원
사상으로 보는 일본문화사(日本文化の歷史) 비토 마사히데 지음, 엄석인 옮김, 252쪽, 10,000원
일본도덕사상사(日本道德思想史) 이에나가 사부로 지음, 세키네 히데유키·윤종갑 옮김, 328쪽, 13,000원
천황의 나라 일본 — 일본의 역사와 천황제(天皇制と民衆) 고토 야스시 지음, 이남희 옮김, 312쪽, 13,000원
주자학과 근세일본사회(近世日本社會と宋學) 와타나베 히로시 지음, 박홍규 옮김, 304쪽, 16,000원

예술철학총서

중국철학과 예술정신 조민환 지음, 464쪽, 17,000원
풍류정신으로 보는 중국문학사 최병규 지음, 400쪽, 15,000원
율려와 동양사상 김병훈 지음, 272쪽, 15,000원
한국 고대 음악사상 한흥섭 지음, 392쪽, 20,000원

동양문화산책

공자와 노자, 그들은 물에서 무엇을 보았는가 사라 알란 지음, 오만종 옮김, 248쪽, 8,000원
주역산책(易學漫步) 朱伯崑 외 지음, 김학권 옮김, 260쪽, 7,800원
공자의 이름으로 죽은 여인들 田汝康 지음, 이재정 옮김, 248쪽, 7,500원
동양을 위하여, 동양을 넘어서 홍원식 외 지음, 264쪽, 8,000원
서원, 한국사상의 숨결을 찾아서 안동대학교 안동문화연구소 지음, 344쪽, 10,000원
녹차문화 홍차문화 츠노야마 사가에 지음, 서은미 옮김, 232쪽, 7,000원
거북의 비밀, 중국인의 우주와 신화 사라 알란 지음, 오만종 옮김, 296쪽, 9,000원
문학과 철학으로 떠나는 중국 문화 기행 양회석 지음, 256쪽, 8,000원
류짜이푸의 얼굴 찌푸리게 하는 25가지 인간유형 류짜이푸(劉再復) 지음, 이기면·문성자 옮김, 320쪽, 10,000원
안동 금계마을 — 천년불패의 땅 안동대학교 안동문화연구소 지음, 272쪽, 8,500원
안동 풍수 기행 와혈의 땅과 인물 이완규 지음, 256쪽, 7,500원
안동 풍수 기행 돌혈의 땅과 인물 이완규 지음, 328쪽, 9,500원
영양 주실마을 안동대학교 안동문화연구소 지음, 332쪽, 9,800원
예천 금당실·맛질 마을 — 정감록이 꼽은 길지 안동대학교 안동문화연구소 지음, 284쪽, 10,000원
터를 안고 仁을 펴다 — 퇴계가 굽어보는 하계마을 안동대학교 안동문화연구소 지음, 360쪽, 13,000원
안동 가일 마을 — 풍산들에 의연히 서다 안동대학교 안동문화연구소 지음, 344쪽, 13,000원
중국 속에 일떠서는 한민족 — 한겨레신문 차한필 기자의 중국 동포사회 리포트 차한필 지음, 336쪽, 15,000원
고려시대의 안동 안동시·안동대학교 안동문화연구소 편, 448쪽, 17,000원
신간도견문록 박진관 글·사진, 504쪽, 20,000원
안동 무실 마을 — 문헌의 향기로 남다 안동대학교 안동문화연구소 지음, 464쪽, 18,000원

민연총서 — 한국사상

자료와 해설, 한국의 철학사상 고려대 민족문화연구원 한국사상연구소 편, 880쪽, 34,000원
여헌 장현광의 학문 세계, 우주와 인간 고려대 민족문화연구원 한국사상연구소 편, 424쪽, 20,000원
퇴옹 성철의 깨달음과 수행 — 성철의 선사상과 불교사적 위치 조성택 편, 432쪽, 23,000원
여헌 장현광의 학문 세계 2, 자연과 인간 고려대 민족문화연구원 한국사상연구소 편, 432쪽, 25,000원

예문동양사상연구원총서

한국의 사상가 10人 — 원효 예문동양사상연구원/고영섭 편저, 572쪽, 23,000원
한국의 사상가 10人 — 의천 예문동양사상연구원/이병욱 편저, 464쪽, 20,000원
한국의 사상가 10人 — 지눌 예문동양사상연구원/이덕진 편저, 644쪽, 26,000원
한국의 사상가 10人 — 퇴계 이황 예문동양사상연구원/윤사순 편저, 464쪽, 20,000원
한국의 사상가 10人 — 남명 조식 예문동양사상연구원/오이환 편저, 576쪽, 23,000원
한국의 사상가 10人 — 율곡 이이 예문동양사상연구원/황의동 편저, 600쪽, 25,000원
한국의 사상가 10人 — 하곡 정제두 예문동양사상연구원/김교빈 편저, 432쪽, 22,000원
한국의 사상가 10人 — 다산 정약용 예문동양사상연구원/박홍식 편저, 572쪽, 29,000원
한국의 사상가 10人 — 혜강 최한기 예문동양사상연구원/김용헌 편저, 520쪽, 26,000원
한국의 사상가 10人 — 수운 최제우 예문동양사상연구원/오문환 편저, 464쪽, 23,000원

인물사상총서

한주 이진상의 생애와 사상 홍원식 지음, 288쪽, 15,000원